律 师 书 架

劳动用工法律实务问题评 述

彭小坤 著

法律出版社
LAW PRESS·CHINA

目录 Contents

立法篇

司法篇

时评篇

反思篇

附录：地方纪要

PART 01

立法篇

一、《广东省劳动人事争议处理办法》对用人单位的主要影响

《广东省劳动人事争议处理办法》(以下简称《办法》)已经公布,即将于2017年5月1日生效。《办法》注重调解,对调解制度做了非常详尽的规定,同时也进一步规范了劳动人事争议仲裁程序,细化了送达、推举代表以及与法院衔接等方面内容。尽管《办法》主要是程序方面的规定,但对用人单位还是有一定的直接影响,主要体现在以下几个条款:

第十条 用人单位出现生产经营重大变化,致使劳动合同无法继续履行的,应当制定相关工作方案。工作方案的内容包括拟采用的人员调整方案、劳动合同变更、解除或者终止及重新签订办法等。

用人单位出现前款规定情形的,人力资源社会保障行政部门、有关行政主管部门和工会、企业代表组织应当根据需要或者用人单位、职工的请求,及时给予指导帮助。

影响:无论是否构成"客观情况重大变化",只要是"生产经营重大变化",并致使劳动合同无法履行的,用人单位都得制订工作方案,既包括人员调整方案,也包括劳动合同变更、解除、终止以及重新签订等。这一立法强化了用人单位的义务,更是给政府部门、工会等机构介入提供了法律依据。或许是这类问题容易引发劳动纠纷和社会维稳事件,所以才有此规定。

第四十七条 仲裁机构可以根据案件处理需要书面通知职工本人、用人单位的法定代表人(主要负责人)或者工作人员到庭,代表人、代理人应当如实告知当事人。

经合法通知,前款规定的人员无正当理由拒绝到庭,代表人、代理人当庭

对案件主要事实陈述不清，导致其应当承担举证责任的相关事实无法查明的，由其承担不利后果。

影响：劳动争议案件经常事实查不清，其中一个重要原因是当事人代理人“一问三不知”，不是故意利用规则就是装傻装糊涂，所以《办法》参照其他法律模式，授权仲裁机构可以通知当事人本人亲自到庭，以便绕开“代理人陷阱”。

第五十四条 仲裁机构因处理劳动、人事争议案件需要，有权向工商、海关、税务、公安、司法、住房城乡建设、农业、水利、银行等有关单位或者个人调查取证，有关单位或者个人应当予以配合。

当事人出具录音、录像、电子文稿等证据的，应当注明来源和获取途径，证据来源不明或者非法获取的，不得作为定案依据。当事人出具录音、录像证据的，应当同时对其内容进行摘录。

影响：审理劳动争议时，因为其他机构不配合，无法调查相关事实，毕竟仲裁机构一直被定义为“准司法”，更主要的是没有明文授权。此规定虽然不是国家层面上的法律，但至少提供了依据。而且，仲裁机构有了这些调查权，当事人可以通过申请调查的方式向对方施加压力。至于录音录像，正常是能说清楚来源的，在对方或他方不知情的情况下录音并非“非法获取”，所以还是可以作为有效证据来证明相关事实的，只是提交录音录像时最好进行文字整理，以提示仲裁机构相关重点。

第五十九条 仲裁机构在处理劳动争议过程中发现用人单位存在其他劳动保障违法行为的，可以书面建议劳动保障监察机构依法处理。

仲裁机构在案件处理完结后，可以向用人单位和有关部门提出依法规范用工行为、加强监督管理的书面建议。

影响：仲裁和监察内部此前一直自喻为“一棵藤上的两个苦瓜”，现在的形势下仲裁显然更苦一些。这一规定是给仲裁机构一个对用人单位施加压力的尚方宝剑，如果负隅顽抗，可能会有行政处罚。至于书面建议，仲裁机构此前就有过，但大多都不愿多事，审案都没时间，没空“指导”。

第六十一条 仲裁机构审理简单劳动、人事争议案件，可以适用简易程序，当事人双方也可以约定适用简易程序。

适用简易程序审理的案件，仲裁机构可以采取缩短答辩期和举证期限、书面审理、当庭裁决、电子送达等办案方式。

影响：《办法》所规定的“简易程序”算是创新。仲裁案件审限正常也就45天，要是适用简易程序，仲裁机构本身估计也是很难受，毕竟现在案多人少。用人单位也很麻烦，举证期限将会进一步被压缩，更是手忙脚乱，容易出错。

2017－04－17

二、《广东省实施〈女职工劳动保护特别规定〉办法》要点点评

但凡国家通过一个新的劳动法律或行政法规，地方往往会跟进。1988 年，国家发布了《女职工劳动保护规定》，次年广东省就通过了《广东省女职工劳动保护实施办法》。2012 年，国家重新颁发了《女职工劳动保护特别规定》，但广东省今年才通过《广东省实施〈女职工劳动保护特别规定〉办法》（以下简称《办法》），估计与新的计划生育政策有一定的内在联系，从《办法》相关要点也可以体会到相关精神。现笔者对《办法》要点简要点评如下。

第六条 用人单位应当遵守女职工禁忌从事的劳动范围的规定。用人单位应当将本单位属于女职工禁忌从事的劳动范围的岗位书面告知女职工。

［**点评**］

《女职工劳动保护特别规定》对于女职工禁忌从事的劳动范围做了明确规定，但没有要求必须书面告知女职工，《办法》的规定是新的要求，而且是强制性的要求。对用人单位而言，一是要核实本单位有没有女职工禁忌从事的劳动范围的岗位；二是要在女职工入职时书面告知：要么在劳动合同里写清楚，要么在岗位职责等文件里载明并让员工签名确认，基本上与职业病危害因素同样处理才行。

第九条 女职工需要在劳动时间内进行婚前检查的，用人单位应当给予便利。

［**点评**］

这是应有之义，没有规定为“婚检假”，算是一种平衡技巧。

第十条 在女职工怀孕期间，用人单位应当遵守以下规定：（一）女职工不

能适应原劳动岗位的，应当根据医疗机构的证明，予以减轻劳动量或者安排其他能够适应的岗位。（二）女职工经医疗机构诊断确需保胎休息的，保胎休息的时间按照病假处理。（三）女职工怀孕7个月以上的，每天安排1小时工间休息，工间休息时间视同其正常劳动并支付正常工作时间的工资，并不得安排其延长工作时间或者从事夜班劳动；对从事立位作业的女职工，还应在其工作场所设休息座位。（四）女职工在劳动时间内按照规定进行产前检查的，所需时间视同其正常劳动并支付正常工作时间的工资。

［点评］

医嘱保胎按病假处理是实务中司法部门的实务操作，《办法》明确规定了病假，算是统一操作。不过病假如果一直持续如何处理却没有进一步规定，也只能由司法继续自行酌处了。这事《劳动法》和《劳动合同法》也特意回避了，所以估计就算是医疗期满了，用人单位也没办法，只能继续给医疗期，并让员工享受各类产假待遇。此外，怀孕7个月以上每天安排1小时工间休息是新规定，体现了对孕妇的照顾。

第十一条　女职工生育享受98天产假，其中产前可以休假15天；生育时遇有难产的，增加30天产假；生育多胞胎的，每多生育1个婴儿，增加15天产假；符合法律、法规规定生育子女的，按照《广东省人口与计划生育条例》的有关规定享受奖励假。

女职工怀孕未满4个月终止妊娠的，根据医疗机构的意见，享受15天至30天产假；怀孕4个月以上7个月以下终止妊娠的，享受42天产假；怀孕满7个月终止妊娠的，享受75天产假。

［点评］

国家的《女职工劳动保护特别规定》规定难产假只是15天，广东省却坚持规定30天。这一规定在法理上是符合国家立法精神的，与《女职工劳动保护特别规定》并不抵触，只是优于而已，所以广东省的用人单位没有回旋余地了，只能按30天执行。此前还可以以《女职工劳动保护特别规定》属于新法为由进行解释，原来广东省的规定属于旧法进行解释，现在这个理由也不能成立了。怀孕满7个月终止妊娠的享受75天产假也是新规定，用人单位也一样必须执行。

第十三条 女职工按照规定休产假或者计划生育手术假的,享受国家和省规定的生育保险待遇。用人单位未参加生育保险或者欠缴生育保险费,造成女职工不能享受生育保险待遇的,由用人单位按照本省及所在统筹地区规定的生育保险待遇标准向女职工支付费用;其中生育津贴低于女职工原工资标准的,用人单位还应补足差额部分。

前款所称女职工原工资标准,是指女职工依法享受产假或者计划生育手术假前12个月的月平均工资。前12个月的月平均工资按照女职工应得的全部劳动报酬计算,包括计时工资或者计件工资以及奖金、津贴、补贴等货币性收入。前12个月的月平均工资低于女职工正常工作时间工资的,按照正常工作时间工资标准计算。女职工享受假期前在用人单位工作未满12个月的,按照其实际参加工作的月份数计算。

[**点评**]

广东省一方面大大延长假期,另一方面却只发一部分假期的生育津贴,还强调要“补足差额”,而且工资标准是“全部劳动报酬”。这样立法确实欠妥。其实就算是正常出勤,也未必有绩效,这一规定对于以绩效计发提成薪酬的用人单位来讲确实不太公平,应当允许外勤类员工因绩效浮动而享受不同提成待遇,不能简单地规定为平均的全部劳动报酬。

第十五条 女职工产假期满上班,用人单位应当给予1至2周的适应时间。

[**点评**]

这一条的规定还行,既根据实际需要关怀了员工,也留了一些余地。

第十六条 女职工产假期满,确有实际困难的,经本人申请,用人单位批准,可以请哺乳假至婴儿1周岁。哺乳假期间的工资待遇由双方协商决定。

[**点评**]

原《广东省女职工劳动保护实施办法》规定:哺乳假期间,所在单位应按不低于本人标准工资的75%发给工资。这一条修改了原来的规定,允许双方协商。

第二十一条 用人单位应当加强劳动场所的防范措施,预防和制止对女职工的性骚扰。

女职工在劳动场所受到性骚扰，向用人单位反映或者投诉的，用人单位应当及时处理，并依法保护女职工的个人隐私。

［**点评**］

开始强调预防和制止对女职工的性骚扰，同时也强调保护受骚扰女职工个人隐私，确实是进步的表现，可惜的是没有同时规定配套的明确的法律责任。

2016－06－28

三、《人力资源市场条例（征求意见稿）》要点提示

人力资源管理越来越重要，相关的问题和矛盾越来越突出，其中劳动者求职流动、用人单位招聘及其人力资源服务方面的纠纷日益繁多，亟须规范，所以《人力资源市场条例》应运而生。为了解决上述问题，人社部近期起草了《人力资源市场条例》草案，并公之于众，公开征求意见。

《人力资源市场条例（征求意见稿）》（以下简称《条例》）共8章，58条，虽然只是草案，但其重要性不言而喻，现对其中要点规定提示如下：

第二条［适用范围］第一款 劳动者求职与流动、用人单位招聘人员、人力资源服务机构提供人力资源服务，适用本条例。

要点提示：本款确定了适用范围，主体既包括劳动者、用人单位，也包括人力资源服务机构；《条例》调整内容则直指求职、招聘以及人力资源服务。

第七条［求职要求］ 劳动者求职，应当向用人单位或者人力资源服务机构如实告知与应聘岗位直接相关的知识技能、工作经历、就业现状等情况，不得有隐瞒、欺诈等行为。

要点提示：这是首次在国家立法层面强调劳动者求职时不得隐瞒、不得欺诈，劳动者不仅对用人单位负此义务，而且对人力资源服务机构也负有同等义务。

第九条［人员流动要求］ 劳动者流动时，应当遵守法律法规对服务期、竞业限制等有关人员流动的规定。

要点提示：本条强调劳动者流动时要遵守服务期规定是个亮点，因为一直以来对于服务期期间劳动者是否可以提前30日通知解除劳动合同存在分歧，

从该立法倾向来看,有机会统一认识。

第十二条[信息提供] 用人单位或者人力资源服务机构发布的招聘人员简章应当包括用人单位基本情况、招聘人数、工作内容、招聘条件、劳动报酬、福利待遇等内容。招聘信息应当合法、真实。

要点提示:福利待遇还好说些,但现在很多用人单位是薪酬保密的,“应当包括”岂不自行公告?就算做些技术处理,恐怕也难以让用人单位接受。

第十三条[告知义务] 用人单位招聘劳动者时,应当依法如实告知劳动者工作内容、工作条件、工作地点、劳动报酬、职业危害、安全生产状况以及劳动者要求了解的其他情况。

要点提示:这条规定没问题,原来《劳动合同法》就这么规定的。在招聘过程中劳动者都会问报酬问题,用人单位也应该告知劳动者本人,当事人之间并不存在保密一说。

第十五条[保密义务] 用人单位在招聘劳动者时,应当对劳动者的个人信息资料予以保密。未经劳动者书面同意,不得向第三方披露和使用劳动者个人信息资料,不得使用、转让劳动者拥有的知识产权和其他技术成果。

要点提示:这条规定的是用人单位的保密义务。针对个人信息被非法滥用情形,《条例》也第一次在国家层面强调了对劳动者个人信息资料的保护。《条例》如获通过,HR 的“背景调查”就要小心了,需要在签订劳动合同时就与劳动者书面约定如何向第三方披露和使用劳动者个人信息资料,不然就违法了。《条例》第 46 条还规定给劳动者造成损害的,要承担赔偿责任。

第十六条[招用合同]第二款 解除或者终止劳动合同时,用人单位应当依法办理档案和社会保险转移手续,不得设置限制性条件和流动障碍。

要点提示:虽然《劳动合同法》规定用人单位应当在“十五日内为劳动者办理档案和社会保险关系转移手续”,但实践中用人单位仍然经常用档案和社保转移来卡劳动者,《条例》以禁止性规定强调对劳动者的保护。不过对于这个问题,国家也应该加强政府部门内部的协调和管理,虽然早就规定了社保的流转政策,但实际上操作起来非常困难,地方政府部门也有很大原因。

第十七条[禁止招聘人员] 用人单位不得招用下列人员:(一)正在承担

国家、省重点工程、科研项目的技术和管理的主要人员，未经单位或者主管部门同意的；(二)正在从事涉及国家安全或者重要机密工作的人员，未经单位或者主管部门同意的；(三)法律、法规规定不得招用的其他人员。

要点提示：用人单位注意了，这些人员是受特别限制的，这些劳动者没有经过原单位或者主管部门同意是挖不得的。

第十八条[禁止行为] 用人单位招聘劳动者或者委托人力资源服务机构招聘劳动者，不得欺诈和采取不正当竞争手段，也不得以招聘为名牟取不正当利益或进行其他违法活动。

要点提示：一些劳动者离职后会应新用人单位要求“带走”很多原用人单位的同事，这让原用人单位很头疼。本条规定为原用人单位提供了法律保护：可以与劳动者约定不得以任何不当途径引诱同事离职。

第十九条[经营性服务许可] 从事经营性人力资源服务，应当申请行政许可，取得人力资源服务许可证，并在许可的业务范围内开展活动。

人力资源服务机构通过互联网提供人力资源服务，还应当取得互联网信息服务业务经营许可证。

要点提示：国家通过行政许可的方式继续强化对人力资源服务的管理，并规定了经营互联网信息服务业务也要特别许可。估计如何许可还需要出台配套规定，不然也没办法操作。

此外，人社部在《关于〈人力资源市场条例(征求意见稿)〉的说明》声称：“目前人力资源服务领域的行政许可事项有3项，即设立职业中介机构审批、设立人才中介机构及其业务范围审批、设立中外合资中外合作职业介绍机构审批，这是就业促进法第40条和国务院412号令规定的。草案将上述3项整合为1项，即从事经营性人力资源服务，应当申请行政许可，取得人力资源服务许可证(第19条)，许可事项也仅限上述范围，除此以外，不实行行政许可”。但从本条文字表述上实在读不出人社部所说的仅限于上述3项范围来，令人生疑。

第二十条[经营性人力资源服务内容] 经营性人力资源服务机构可以从事下列业务：……(八)人力资源服务外包。

要点提示：特别提醒用人单位，这里的人力资源服务外包不包括劳务派遣！不要以为有这业务范围就可以简单地把劳务派遣改个名字过关。人社部《关于〈人力资源市场条例（征求意见稿）〉的说明》特别强调了“劳务派遣单位对劳动者来说是用人单位而非服务机构，因此，草案不将劳务派遣纳入人力资源服务范畴”。这一意见明显就是把劳务派遣与代为招聘、代发工资等“人力资源服务”区别开来。

第二十一条［外资机构提供人力资源服务的条件］ 外国公司、企业和其他经济组织拟在中国境内从事人力资源服务活动的，应当与中国的人力资源服务机构合资或者合作经营设立中外合资或者合作人力资源服务机构。

不得设立外商独资人力资源服务机构。

外国公司、企业和其他经济组织拟在国家自由贸易试验区等国家规定的特定区域内投资设立人力资源服务机构的，按照国家有关规定执行。

要点提示：国家限制外资机构提供人力资源服务，对内资服务机构来讲应该是利好消息。

第二十七条［人力资源外包服务规范］ 人力资源服务机构接受用人单位委托提供人力资源管理服务外包的，不得非法改变用人单位与劳动者的劳动关系，不得与用人单位串通侵害劳动者合法权益。

要点提示：这条规定就是对第 20 条的进一步补充，强调人力资源外包服务是不涉及劳动关系的！其立法本意在于堵住形形色色的“逆向派遣”。

第五十七条［港澳台服务提供者在内地开展人力资源服务的条件］ 香港特别行政区、澳门特别行政区投资者在内地开展人力资源服务，按照本条例第十九条规定执行。

台湾地区投资者在大陆开展人力资源服务，参照本条例第二十一条、第二十二条规定执行。

要点提示：这条规定意味深长。

2016－09－06

四、废止《违反和解除劳动合同的经济补偿办法》涉及的主要法律问题

2017 年 11 月 24 日，人力资源社会保障部下发了《关于第五批宣布失效和废止文件的通知》，其中以"已有新规定替代"为由废止了原劳动部《关于印发〈违反和解除劳动合同的经济补偿办法〉的通知》（劳部发〔1994〕481 号）。一时间众说纷纭。

《违反和解除劳动合同的经济补偿办法》（以下简称《补偿办法》）确实是一件重要的部颁规章，不仅涉及补偿问题，也涉及医疗补助费等问题，对司法实务和用工管理有重要的影响，该《补偿办法》废止主要涉及以下几个方面的法律问题。

一、25%的经济补偿金

经济补偿此前不仅有解除劳动合同的经济补偿，也还有拖欠工资的 25%的经济补偿。《补偿办法》第 3 条曾就此做过相关规定："用人单位克扣或者无故拖欠劳动者工资的，以及拒不支付劳动者延长工作时间工资报酬的；除在规定的时间内全额支付劳动者工资报酬外，还需加发相当于工资报酬百分之二十五的经济补偿金。"但《劳动合同法》出台后司法部门就未再执行此规定。广东省还专门出过纪要，其中规定："劳动者依照原劳动部《违反和解除劳动合同的经济补偿办法》第三条、第四条和第十条的规定，请求用人单位支付经济补偿金或额外经济补偿金的，不予支持。"因为《劳动合同法》第 85 条规定"未按照劳动合同的约定或者国家规定及时足额支付劳动者劳动报酬的"，"由劳动

行政部门责令限期支付劳动报酬”，“逾期不支付的，责令用人单位按应付金额百分之五十以上百分之一百以下的标准向劳动者加付赔偿金”，这也算是一种取代。

二、补偿年限上限

《补偿办法》第5条和第7条规定协商一致解除劳动合同以及劳动者因不能胜任工作被解除劳动合同的经济补偿限于12个月工资，这一规定一直困扰用人单位：一方面为了降低法律风险而希望协商解除，另一方面却受限于12个月而难以协商。现在不少劳动者利用用人单位协商心态不仅要求突破12个月的上限，甚至还要求2N或更高的补偿，用人单位有时也不得不妥协。《补偿办法》废止后用人单位缺少了12个月上限的谈判筹码或说辞，将来会更难协商。

三、医疗补助费

《补偿办法》第6条规定了医疗补助费的标准：“不低于六个月工资的医疗补助费”，“患重病和绝症的还应增加医疗补助费，患重病的增加部分不低于医疗补助费的百分之五十，患绝症的增加部分不低于医疗补助费的百分之百。”这一规定照顾了患病员工，尽管没规定什么是重症、绝症，但实践中基本上没有影响执行。《补偿办法》废止后医疗期满解除劳动合同的矛盾会激化，因为用人单位可以主张无须支付医疗补助费。但是，很多地方都根据这一规定制订了地方法规或政策，所以即使《补偿办法》废止了，只要地方法规和政策还在，仍然应该支付相应的医疗补助费。此外，如果当地没有相关规定，仍建议用人单位从人道主义出发考虑支付此费用，以促成协商解除。不仅因为患病员工需要照顾，而且此类员工的劳动合同单方解除的条件其实也同样非常难成就：不仅要医疗期满，还要考虑累计计算医疗期；不仅要证明不能从事原工作，还要证明不能从事另行安排的工作。

四、补偿基数下限

《补偿办法》第 11 条第 2 款规定："用人单位依据本办法第六条、第八条、第九条解除劳动合同时，劳动者的月平均工资低于企业月平均工资的，按企业月平均工资的标准支付。"简单地说，医疗期满解除、因客观情况变化解除以及裁员 3 种情形下（不包括协商解除和不能胜任解除），劳动者经济补偿是有下限的，不得低于企业月平均工资。这一规定还真难为仲裁员和法官了，毕竟要证明企业月平均工资很不容易，就算是参照社保缴纳基数也不好算，简单将举证责任配置给用人单位也不是办法，所以实践中即使有劳动者提这一请求，仲裁员和法官都会绕过去，不给自己找麻烦。废止了也好，免得再尴尬了。

五、废而不止

《劳动合同法》第 97 条第 3 款规定："本法施行之日存续的劳动合同在本法施行后解除或者终止，依照本法第四十六条规定应当支付经济补偿的，经济补偿年限自本法施行之日起计算；本法施行前按照当时有关规定，用人单位应当向劳动者支付经济补偿的，按照当时有关规定执行。"所以《补偿办法》是废而不止，因为"当时有关规定"并非以现在是否生效作为条件，只要当时适用的规定都得以借此条款"复活"，有如当年的《深圳经济特区劳动合同条例》。只要劳动者愿意，完全可以以此为由主张基数至少 2008 年之前是不能封顶的，所以各地关于经济补偿如何计发、是否封顶等问题的争议仍将持续。

2017－12－05

五、取消我国台港澳地区人员就业许可的法律影响

2018 年 8 月 3 日，国务院发布了《国务院关于取消一批行政许可等事项的决定》(以下简称《决定》)，取消了一批行政许可事项，其中包括取消我国台港澳地区居民在内地就业许可事项。与此同时，《决定》要求取消审批后，人力资源社会保障部在我国台港澳人员就业服务、社会保障、失业登记、劳动权益保护等方面，尽快出台配套政策措施，并指导督促地方人力资源社会保障部门抓好落实。人力资源社会保障部也表示将尽快出台配套政策措施，进一步便利我国台港澳地区居民在内地就业、创业。

这一《决定》对我国台港澳人员在内地就业确实是重大利好，不仅在政治、管理上的意义和价值非常显著，而且在法律上也有诸多影响，主要体现在以下几个方面。

第一，我国台港澳地区居民直接适用《劳动法》和《劳动合同法》，受到更加全面的保护。

之前对于没有办理就业许可的我国台港澳人员，如何认定与用人单位的法律关系是存在理解分歧的。2008 年广东省《关于适用〈劳动争议调解仲裁法〉、〈劳动合同法〉若干问题的指导意见》规定："外国人、港澳台地区居民在中国内地就业产生的用工关系按劳动关系处理。外国人、港澳台居民未依法办理《外国人就业证》《台港澳人员就业证》的，应认定有关劳动合同为无效劳动合同。外国人、港澳台地区居民已经付出劳动的，由用人单位参照合同约定支付劳动报酬。"2013 年最高人民法院也采纳了这一观点，在《关于审理劳动争议案件适用法律若干问题的解释(四)》中规定："外国人、无国籍人未依法取得就业证件即与中国境内的用人单位签订劳动合同，以及香港特别行政区、

澳门特别行政区和台湾地区居民未依法取得就业证件即与内地用人单位签订劳动合同,当事人请求确认与用人单位存在劳动关系的,人民法院不予支持。”取消我国台港澳人员就业许可不只是简化了程序,更避免了法律适用的尴尬,不会再出现因为没有办证而产生特殊法律关系的情况了。

第二,为我国台港澳地区居民在大陆缴纳各项社会保险和住房公积金扫除了最后的障碍。

尽管根据相关法律规定,国内用人单位招用我国台港澳地区居民应当依法缴纳各项社会保险,但一直以来执行并不到位,除了手续麻烦外,另外一个主要原因就是需要行政许可。不少我国台港澳地区居民为了便利,往往利用回乡证往返大陆并从事工作,这其实并不规范,甚至是违反相关法律规定,无法办理各项社会保险。一旦无须行政许可,缴纳社会保险就会容易很多。而我国台港澳地区居民是否缴纳住房公积金问题各地更是各自为政,有不允许的,有允许选择性缴纳的,很多地方没有严格按照国务院《住房公积金管理条例》来执行。取消行政许可后,各地地方性的规定和操作将难以再以此作为区别对待的理由,相关障碍将不复存在。《决定》实施后,我国台港澳地区居民不仅可以获得养老待遇、住房公积金待遇,甚至可以领取失业金。

第三,部分我国台港澳地区居民将形成双重劳动关系,影响相关权利义务。

就业许可取消后,我国台港澳地区居民更容易在大陆就业,但部分我国台港澳地区居民可能会选择同时保留香港的劳动关系,一方面是因为在香港已经缴纳了强积金,另一方面是两地之间的养老保险可能暂时难以转移互认,所以可能会形成双重劳动关系,影响相关权利义务,甚至可能会出现享受两份退休待遇的情况。不仅如此,我国台港澳地区居民也可能与大陆用人单位形成事实劳动关系,所以我国用人单位要特别注意这一问题,要规范用工,在入职之前就签好劳动合同。如果有条件,我国用人单位还可以运用香港关联单位以外派方式来运作,这样也可以避免双重劳动关系。

2018－08－06

六、《关于执行〈工伤保险条例〉若干问题的意见（二）》部分条款解读

2014年4月21日，最高人民法院审判委员会通过了《最高人民法院关于审理工伤保险行政案件若干问题的规定》（法释〔2014〕9号，以下简称《规定》），并于2014年9月1日生效。《规定》虽然仅适用于法院系统，但行内人一眼就看得出来，最高人民法院的规定与人力资源和社会保障部（以下简称人社部）的工伤认定不完全一致，因此出台了具体的规定来间接引导人社部。

时隔近两年，人社部于2016年3月28日下发了《关于执行〈工伤保险条例〉若干问题的意见（二）》（人社部发〔2016〕29号，以下简称《意见（二）》）。

我们对比一下《规定》和《意见（二）》几个主要问题的规定。

首先是"参加活动"的问题。《规定》规定：职工参加用人单位组织或者受用人单位指派参加其他单位组织的活动受到伤害的，人民法院应予支持认定为工伤。而《意见（二）》第4条却规定：职工在参加用人单位组织或者受用人单位指派参加其他单位组织的活动中受到事故伤害的，应当视为工作原因，但参加与工作无关的活动除外。两个规定貌似没什么区别，但实质上大有差异。第一点不同是《意见（二）》强调"事故伤害"才算工伤，要不是"事故"，人社部不认可属于工伤，这与最高人民法院的《规定》存在了出入；第二点不同是最高人民法院的《规定》并没有设条件，并没有强调"活动"要与工作有关，但《意见（二）》却附加了条件，要与工作有关，也就是说，在用人单位组织的旅游活动中受到伤害的，不构成工伤。所以实际上《意见（二）》是压缩了认定为工伤的范围。

与此相关的是"因工外出期间"的问题。《规定》认为下列情形为属于"因

工外出期间”:(一)职工受用人单位指派或者因工作需要在工作场所以外从事与工作职责有关的活动期间;(二)职工受用人单位指派外出学习或者开会期间;(三)职工因工作需要的其他外出活动期间。同时,《规定》明确规定:职工因工外出期间从事与工作或者受用人单位指派外出学习、开会无关的个人活动受到伤害,社会保险行政部门不认定为工伤的,人民法院应予支持。《规定》把学习开会都明确列为“因工外出期间”,但《意见(二)》却只强调“参加与工作无关的活动除外”,只字未提学习开会如何定性,更不用说“因工作需要的其他外出活动期间”了,这意味着即使是学习开会期间,也未必会被认定为工伤。

《意见(二)》进一步限制了“因工外出期间”的范围,在第5条中明确规定:职工因工作原因驻外,有固定的住所、有明确的作息时间,工伤认定时按照在驻在地当地正常工作的情形处理。该规定暗示即使“驻外”,也要讲“规矩”,仍然要套用“工作时间”“工作场所”和“工作原因”3个基本准则,只要不是“正常工作”,也不能认工伤。

其次是“上下班途中”的问题。《规定》列举得非常明确而且比较宽泛:(一)在合理时间内往返于工作地与住所地、经常居住地、单位宿舍的合理路线的上下班途中;(二)在合理时间内往返于工作地与配偶、父母、子女居住地的合理路线的上下班途中;(三)从事属于日常工作生活所需要的活动,且在合理时间和合理路线的上下班途中;(四)在合理时间内其他合理路线的上下班途中。《意见(二)》却只是一笔带过:职工以上下班为目的、在合理时间内往返于工作单位和居住地之间的合理路线,视为上下班途中。两相比较,差异立现。《意见(二)》明显要给自己划下自留地。

此外,《意见(二)》在“退休人员受伤是否工伤问题”上做了一个跨界规定:达到或超过法定退休年龄,但未办理退休手续或者未依法享受城镇职工基本养老保险待遇,继续在原用人单位工作期间受到事故伤害或患职业病的,用人单位依法承担工伤保险责任。用人单位招用已经达到、超过法定退休年龄或已经领取城镇职工基本养老保险待遇的人员,在用工期间因工作原因受到事故伤害或患职业病的,如招用单位已按项目参保等方式为其缴纳工伤保险费的,应适用《工伤保险条例》。这一规定可以简单地解释为该退休没退休的继续工作的员工如果有工伤,原用人单位全部埋单,因为超过年龄原则上是不可能再购买工伤保险的了(上海、深圳等地或许除外);其他用人单位招用达到退休年龄或已领取养老待遇的人员如果因工受伤,则再区别对待。总之,本来应该是传统民事领域的雇佣关系,《意见(二)》顺着最高人民法院保护劳动者的规定,也做了规定。

《意见(二)》虽然说只是“意见”,但从文号来判断,这也是部门规章,具有法律效力。因此产生了一个法律问题:部颁规章与司法解释不一致时如何处理?《立法法》对此并没有提及。

2016-04-05

七、如何理解和运用新的企业年金制度？

运行了13年后，《企业年金试行办法》（以下简称《试行办法》）终于拿掉了“试行”两字。日前人社部、财政部联合印发了《企业年金办法》（以下简称《办法》，2018年2月1日起施行），进一步确定了企业年金相关管理制度。

和《试行办法》相比，《办法》总结了不少经验，也做了不少改进。具体而言包括以下几个方面。

一、降低了缴费比例。《试行办法》原来规定企业缴费每年不超过本企业上年度职工工资总额的1/12。企业和职工个人缴费合计一般不超过本企业上年度职工工资总额的1/6。《办法》规定为企业缴费每年不超过本企业职工工资总额的8%。企业和职工个人缴费合计不超过本企业职工工资总额的12%。具体所需费用，由企业和职工一方协商确定。降低缴费比例的目的在于提高各方参加的积极性，同时也允许双方协商确定所需费用，毕竟员工有时不太愿意再额外掏钱，所以一些企业象征性地让员工交1元。

二、明确了权益归属办法。《办法》规定职工企业年金个人账户中个人缴费及其投资收益自始归属于职工个人，这是企业年金制度应有之义。但是，《试行办法》并没有明确企业缴费及其投资收益归属问题，因此容易产生纠纷。笔者经办过此类案件，员工直接要求企业支付企业年金及其收益，结果当然是被驳回，毕竟法律关系没搞清楚。《办法》规定：企业可以与职工一方约定其自始归属于职工个人，也可以约定随着职工在本企业工作年限的增加逐步归属于职工个人，完全归属于职工个人的期限最长不超过8年。这样既为企业管理提供了依据，也保障了员工权益的实现。

三、规定了终止条件。《试行办法》只字未提企业年金如何终止，企业当然会有顾虑,本来社保成本就很高了,一旦设立企业年金且无法终止,岂不压力更大?此次《办法》明确了主体消亡、不可抗力和约定条件成就即可终止,前两者理应如此,而允许约定终止条件则给企业打开了方便之门,也是为了鼓励企业积极参与。具体如何约定条件则企业可以结合实际情况酌情确定,比如严重亏损、股权转让等。

四、放宽了领取条件。《试行办法》原来规定:职工在达到国家规定的退休年龄时,可以从本人企业年金个人账户中一次或定期领取企业年金。职工未达到国家规定的退休年龄的,不得从个人账户中提前提取资金。《办法》新增规定,员工完全丧失劳动能力时,也可以从本人企业年金个人账户中按月、分次或者一次性领取企业年金,也可以将本人企业年金个人账户资金全部或者部分购买商业养老保险产品,依据保险合同领取待遇并享受相应的继承权。

但是,企业年金只是补充养老保险而已,无论表述成“自愿”还是“自主”,都不是强制性规定,所以注定了只能是少数人享受的待遇。《中国社会保险发展年度报告 2016》的数据显示,2016 年参加企业年金的职工人数为 2325 万人,只占参加城镇职工基本养老保险总人数的 6.13%;7.63 万户企业建立了企业年金,仅占企业法人单位数量的 0.35%,国有企业占绝大部分,民企不到 1%。为此企业年金一直为人诟病:企业年金是富人的游戏,穷人连强制的社保都没有足额缴纳,谈何企业年金?

不过,新的《办法》可以作为新的管理工具,来实现企业的一些重要管理目标。虽然《试行办法》和《办法》都强调“适用于企业试用期满的员工”,但仍有一定的空间,两文件均允许在企业年金方案里通过协商确定参加人员范围。《办法》还规定企业除了法定情形外,还可以约定企业缴费及其投资收益归属。这样一来,不仅可以通过企业年金来提高关键岗位关键员工的收入和满意度,进行合理避税,还可以将长期服务、绩效考核和竞业限制等融合在这一方案的享受条件里,所以新的企业年金有了新的运用价值,值得部分企业尤其是技术创新型企业和金融企业再研究。

需要提醒的是,《办法》同时规定了几种情况下职工企业年金个人账户中企业缴费及其投资收益完全归属于职工个人,其中包括:非因职工过错企业解除劳动合同的,或者因企业违反法律规定职工解除劳动合同的;劳动合同期满,由于企业原因不再续订劳动合同的。这一规定使解除和终止的利益影响更大,会反作用于用人单位,可能因此增加打官司的概率。这些官司不仅包括劳动仲裁诉讼,还包括因为信托而产生的民事案件。

2018 - 01 - 07

八、修改《劳动合同法》风云再起

2012 年 12 月 28 日，全国人大常委会对《劳动合同法》进行了修改，修改的主要内容是劳务派遣，修改后的《劳动合同法》2013 年 7 月 1 日生效。此次修法后人社部陆续颁布了《劳务派遣行政许可实施办法》《劳务派遣暂行规定》，进一步对劳务派遣进行了规范。

但是，中国经济正值转型，而且劳动关系持续不稳定，不少人呼吁继续修改《劳动合同法》。2016 年 3 月全国人大召开了第十二届四次会议，会上 300 多名全国人大代表共提交了 10 件《关于修改劳动合同法的议案》（黄志峰等 31 名代表、李光宇等 30 名代表、吴世忠等 30 名代表、焦文玉等 30 名代表、秦希燕等 31 名代表、樊芸等 30 名代表、杨桂生等 34 名代表、姜明等 33 名代表、姜卫东等 30 名代表、王明雯等 38 名代表的第 102 号、第 115 号、第 140 号、第 211 号、第 216 号、第 260 号、第 305 号、第 354 号、第 420 号、第 444 号议案），再次引发了对修改《劳动合同法》的讨论。这些议案提出："现行的劳动合同法注重保护劳动者的利益，而忽视了企业的权益，签订无固定期限劳动合同的规定不符合劳动者的实际情况，有失公平、公正，应当适当增加劳动者的违约成本，同时建筑业农民工欠薪问题突出，影响社会稳定与和谐，工资保证金制度落实缺乏法律依据，建议修改劳动合同法。"

近日，全国人大常委会表决通过了全国人大财经委《关于第十二届全国人民代表大会第四次会议主席团交付审议的代表提出的议案审议结果的报告》。该报告称，对于上述 10 件《关于修改劳动合同法的议案》，"人力资源和社会保障部认为，劳动合同法实施中围绕立法宗旨、无固定期限劳动合同、经济补偿金等内容存在一些争议，下一步将就无固定期限劳动合同等内容进行全面评估，在调研评估的基础上提出修改劳动合同法的建议。财经委员会建议人力资源和社会保障部进一步认真研究代表意见，加强研究论证，加快工作进度，适时提出修法建议”。

一石击起千层浪，修改《劳动合同法》风云再起。看来修法是势在必行，而且到了一定阶段了。据悉，人社部在前期调研的基础上已经起草了相应的《劳动合同法》修改草案，正在进一步研究过程中，或许明年开始走流程。

笔者曾经感慨，除了《宪法》外，在中国没有哪部法律像《劳动合同法》这样受到全社会的关注，也没有哪部法律像《劳动合同法》这样引发如此激烈争议。

争议的问题很多，无固定期限劳动合同的制度设计就是其中之一，所以此次审议报告也直言将就无固定期限劳动合同等内容进行全面评估。现实当中无固定期限劳动合同确实成了劳资双方博弈的焦点，《劳动合同法》第 14 条所规定的“两次条款”在文义上本来没有任何歧义，第二次固定期限劳动合同期满时用人单位是有权终止劳动合同的，但各地操作过程中却渐渐取消了用人单位的终止权。更有甚者，江苏索性直接立法规定用人单位在第二次固定期限劳动合同终止前必须提前 30 日书面通知劳动者其有权签订无固定期限劳动合同。这样一来，根本不需要等到 10 年，很多用人单位早就提前进入“无固定期限劳动合同时代”了，所以这方面的压力和矛盾日益加剧。

其实不仅是《劳动合同法》，严重影响劳动关系的还有《劳动争议调解仲裁法》。该法规定的一裁两审体制令各方都不太满意，现在也必须重新审视了。据闻人社部也正在起草《劳动争议调解仲裁法》的修正案，或许有机会与《劳动合同法》修正案一并提交全国人大审议，将来无论是实体法还是程序法，都应该会有所调整了。

2016－11－10

PART 02

司法篇

一、《广东省高级人民法院　广东省劳动人事争议仲裁委员会关于劳动人事争议仲裁与诉讼衔接若干意见》要点点评

2018年8月8日,《广东省高级人民法院　广东省劳动人事争议仲裁委员会关于劳动人事争议仲裁与诉讼衔接若干意见》(以下简称《意见》)发布,距上次两机构发布的《关于审理劳动争议案件疑难问题的解答》(以下简称《解答》)时隔仅一年,亟须解决的劳动争议焦点问题确实很多。笔者受邀参加了《意见》定稿会议,就相关问题提供了自己的见解,虽然一些建议被采纳了,但是正式出台的《意见》还有不少分歧,还有一些重要的问题未能解决。现就《意见》要点简要点评如下。

一、出租汽车(巡游车和网约车)驾驶员与经营者订立劳动合同并按劳动合同履行的,认定为劳动关系;双方订立承包、租赁、联营等合同,并建立营运风险共担、利益共享分配机制的,按双方约定执行。实际履行与约定不一致或双方未约定的,以实际履行情况认定。

[点评]

出租车驾驶员与经营者之间是否构成劳动关系一直以来是个焦点问题。笔者20年前审理过安达公司的一起"工伤"案件,最后认定双方不构成劳动关系,引发业内震动。但是,深圳相关部门此后却通过修改《深圳经济特区出租小汽车管理条例》来强化劳动关系,该条例第24条规定:"经营者雇用出租车驾驶员应当符合法律、法规和市政府有关本地居民就业的规定,并依照有关法律、法规办理劳动用工、社会保险及其他相关手续。雇用不具有深圳市常住户

籍人员的,应当依照特区法规规定为其办理暂住证”。这一规定把出租车行业完全限定死了,所以各公司各显神通,一方面签订劳动合同,发放最低工资,缴纳社保;另一方面调整提成模式和管理办法,最后还是羊毛出在羊身上,大家只走了一个形式。《意见》这一规定虽然只针对巡游车和网约车,但至少在新形势下开始调整思路,放宽管制。2017 年《深圳市人民代表大会常务委员会关于暂时停止适用〈深圳经济特区出租小汽车管理条例〉部分条款的决定》获得通过,但并未涉及第 24 条,所以深圳有特区法规的障碍,可能还要再磨合一段时间才能看清走势。

二、网络平台经营者与相关从业人员之间的用工关系性质,原则上按约定处理。如双方属于自负盈亏的承包关系或已订立经营合同、投资合同等,建立了风险共担、利益共享的分配机制的,不应认定双方存在劳动关系。实际履行与约定不一致或双方未约定的,以实际履行情况认定。

[点评]

这一规定对《解答》第 2 条做了再次确认,也是呼应新业态的积极信号。从管理上看,显然对网络平台经营者非常有利,但对从业人员来说,却有难言之隐:他们的社会保险怎么缴?没有劳动关系,网络平台经营者自然无须缴纳,但这些从业人员每天骑着电动车在大小道路上来来往往,还经常为了看单或赶时间而违章,安全隐患非常高。政府应当正视这一问题,应当配套开放社会保险缴纳平台允许此类从业人员参加社会保险以求自保。笔者 10 年前曾就针对保险代理人社会保险缴纳问题发表过文章,当时的思路是以行业协会来作为缴纳主体,现在看来可能还是需要政府进一步解放思想,直接允许个人在社会保险缴纳机构自行申报缴纳为宜,而且也不应当再设置户籍限制。只有这样,才能既解决工伤保障问题,也解决养老问题,不然将来这些问题都是政府要兜底的事。

附:《解答》2. 快递、送水等从业人员与其用工单位之间的关系如何认定

快递等相关行业中,用工单位可与快递人员等建立多种形式的用工关系,快递等人员与其用工单位之间的关系,应按双方的约定认定。但如果用工单位依法制定的各项劳动规章制度适用于该劳动者,该劳动者亦受用工单位的劳动管理,从事用工单位安排的有报酬的劳动,且该劳动者提供的劳动是用工单位业务的组成部分,应认定双方存在劳动关系。

五、非因劳动者原因致用人单位生产经营陷入严重困境,有丧失清偿能力的可能并致用人单位停产、限产,用人单位可以根据《劳动合同法》第四十条第三项的规定解除劳动合同并支付经济补偿,也可以与劳动者协商约定停工限产期限。停工限产未超过一个工资支付周期,用人单位按照正常工作时间支付工资,超过一个工资支付周期,用人单位根据《广东省工资支付条例》第三十九条的规定向劳动者支付工资或生活费。停工限产超过合理期限或约定期限,劳动者根据《劳动合同法》第三十八条第一款第一项的规定提出解除劳动合同并主张经济补偿的,应予支持。

[**点评**]

当时规定支付工资或生活费超过6个月的劳动者可以解除劳动合同,用人单位也可以解除劳动合同。笔者指出任何法律都没有6个月的限制,而且这样规定是"帮倒忙"。本来用人单位因为情势变迁根据《劳动合同法》第40条第3项的规定履行了协商程序后即可解除劳动合同,结果成了要6个月后才得以解除劳动合同,显然不合适。现在看来相关部门接纳了这一意见,删除了6个月期限的相关表述。不过笔者对于劳动者因此得以解除劳动合同并主张经济补偿的观点仍持保留意见,毕竟停工限产本身就是客观情况变化,往往是不得已而为之,结果还赋予了劳动者解除权,一是缺乏法理依据,二是社会效果难以理想;而且法律依据也有问题,《劳动合同法》第38条第1款第1项规定的是"未按照劳动合同约定提供劳动保护或者劳动条件的",用人单位停产、限产不应当理解为构成此情形。

六、女职工按照《女职工劳动保护特别规定》第七条的规定休产假的,原工资标准按照《广东省实施〈女职工劳动保护特别规定〉办法》第十三条第二款的规定确定。根据《广东省人口与计划生育条例》第三十条的规定,符合法律、法规规定生育子女的,女方享受八十日的奖励假,男方享受十五日的陪产假,在规定假期内照发工资,不影响福利待遇和全勤评奖。奖励假和陪产假期间的工资应按职工正常出勤情况下的应得工资计算,但加班工资、高温津贴、支付周期超过一个月或未确定支付周期的劳动报酬除外。

[**点评**]

《广东省实施〈女职工劳动保护特别规定〉办法》第13条第2款的规定是有问题的。且不说之前国家法律保护的只是基本工资，就算是后来地方立法和操作按全额工资执行，也还有诸多争议。笔者曾就产假期间奖金如何计发一事发表文章，指出绩效待遇无论是否产假，都应当根据用人单位相关制度执行，否则一旦进入“保护期”就会出现问题：如果产假期间绩效好，按之前的待遇发放绩效待遇对劳动者不公平，反之则对用人单位不公平。笔者在会上还以前几年证券行情波动巨大时的案例来解释此问题，并建议只表述全勤奖金正常享受，同时加上提成和绩效待遇按用人单位相关制度执行，当时与会各方对此一致表示同意。从《意见》正式公布的版本来看，笔者的建议显然被打折了，确实有点遗憾，这类问题没有从根本上解决，将来的纠纷还会持续产生。不过《意见》另外做了点平衡：对于奖励假和陪产假期间的工资则把加班工资、高温津贴、支付周期超过一个月或未确定支付周期的劳动报酬排除在外了，也算是变通且部分地采纳了笔者的建言。

附：《广东省实施〈女职工劳动保护特别规定〉办法》第十三条第二款：前款所称女职工原工资标准，是指女职工依法享受产假或者计划生育手术假前12个月的月平均工资。前12个月的月平均工资按照女职工应得的全部劳动报酬计算，包括计时工资或者计件工资以及奖金、津贴、补贴等货币性收入。前12个月的月平均工资低于女职工正常工作时间工资的，按照正常工作时间工资标准计算。女职工享受假期前在用人单位工作未满12个月的，按照其实际参加工作的月份数计算。

七、在工伤停工留薪期内，劳动者的原工资福利待遇不变，由所在单位按月支付。工伤停工留薪期工资应按劳动者工伤前十二个月的平均工资（包括加班工资）支付。

[**点评**]

工伤停工留薪期工资包括加班工资这一点笔者确实不赞同，当时据理力争，未能改变结果。赞同的观点认为缴纳社保基数包括加班工资，所以停工薪期工资也应该包括这一待遇，相关法律依据是《工伤保险条例》第64条第2款规定的“本条例所称本人工资，是指工伤职工因工作遭受事故伤害或者患职业病前12个月平均月缴费工资。"但是，该条例第32条规定的停工留薪期只是"原工资福利待遇不变，由所在单位按月支付"，并没有规定按"本人工资"支付。前者是计算"伤残津贴"时对应的特定的标准，后者与此并不相同。笔者认为，劳动者停工了，没再从事任何工作，还支付加班工资，逻辑上不通且还有道德风险。笔者还以当年《中国青年报》报道的《断臂悲歌》来说明存在道德风险，也以《意见》第6条规定产假待遇不包括加班工资来印证没有正常出勤不应该有加班工资，现在看来还是没有成功。

八、劳动者与用人单位虽未签订名称为劳动合同的书面协议，但双方签订的包含工资、岗位、工作时间、劳动期限等内容的书面协议，具备劳动合同本质特征的，应当认定双方已经订立书面劳动合同。

[**点评**]

这一条早就该规定了。《劳动合同法》出台后，实践中多了一类事实劳动关系双倍工资的案件，而且愈演愈烈，甚至出现了极个别劳动者通过不法手段偷盗、销毁劳动合同来谋取相关利益的情形。这一规定给了用人单位一些空间，可以以录取通知或其他书面形式固定劳动合同主要条款来主张并非事实劳动关系。但是，一定要注意必须要有劳动者本人签名，不能简单只发通知，至少要劳动者回复电子邮件，明确同意相关条款，将来还可以公证电子邮件以固定证据。此外，还可以在劳动者入职后签署劳动合同台账，确认劳动合同主要条款并确认劳动者已领取劳动合同，这也是避免相关法律风险的有效手段。

九、用人单位违反《劳动合同法》第十四条第二款的规定，未与劳动者订立无固定期限劳动合同的，用人单位应根据《劳动合同法》第八十二条第二款的规定，从依法应订立无固定期限劳动合同之日满一个月的次日起向劳动者每月支付二倍工资。

[**点评**]

《劳动合同法》为了惩罚用人单位不签订劳动合同，特别规定了双倍工资这一严厉措施。这一规定比事实劳动关系双倍工资还厉害，后者最多只是赔偿11个月双倍工资，而前者没有期限限制。尽管用人单位可以参照《劳动合同法》第14条第3款主张一年后"视为用人单位与劳动者已订立无固定期限劳动合同"，但这一主张并不保险，该款规定严格意义上只适用于"用人单位自用工之日起满一年不与劳动者订立书面劳动合同”情形。一旦劳动者提出签订无固定期限劳动合同的要求，请用人单位格外注意，藏在后面的法律责任非常大，一是要仔细辨别劳动者是否符合条件，二是即便不愿意签订，也不能简单拒绝，要充分研究对策，具体可以参照广东省2012年相关规定来操作，以争取避免风险。

附：2012年《广东省高级人民法院 广东省劳动人事争议仲裁委员会关于审理劳动人事争议案件若干问题的座谈会纪要》第二十条规定：“劳动关系符合《劳动合同法》第十四条第二款第（一）、（二）、（三）项规定的情形，用人单位在与劳动者协商订立无固定期限劳动合同时提出的劳动报酬、劳动条件、福利待遇等事项不低于订立无固定期限劳动合同前的标准，劳动者拒不接受的，用人单位可以终止合同，且无须向劳动者支付经济补偿。”

［**条文**］

十、原劳动部《违反和解除劳动合同的经济补偿办法》废止后，经济补偿月数上限、工作年限不满六个月经济补偿计发月数、经济补偿的计发基数问题统一适用《劳动合同法》第四十七条的规定。

根据《劳动合同法》第九十七条第三款的规定，《劳动合同法》施行之日存续的劳动合同在该法施行后解除或终止的，依照《劳动合同法》第四十六条规定用人单位应当支付经济补偿的，补偿年限从该法施行之日起计算。在《劳动合同法》施行前，按照当时的规定用人单位应当支付经济补偿的，仍适用当时规定。

［**点评**］

2017年11月24日，人力资源与社会保障部废止了原劳动部《违反和解除劳动合同的经济补偿办法》，理由是“已有新规定替代”。新规定是什么？就是2008年的《劳动合同法》。时隔10年才废止，确实有点晚，而实践中早就是按新法执行了。

不过《劳动合同法》还是留了尾巴，《劳动合同法》第97条第3款所规定的“按照当时有关规定执行”使《违反和解除劳动合同的经济补偿办法》废而不止，甚至一些地方性法规也起死回生了。

对于收入超过社平工资3倍的劳动者如何计算经济补偿或赔偿众说纷

纭，原来深圳自己执行的规则是无论何时建立劳动关系—何时签订劳动合同，一律基数与年限双封。但是2012年广东为了统一操作，发布了新的规则，简单地说就是基数封顶，但年限区别对待。后来发现有逻辑矛盾，所以这次借机取消了这一规则，改回了按《劳动合同法》执行。但是，《劳动合同法》本身的规定就有缺陷，问题其实并没有得到解决，没了统一的规则，反而可能更加混乱。

2012年《广东省高级人民法院 广东省劳动人事争议仲裁委员会关于审理劳动人事争议案件若干问题的座谈会纪要》第三十一条规定："用人单位支付劳动者解除或终止劳动合同经济补偿或赔偿金时，经济补偿或赔偿金的基数为劳动者在劳动合同解除或者终止前十二个月的平均工资，不再以《劳动合同法》施行之日为界分段计算。劳动者月工资高于用人单位所在地上年度职工月平均工资三倍的，经济补偿或赔偿金的基数按用人单位所在地上年度职工月平均工资的三倍计算。"第三十二条规定："劳动关系建立于《劳动合同法》实施以前，但在《劳动合同法》实施后解除或终止的，经济补偿按以下方式计算：(1)按《劳动合同法》实施以前的有关规定，用人单位无需支付经济补偿的，劳动者工作年限自《劳动合同法》实施之日起计算。(2)按《劳动合同法》实施前后的有关规定，用人单位均需支付经济补偿的，劳动者的工作年限自用工之日起计算。用人单位与劳动者协商一致解除劳动合同或因劳动者不能胜任工作、经培训及调整岗位仍不能胜任工作为由解除劳动合同的，劳动者在《劳动合同法》实施以前计发经济补偿的工作年限最多不超过12年。劳动者月工资高于用人单位所在地上年度职工月平均工资的三倍，非因协商一致或劳动者不能胜任工作为由解除劳动合同的，劳动者在《劳动合同法》实施以前计发经济补偿的工作年限自用工之日起计算，不受最多不超过12年的限制。"

十一、劳动者患病、非因工负伤医疗期满后，经劳动能力鉴定委员会鉴定为完全丧失劳动能力或大部分丧失劳动能力，不能从事原工作、也不能从事由用人单位另行安排的工作而解除劳动合同的，用人单位应按规定支付经济补偿并支付不低于六个月工资的医疗补助费。

［**点评**］

医疗补助费的规定源于《违反和解除劳动合同的经济补偿办法》第6条，

但是该办法2017年被废止了，医疗补助费还需要再发么？考虑到国情等因素，《意见》还是规定要支付。不过《意见》只是简单做了规定，没有论理，用人单位难免不服。2008年年初北京发布过类似规定，结论基本相同，但论述充分，有助于各方接受。

附：《违反和解除劳动合同的经济补偿办法》第六条规定："劳动者患病或者非因工负伤，经劳动鉴定委员会确认不能从事原工作、也不能从事用人单位另行安排的工作而解除劳动合同的，用人单位应按其在本单位的工作年限，每满一年发给相当于一个月工资的经济补偿金，同时还应发给不低于六个月工资的医疗补助费。患重病和绝症的还应增加医疗补助费，患重病的增加部分不低于医疗补助费的百分之五十，患绝症的增加部分不低于医疗补助费的百分之百。"

PS. 北京市人力资源和社会保障局调解仲裁处《关于〈违反和解除劳动合同的经济补偿办法〉（劳部发〔1994〕481）被废止后劳动争议处理若干问题的意见》

二、关于医疗期满解除或终止劳动合同医疗补助费问题

关于医疗补助费不仅在481号文中有规定，在原劳动部《关于贯彻执行〈中华人民共和国劳动法〉若干问题的意见》（劳部发〔1995〕309号）（以下简称309号文）、《关于实行劳动合同制度若干问题的通知》（劳部发〔1996〕354号）、原劳动部办公厅《关于因病或非因工负伤医疗期管理等若干问题的请示的复函》（劳办函〔1996〕40号）、《关于对劳部发〔1996〕354号文件有关问题解释的通知》（劳办发〔1997〕18号）也有类似规定，即劳动者在劳动合同期限内患病、非因工负伤医疗期满后，仍不能从事原工作也不能从事由单位另行安排的工作的，或者劳动合同终止时，医疗期满、医疗终结，由劳动能力鉴定委员会参照工伤与职业病致残程度鉴定标准进行劳动能力鉴定。被鉴定为一至四级的，办理因病、非因工负伤退休退职手续，享受相应的退休退职待遇；被鉴定为五至十级，解除或者终止劳动合同的，按规定支付经济补偿金并应当支付不低于六个月工资的医疗补助费。因此，劳动者患病、非因工负伤在解除或终止劳动合同时，主张医疗补助费的，仍应按照上述相关规范性文件的规定予以执行，但由于目前缺乏患重病和绝症的规范性依据，劳动者主张增加医疗补助费

的，依照“谁主张，谁举证”的原则，由主张者就患重病或者绝症提供证据，并参照481号文的规定执行。

［条文］

十二、劳动者申请仲裁或起诉时请求违法解除或违法终止劳动合同的赔偿金，但仲裁机构或人民法院经过审理后认为应支持劳动者解除或终止劳动合同的经济补偿的，可直接裁判用人单位向劳动者支付经济补偿。劳动者申请仲裁或起诉时请求解除或终止劳动合同的经济补偿，但仲裁机构或人民法院经过审理后认为应支持违法解除或终止劳动合同的赔偿金的，可在劳动者请求的金额范围内予以支持。

［点评］

这条规定对用人单位比较有利。司法实践中，由于解除劳动合同非黑即白，要么合法解除，要么违法解除，法律后果迥异，所以劳资双方矛盾激烈，不断寻求法律机会，导致该类案件量居高不下。如用人单位解除劳动合同没有提前通知工会，只是一个程序问题，却可能导致的赔偿后果；再如劳动者被警告3次，用人单位证明了其中两次，另有一次劳动者没有签名而用人单位当时未能保留足够的原始资料，也可能导致被认定为违法解除劳动合同。司法部门有时确实非常为难，为了平衡双方利益，个别案例创造性地“视为协商一致”来裁判，也是无奈之举。《意见》明确规定可以直接裁判支付经济补偿算是突破，也给法官留下了更大的空间。

十三、用人单位以劳动者违反计划生育政策为由解除劳动合同的，应承担违法解除劳动合同的法律责任。

［点评］

《解答》刚刚出台支持用人单位可以解除的政策，第二年却又改了。原因在于广东省人民代表大会常务委员会再次修订了《广东省人口与计划生育条例》，修订前第40条规定的是：“国家机关和事业单位、国有企业、国有控股企业，乡镇集体企业对其超生职工应当给予开除处分或者解除聘用合同”，修订后的内容成了“按照法律、法规规定缴纳社会抚养费的人员，是国家工作人员的，还应当依法给予行政处分；其他人员还应当由其所在单位或者组织给予纪律处分。”之前笔者评述过这一调整其实并没有否认用人单位对违反计划生育的劳动者予以解除劳动合同的权利，只是区分了国家工作人员和其他人员的处分表述而已。但是，《意见》还是马上改了风向，明确规定用人单位以劳动者违反计划生育政策为由解除劳动合同的属于违法解除劳动合同。笔者会上表达了对这一规定的反对意见，也当场从法理、法律以及实务操作等角度论述了不宜如此规定，并建议直接将《广东省人口与计划生育条例》修订后的内容抄写一遍即可，这样既可以满足政治环境的要求，也可以保留司法实践变化余地，但建议并未起到作用。尽管用人单位仍然可以根据《广东省人口与计划生育条例》来主张处分权，但形势已非，会非常被动。这样将来不仅无法解除违反计划生育员工的劳动合同，而且还可能会进一步引发产假工资的纠纷，而政府显然不会支付生育津贴给这类违反计划生育的员工，所以又由用人单位埋单，这一条款是《意见》对用人单位影响最大的规定，用人单位需要早做准备。这一规定表面上是鼓励生育，为女员工提供保障，但估计效果适得其反，女员工的就业压力可能因此而增加。

附：《解答》7. 用人单位以劳动者违反计划生育规定为由解除劳动合同，劳动者能否要求用人单位支付违法解除劳动合同的赔偿金

用人单位以劳动者违反计划生育规定为由解除与劳动者劳动合同的，劳动者要求用人单位支付违法解除劳动合同的赔偿金，予以支持。但劳动合同、集体合同、用人单位规章制度另有约定的除外。

［**条文**］

十六、劳动者达到法定退休年龄或者已经享受基本养老保险待遇的，劳动关系终止。劳动者所受伤害如被社会保险行政部门认定为工伤，劳动者要求用工单位参照《广东省工伤保险条例》规定的工伤保险待遇支付有关费用的，应予支持，但不包括一次性就业补助金。

［**点评**］

笔者一直很困惑，劳动关系终止了怎么认定工伤？人力资源社会保障部在《关于执行〈工伤保险条例〉若干问题的意见（二）》中也规定："达到或超过法定退休年龄，但未办理退休手续或者未依法享受城镇职工基本养老保险待遇，继续在原用人单位工作期间受到事故伤害或患职业病的，用人单位依法承担工伤保险责任"，所以退休返聘还麻烦了，用人单位既不能购买工伤保险，还得承担工伤保险责任，这意味着连社保局报销或支付的部分也都要由用人单位承担。人力资源社会保障部还规定："用人单位招用已经达到、超过法定退休年龄或已经领取城镇职工基本养老保险待遇的人员，在用工期间因工作原因受到事故伤害或患职业病的，如招用单位已按项目参保等方式为其缴纳工伤保险费的，应适用《工伤保险条例》。"似乎又可以理解为只要不是原单位返聘，还是有一定空间的。但是，《广东省工伤保险条例》第65条第2款规定："前款规定的劳动者受聘到用人单位工作期间，因工作原因受到人身伤害的，可以要求用人单位参照本条例规定的工伤保险待遇支付有关费用。双方对损害赔偿存在争议的，可以依法通过民事诉讼方式解决。"这一规定没有区分是否原单位返聘，不过又只是规定劳动者可以要求参照本条例支付有关费用，还特别规定相关争议归属法院管辖，是民事案件，不是劳动争议。而《广东省工伤保险条例》第65条第1款却规定："劳动者达到法定退休年龄或者已经依法享受基本养老保险待遇的，不适用本条例"，到底算工伤还是不算工伤？享受工伤还是不享受工伤待遇？不仅退休员工人身损害的问题长期以来存在理解分歧，职业病员工的人身损害赔偿纠纷更是冲突激烈。2017年《解答》发布后此类案件迅速升温，笔者研究后认为职业病员工不宜同时享受人身损害赔偿，并就此撰写了《职业病人身损害赔偿法律问题研究》一文，会上笔者将该文提供给相关部门，并建议调整《解答》的相关规定。

［**条文**］

十七、符合《劳动合同法》第十四条第二款、第三款规定的情形的，劳务派遣单位应依法与被派遣的劳动者订立无固定期限劳动合同。

［**点评**］

终于见到恢复派遣员工签订无固定期限劳动合同权利的规定了。《劳动合同法》第58条规定："劳务派遣单位应当与被派遣劳动者订立二年以上的固定期限劳动合同，"表面上在保障派遣员工就业稳定，实际上是在坑派遣员工，同时为派遣单位创造法律利益和生存空间。关键之处就在于"应当"两字，法律上是"必须"的意思，通过这样偷天换日的运作，同为劳动者的派遣员工就丧失了签订无固定期限劳动合同的权利。用人单位自己正常招用员工是要面对无固定期限劳动合同的压力的，但派遣单位没有这方面的问题，自然会增加用工单位使用派遣员工的意愿，派遣单位不就可以借此大获其利？事实上也确实如此！《意见》这条规定把漏洞给堵上了，功莫大焉！

[**条文**]

十九、根据《劳动合同法》第五十七条的规定，劳务派遣单位未取得经营劳务派遣业务行政许可的，劳务派遣协议无效。因劳务派遣协议无效给劳动者造成损害的，劳务派遣单位与用工单位承担连带责任，但用工单位能证明其已尽审查义务的除外。

[**点评**]

《意见》这一规定后果也很可怕，派遣协议无效后派遣员工与用工单位算什么关系？是不是事实劳动关系？如果是，对用工单位而言就是灭顶之灾！所以用工单位不仅要每年核实派遣单位是否获得行政许可，而且要保留相关证据，同时建议在派遣协议里约定清楚相关事项，以免承担高昂的代价。

2018－08－10

二、《江苏省劳动人事争议疑难问题研讨会纪要》要点点评

江苏区域此前的劳动立法或纪要往往有所"突破",令人侧目。兹举数例为证:一、《江苏省劳动合同条例》规定用人单位没有工会的,用人单位单方解除劳动合同要通知用人单位所在地工会;二、《江苏省劳动合同条例》规定第二次固定期限劳动合同期满前用人单位应当提前一个月书面告知劳动者可以订立无固定期限劳动合同;三、南京中院和仲裁委纪要规定特殊疾病医疗期均为24个月,不受实际工作年限或在本单位工作年限的限制。对《江苏省劳动人事争议疑难问题研讨会纪要》点评如下:

(一)涉及互联网平台的劳动关系确认问题

在涉及互联网平台企业有关劳动关系确认问题中,仲裁机构应注意把握保护劳动者权益与促进劳动力市场灵活性的平衡关系,综合考量用人单位网络平台的运营形式、劳动者从业状况、网络平台对劳动者的管理程度、劳动者收入分配方式及劳动者是否独立承担经营分险等因素,依法区分劳动关系和劳务关系。

对于发挥联系中介作用的网络平台,劳动者通过网络平台与企业建立工作联系关系,企业通过网络平台提供服务信息,并通过网络平台收取管理费或信息费用的,双方不宜作为劳动关系处理。

如果劳动者未与互联网平台企业订立劳动合同,而是签订了承包合同、委托协议等,一般应从其约定来认定双方的法律关系。如果双方关系符合原劳动和社会保障部《关于确立劳动关系有关事项的通知》(劳社部发〔2005〕12号)的要求,应认定双方存在劳动关系。

[点评]

这一规定中规中矩,既承认可以自由约定,也适当加以约束,以免用人单位“挂羊头卖狗肉”。广东也刚刚出台了相关规定,可以一起参见快递等相关行业中,用工单位可与快递人员等建立多种形式的用工关系,快递等人员与其用工单位之间的关系,应按双方的约定认定。但如果用工单位依法制定的各项劳动规章制度适用于该劳动者,该劳动者亦受用工单位的劳动管理,从事用工单位安排的有报酬的劳动,且该劳动者提供的劳动是用工单位业务的组成部分,应认定双方存在劳动关系。不过现在快递等人员存在大量交通违章行为,不仅给他人带来危害,也给自己带来很大风险,要是没有劳动关系,就不能享受“无过错原则”的工伤待遇,将来有可能是隐患。

(二)达到或超过法定退休年龄,但不符合享受基本养老保险待遇劳动者的用工关系问题

用人单位与其招用的已经依法享受基本养老保险待遇或领取退休金的人员发生的用工争议,按劳务关系处理。

用人单位与其招用的已达到或超过法定退休年龄但未享受基本养老保险待遇或领取退休金的人员发生用工争议,双方之间用工情形符合劳动关系特征的,应按劳动关系特殊情形处理。劳动者请求享受《劳动法》《劳动合同法》规定的劳动报酬、劳动保护、劳动条件、工作时间、休息休假、职业危害防护、福利待遇的应予支持。但劳动者请求签订无固定期限劳动合同、支付二倍工资、经济补偿、赔偿金及社会保险待遇的不予支持(其中社会保险待遇争议不包括本意见第十二条规定的情形)。双方另有约定的除外。

[点评]

在江苏招用退休返聘人员要注意了,一定要招用领了退休金的,否则会有劳动关系的风险。实话说,最高人民法院都规定清楚了此类情形属于劳务关系,广东等地方都是跟着最高院的意见走的,江苏自己多事,非得搞出一个“劳动关系特殊情形”来。不过江苏还是给留了一个活口:“双方另有约定的除外”,所以用人单位如果真的要招用没领退休金的,一定要在《返聘协议》里清清楚楚写明白各项权利义务,也得约定清楚用人单位可以随时解除协议,否则会有麻烦。

不过这也不是江苏的创新,上海2003年就规定使用退休人员属于特殊劳动关系。而且《最高人民法院关于审理劳动争议适用法律若干问题的解释(三)》规定:“劳动者以用人单位未为其办理社会保险手续,且社会保险经办机构不能补办导致其无法享受社会保险待遇为由,要求用人单位赔偿损失而发生争议的,人民法院应予受理。”这一规定出台后,江苏省高级人民法院和仲裁委进一步规定:“劳动者超过法定退休年龄请求用人单位赔偿养老保险待遇损失,且经社会保险经办机构审核确实不能补缴或者继续缴纳养老保险费的,自该用人单位依法应当为劳动者办理社会保险之日起,如果劳动者在用人单位连续工作未满十五年,用人单位应按照每满一年发给相当于一个月当地上一年度职工月平均工资标准一次性支付劳动者养老保险待遇赔偿。如果劳动者在用人单位连续工作满十五年,用人单位应按统筹地区社会保险经办机构核定的,以当地最低社会保险缴费基数为缴费基准,并按其应当缴费年限确定养老金数额,按月支付劳动者养老保险待遇,并随当地企业退休人员养老金水平调整而调整。”在这一思路下,将退休不享受养老待遇人员与用人单位的关系定位为特殊劳动关系就不足为奇了。

(四)用人单位与劳动者签订竞业限制协议,但劳动者在职期间与他人经营同类业务,用人单位要求劳动者支付违约金的请求能否支持?对于违约金数额应当如何把握?

劳动者在职期间遵守竞业限制是劳动者法定义务,劳动者在职期间违反竞业限制规定与他人经营同类业务的,用人单位追究劳动者的违约责任应予支持。双方对违约金有约定的,劳动者应当按照约定向用人单位支付违约金;双方对违约金没有约定的,违约金数额可参照竞业限制约定的标准,并结合劳动者侵权行为的持续时间、造成的后果和实际损失的情况进行综合判定。

[点评]

2012年度“江苏劳动争议十大典型案例”令人印象深刻,其中案例三明确提及:劳动者在职期间应遵守竞业限制义务。不过《纪要》表述为“在职期间遵守竞业限制是劳动者法定义务”却是欠妥了,还不如当年的裁判摘要:“劳动者私下经营与公司业务相竞争的同类产品,违反员工基本忠诚义务和职业操守,属于违反竞业限制义务的行为,公司据此解除劳动关系合法,且无须支付经济补偿金。”个中差别，请自行体会。此外，对违约金没有约定的情形，规定可综合判定，岂不给当事人强加违约金？法理上也不应该只有支付违约金这一种承担责任的方式，《民法通则》和《民法总则》都规定了支付违约金和赔偿损失的责任承担方式，何故“参照” 竞业限制约定的标准？

（七）仲裁机构在适用《劳动合同法》第48条规定时，应当注意哪些问题？

在劳动合同可以继续履行的情况下，仲裁机构应依法撤销用人单位的违法解除劳动合同决定，劳动者主张用人单位支付解除劳动合同决定作出后至仲裁期间的原工资待遇的，裁决时应根据公平合理、过错分担的原则对赔偿责任进行合理裁定。

对于劳动合同不能继续履行的审查，应当基于用人单位的抗辩而启动。审查时既要考量用人单位主观不愿继续履行的意思表示，还要审查劳动合同不能继续履行的客观情形。

仲裁机构在确认劳动合同已无法继续履行，应当向劳动者进行释明，告知其可以变更仲裁请求为要求用人单位支付违法解除劳动合同的赔偿金。如果劳动者坚持不变更，则应当驳回继续履行劳动合同的请求，并告知可以另行主张违法解除劳动合同的赔偿金。

［点评］

原工资待遇根据公平合理、过错分担的原则合理裁定值得称许。用人单位解除劳动者劳动合同被认定违法解除往往并非纯粹用人单位过错，可能只是没有达到仲裁员法官心中认定的“严重标准”而已。如果都像《广东省工资支付条例》一样“一刀切”让用人单位补发至审裁结束期间的原工资（《广东省工资支付条例》第29条规定：“用人单位解除劳动关系的决定被裁决撤销或者判决无效的，应当支付劳动者在被违法解除劳动关系期间的工资，其工资标准为劳动者本人前十二个月的平均正常工作时间工资”），会让劳动者选择继续履行劳动合同这一纠缠不休的选项。

劳动关系具有强烈的人身依附性，如果用人单位确实无意再与劳动者保持劳动关系，双方的确非常难相处，自然就谈不上劳动关系的和谐了，更谈不上生产效率和工作积极性了。这也是英美法系国家解雇自由的理论基础之一。《劳动合同法》立法之时也意识到这个问题，所以特别规定了“劳动合同已经不能继续履行的”只适用双倍赔偿，而非继续履行。近年司法部门才开始重视这一规定。北京的解答亦可供参考：劳动合同确实无法继续履行主要有以下情形：(1)用人单位被依法宣告破产、吊销营业执照、责令关闭、撤销，或者用人单位决定提前解散的；(2)劳动者在仲裁或者诉讼过程中达到法定退休年龄的；(3)劳动合同在仲裁或者诉讼过程中到期终止且不存在《劳动合同法》第十四条规定应当订立无固定期限劳动合同情形的；(4)劳动者原岗位对用人单位的正常业务开展具有较强的不可替代性和唯一性(如总经理、财务负责人等)，且劳动者原岗位已被他人替代，双方不能就新岗位达成一致意见的；(5)劳动者已入职新单位的；(6)仲裁或诉讼过程中，用人单位向劳动者送达复工通知，要求劳动者继续工作，但劳动者拒绝的；(7)其他明显不具备继续履行劳动合同条件的。劳动者原岗位已被他人替代的，用人单位仅以此为由进行抗辩，不宜认定为“劳动合同确实无法继续履行的”情形。

(九)劳动者要求用人单位支付解除或终止劳动合同赔偿金，但经过仲裁庭审，查明用人单位不存在违法解除或终止劳动合同情形，不应支付赔偿金，但符合支付经济补偿情形的，仲裁机构应当如何处理？

仲裁机构应当向劳动者释明，告知劳动者可以变更仲裁请求为支付经济补偿。如果劳动者坚持不变更仲裁请求，为减少诉累，节约仲裁资源，提高工作效率，仲裁机构可以直接裁决支付经济补偿。

[**点评**]

这一规定有一定的道理，但是实践中却往往不是这样操作的。一些司法机构觉得案件左右为难：如果判决用人单位败诉，劳动者确实有过错，而且过错还不轻；如果判决劳动者败诉，一分钱都拿不到，而且还可能闹事，最后就糊里糊涂地认定为或视为“协商一致解除劳动合同”。

2017－09－20

三、《天津法院劳动争议案件审理指南》要点评述

2017 年 11 月 30 日，天津市高级人民法院下发了《天津法院劳动争议案件审理指南》（以下简称《指南》），要求天津各法院自 2018 年 1 月 1 日起执行。该《指南》吸收了此前各地法院的成果，也总结了当地的裁判经验，统一了当地劳动争议案件的审理规则，不仅在天津举足轻重，对其他地方的司法实践也具有一定的参考价值，现就其重要条款评述如下。

6.【认定劳动关系的基本要素】确定当事人之间是否成立劳动关系，可以综合考虑下列因素：（1）用人单位与劳动者订立劳动合同；（2）劳动者实际接受用人单位的管理、指挥与监督；（3）用人单位向劳动者支付工资性劳动报酬；（4）劳动者被纳入用人单位的组织体系中从事劳动，而不是从事独立的业务或者经营活动；（5）劳动者无权将工作分包给他人完成；（6）生产资料一般由用人单位提供；（7）劳动者提供的劳务是继续性的而不是一次性的；（8）用人单位为劳动者缴纳社会保险费。

［**点评**］

2005 年原劳动与社会保障部下发过《关于确立劳动关系有关事项的通知》，其中规定：用人单位招用劳动者未订立书面劳动合同，但同时具备下列情形的，劳动关系成立：（一）用人单位和劳动者符合法律、法规规定的主体资格；（二）用人单位依法制定的各项劳动规章制度适用于劳动者，劳动者受用人单位的劳动管理，从事用人单位安排的有报酬的劳动；（三）劳动者提供的劳动是用人单位业务的组成部分。《指南》基本延续了这一思路，即以人身依附性作为重要判断标准。《指南》增加了一些特别的内容，比如强调了分包，所以用人单位与个人签订相关协议里如果能够约定允许外包，能够增加认定为非劳动

关系的机会。不过《指南》以劳务是否继续作为判断标准之一则容易产生分歧，不仅因为《劳动法》和《劳动合同法》都有"以完成一定任务为期限的劳动合同"，而且在传统合同法中继续性只是合同当事人终止合同的依据，并非判断是否劳动关系与劳务关系的标准，劳动合同与劳务合同在民法的角度来看都属于继续性合同。

8.【雇用在校学生的关系认定】在校学生为完成学习任务到用人单位提供劳动的，双方不构成劳动关系或者劳务关系，在校学生为勤工俭学到用人单位提供劳动的，双方构成劳务关系。

［**点评**］

《指南》这一规定多少有点与众不同。尽管原劳动部在《关于贯彻执行〈中华人民共和国劳动法〉若干问题的意见》中规定"在校生利用业余时间勤工俭学，不视为就业，未建立劳动关系，可以不签订劳动合同"，但各地司法实践中都意识到用人单位利用这一规定给社会带来了一些不稳定因素和负面影响，所以陆续在松绑，除了江苏此前有认定劳动关系的判例外，《2017 年深圳劳动争议仲裁立案工作会议纪要》第 1 条也规定："达到法定就业年龄的在校生，可以作为劳动争议的当事人"。《指南》的规定将在校学生勤工俭学都归入了劳务关系，存在一些争议。

10.【雇用退休人员的关系认定】已经享受基本养老保险待遇或者退休金的人员与用人单位之间形成实际用工关系的，按劳务关系处理。

因用人单位原因致使已经达到法定退休年龄的劳动者尚未享受基本养老保险待遇或者尚未领取退休金，劳动者与原用人单位之间形成实际用工关系的，按照劳动关系处理。

［**点评**］

《指南》关于退休人员关系的认定也是有所突破。《最高人民法院关于审理劳动争议案件适用法律若干问题的解释(三)》只是规定："用人单位与其招用的已经依法享受养老保险待遇或领取退休金的人员发生用工争议，向人民法院提起诉讼的，人民法院应当按劳务关系处理"，并没有规定招用达到退休年龄而领不到退休金的人是什么关系。就算是人力资源社会保障部在《关于执行〈工伤保险条例〉若干问题的意见(二)》中也只规定："达到或超过法定退休年龄，但未办理退休手续或者未依法享受城镇职工基本养老保险待遇，继续在原用人单位工作期间受到事故伤害或患职业病的，用人单位依法承担工伤保险责任”，不敢明文规定双方构成劳动关系。厦门市中级人法院、厦门市劳动人事争议仲裁委员会2017年12月31日下发的《关于审理劳动争议案件若干疑难问题的解答》的规定根据这一精神做了相应规定：“达到法定退休年龄的人员受聘到用工单位工作期间，因工作原因受到事故伤害或患职业病，经劳动行政部门认定为工伤的，可按照《工伤保险条例》处理；未被认定为工伤的，应告知其按照人身损害赔偿相关规定进行处理，如其坚持主张工伤保险待遇的，判决驳回其诉讼请求”。广东省高级人民法院与广东省劳动人事争议仲裁委员会在2012年的《关于审理劳动人事争议案件若干问题的座谈会纪要》中则明确规定此类用工不是劳动关系，“用人单位招用已达到法定退休年龄但尚未享受基本养老保险待遇或领取退休金的劳动者，双方形成的用工关系按劳务关系处理”。《指南》刚好相反，直接规定“按照劳动关系处理”，虽然只是限于“原用人单位”，但也有改变退休制度的嫌疑。

16.【连续订立二次以上固定期限劳动合同的劳动者要求订立无固定期限劳动合同的处理】劳动者与用人单位连续订立二次以上固定期限劳动合同，且劳动者没有《中华人民共和国劳动合同法》第三十九条和第四十条第一项、第二项规定的情形，劳动者提出或者同意续订劳动合同，除劳动者提出订立固定期限劳动合同外，用人单位拒绝与劳动者订立无固定期限劳动合同的，不予支持。

［**点评**］

从各省市实务操作来看，在二次问题中“北派观点”占尽上风，天津也不例外。《指南》还进一步规定为“二次以上”，把第三次第四次等统统纳入了签订无固定期限劳动合同的范围，笔者对此不敢苟同。除了对《劳动合同法》第14条相关表述本身文意理解持保留意见外，《指南》的规定其实还否定了《劳动合同法实施条例》第11条所规定的“协商一致”例外情形。笔者认为如果双方协商一致签订了第三份固定期限劳动合同，应当理解为劳动者放弃了当时提出签订无固定期限劳动合同的权利，应当允许用人单位在该份合同期满时行使终止权。如果用人单位愿意继续签订新的第四份劳动合同，则劳动者得以提出签订无固定期限劳动合同。此外,《劳动合同法实施条例》第 11 条强调了要求劳动者"提出订立无固定期限劳动合同"这一条件是对《劳动合同法》第 14 条的调整,所以《指南》还使用"同意续订"的表述也是欠妥。这样的理解在"政治正确"的道路上越走越远,其实是对《劳动合同法》的误读,更是加重了用人单位的负担,并不适应市场经济的要求,对劳动者来讲也未必起到了真正的保护作用,因为用人单位往往在第一次劳动合同期满时就不得不考虑终止的问题,反而加剧了劳动者的流动及劳动关系的不稳定性。

17.【特殊情况下劳动者要求订立无固定期限劳动合同的处理】根据《中华人民共和国劳动合同法》第四十二条、第四十五条的规定,劳动合同期满,有下列情形劳动合同应当延续至相应情形消失时终止而使劳动者连续工作满十年的,除劳动者提出订立固定期限劳动合同外,用人单位拒绝与劳动者订立无固定期限劳动合同的,不予支持。

[点评]

《指南》这一规定中规中矩,倒也没有特别之处。需要吐槽的是,劳动者无师自通,往往利用这一特殊保护制度来争取机会。本来没什么,但是病假要累计计算,搞得用人单位无所适从。虽然原劳动部曾有批复,貌似劳动者不再请病假时用人单位有机会终止,但实务中还是有理解分歧,比较麻烦。而个别劳动者通过"泡病号"的方式获得无固定期限劳动合同,对用人单位管理影响更加负面,所以这类纠纷成了员工关系中的一大难题。

18.【书面劳动合同的认定】虽然未订立名称为劳动合同的文本,但订立的其他书面文件已经包含了劳动合同期限、工作内容和工作地点、工作时间和休息休假、劳动报酬、社会保险等内容,明确了双方的主要劳动权利义务,具备劳动合同本质特征的,应当认定双方已经订立了书面劳动合同。

[点评]

《指南》这一规定相对而言是对用人单位有帮助的,因为《劳动合同法》实施以来,事实劳动关系双倍工资纠纷剧增,甚至出现了此类恶意仲裁和诉讼。为了控制和规范这类案件,不少地方出台了一些规定。例如《厦门市中级人民法院、厦门市劳动人事争议仲裁委员会关于审理劳动争议案件若干疑难问题的解答》就规定:签订书面劳动合同系用人单位的法定义务,但确系不可归责于用人单位的原因导致未签订书面劳动合同，劳动者因此主张二倍工资的，可不予支持。下列情形一般可认定为“不可归责于用人单位的原因”：用人单位有充分证据证明劳动者利用主管人事等职权故意不签订劳动合同的；工伤职工在停工留薪期内的，女职工在产假期内或哺乳假内的，职工患病或非因工负伤在病假期内的，因其他客观原因导致用人单位无法及时与劳动者签订劳动合同的。

《指南》这一规定的另一个重要意义在于可能将录用通知劳动合同化了，所以用人单位需要考虑在录用通知中约定具体的生效条件和生效日期，以保留余地，而且在劳动者入职后要明确约定以新签的劳动合同来取代之前的录用通知，以避免相关风险。

19.【用人单位单方调整工作岗位的合法性审查】用人单位对劳动者的工作岗位进行调整，应当同时具备以下条件：(1)符合劳动合同的约定或者用人单位规章制度的规定；(2)符合用人单位生产经营的客观需要；(3)调整后的工作岗位的劳动待遇水平与原岗位基本相当，但根据《中华人民共和国劳动合同法》第四十条第一项、第二项，因劳动者患病或者非因公负伤，在规定的医疗期满后不能从事原工作而被调整岗位，或者因劳动者不能胜任工作而调整岗位的除外；(4)调整工作岗位不具有歧视性、侮辱性；(5)不违反法律法规的规定。

用人单位因生产经营状况发生较大变化，经济效益出现下滑等客观情况，对内部经营进行调整，属于用人单位经营自主权的范畴，由此导致劳动者岗位变化、待遇水平降低，劳动者主张用人单位违法调整工作岗位、降低待遇水平的，不予支持。

用人单位主张调整劳动者工作岗位合法，应承担举证证明责任。

[**点评**]

用人单位如何调岗一直是实务中比较困扰的问题，因此也常有纷争。双方协商一致当然没问题，问题在于劳动者经常误解或坚持认为必须协商一致才能调岗调薪。这种认识显然是错误的，但此认识白纸黑字地会被写进判决书里，这无疑更扩大社会裂痕。《劳动法》和《劳动合同法》规定的劳动合同必备条款并没有工作岗位，只有工作内容，两者关系是从属关系，所以用人单位在劳动合同约定的范围内是有用工自主权的，原劳动部在一些复函里也多次对此进行了强调，无奈在司法实践中同案不同判的现象多有出现，因此更有必要统一操作。《指南》突出了用人单位有“单方调整”的权利，同时对此前原劳动部所列举的客观情况变化进行了扩张，弥补了其中不足之处，明确了“生产经营状况发生较大变化，经济效益出现下滑等”情形对内部经营进行调整也属于自主范畴，因此导致岗位变化、待遇降低并不违法。应当说这些规定确实是突破性的总结，也具有很好的示范效果。但是，作为平衡性的约束，《指南》同时要求对调岗进行“合法性”审查，相关审查标准基本参照了广东省 2012 年的纪要规定，还增加了“符合劳动合同的约定或者用人单位规章制度的规定”的要求。所以用人单位应当注意在劳动合同中合理约定工作内容的范围，同时约定用人单位有权调整具体岗位；相关规章制度也需要依此原则做相应规定，同时履行民主程序。此外，用人单位对调岗需承担举证责任，不仅存在“合法性”的审查，也同时存在“合理性”的判断。如果用人单位能够证明劳动者不能胜任工作，调岗的范围甚至可以超出劳动合同约定的工作内容，相关待遇也可以不必“基本相当”。

20.【用人单位调整工作地点】用人单位有权根据经营需要调整劳动者的工作地点，但有以下情形之一的，劳动者主张用人单位未经协商一致单方调整工作地点违法的，应予支持：(1)工作地点的调整具有歧视性、侮辱性；(2)明显增加劳动者工作成本，但用人单位提供了相应补偿或者替代条件可以基本弥补劳动者增加的工作成本的除外；(3)即使用人单位提供了相应补偿或者替代条件，但劳动者订立劳动合同的目的仍然落空的；(4)违反劳动合同对工作地点约定的。

劳动者对用人单位调整工作地点存在上述情形承担举证证明责任。

[**点评**]

在笔者所知范围内，《指南》关于工作地点调整相对系统的规定也属于首创。工作地点作为劳动合同的必备条款，在实务中操作不一，有约定具体所在地的，有以点带面约定所在城市的，还有宽泛约定所在省市区域乃至全国范围的。无论如何约定，一旦就调整工作地点不能达成一致意见，单方调整很容易产生纠纷。为了减少分歧，不少省市也对此做了一些规范，如北京规定：“用人单位与劳动者在劳动合同中宽泛地约定工作地点是‘全国’‘北京’等，如无对用人单位经营模式、劳动者工作岗位特性等特别提示，属于对工作地点约定不明。劳动者在签订劳动合同后，已经在实际履行地点工作的，视为双方确定具体的工作地点。用人单位不得仅以工作地点约定为‘全国’‘北京’为由，无正当理由变更劳动者的工作地点。”这一规定显然与深圳的规定存在较大出入，深圳规定："用人单位在深圳市行政区域内搬迁，劳动者要求用人单位支付经济补偿的，不予支持"；与广东省的解读也不尽相同："企业因自身发展规划进行的搬迁，属于劳动合同订立时所依据的客观情况发生重大变化，用人单位应与劳动者协商变更劳动合同内容。未能就变更劳动合同内容达成协议的，劳动者要求解除劳动合同以及用人单位支付解除劳动合同的经济补偿金的，予以支持。但如企业搬迁未对劳动者造成明显的影响，且用人单位采取了合理的弥补措施（如提供班车、交通补贴等），劳动者解除劳动合同理由不充分的，用人单位无须支付解除劳动合同的经济补偿金。”以上各地规定各有各的理据，但并不全面，而且隐约要求用人单位与劳动者协商一致方能调整工作地点。笔者认为，工作地点的调整既有用人单位针对个人的具体调整，也包括搬迁等整体性的调整，《指南》的规定虽然没有明确解决这两类情形，但相对而言更为合理。一方面《指南》肯定了用人单位的调整权，另一方面也要求不能违反合同约定，不能有歧视性、侮辱性，所以劳动合同需要根据用人单位经营特点、范围和劳动者工作性质来约定合适的范围，同时也要保留一定的余地，如约定工作地点“包括但不限于某某地点及某某城市/区域其他生产经营场所”，同时约定“乙方同意甲方因为生经营需要在某某区域内搬迁生产经营场所，并同意到新搬迁的生产经营场所工作”等，或许这样能够降低一些风险。不过《指南》提及合同目的落空这一法律用语，隐指搬迁过程中员工有权选择不去，应该会有理解分歧。其实问题不在于选择去与不去，实务中的问题往往是选择不去者仍然希望获得“买断”待遇，甚至“2N”赔偿待遇，甚至去的人也有同样的想法，这才是真正的矛盾。

21.【用人单位合法解除劳动合同的审查要件】

未建立工会的用人单位根据《中华人民共和国劳动合同法》第三十九条、第四十条规定解除劳动合同，劳动者以用人单位未通知所在地工会或者行业工会为由主张违法解除劳动合同的,不予支持。

［**点评**］

《指南》这一规定明确了没有工会的用人单位无须通知所谓的所在地工会或者行业工会,这才符合立法本意,也不会造成实务困扰。相比之下,《江苏省劳动合同条例》第 31 条的规定就显得格外刺眼了:用人单位单方解除劳动合同,应当事先将理由通知工会;用人单位尚未建立工会的,通知用人单位所在地工会。

23.【规章制度的制定程序】对于《中华人民共和国劳动合同法》第四条第二款规定的规章制度,用人单位制定时经过以下程序之一的,可以认定为已经经过民主议定程序:(1)经过职工代表大会或者全体职工讨论协商;(2)与用人单位工会平等协商;(3)与用人单位职工代表平等协商。

［**点评**］

用人单位规章制度的民主程序应该包括 3 个程序,一是与职工代表大会或者全体职工讨论,二是与工会或职工代表协商,三是通过培训、宣导、上网等方式进行公示。用人单位要全部履行这 3 个程序确属不易,而《指南》明显是在“打松张”,一是把讨论程序与协商程序模糊,二是只要履行了其中一个程序即可过关,这对用人单位来讲算是一个好消息。不过要注意的是,只有天津有这样的宽松条件,其他地方仍然多是严格要求,否则规章制度不能作为处理员工的依据,用人单位也往往因此败诉。

24.【试用期不符合录用条件】用人单位以劳动者在试用期内被证明不符合录用条件为由解除劳动合同,并同时符合以下条件的,应予支持:(1)用工之前已经向劳动者告知录用条件;(2)录用条件应当符合劳动合同目的,与工作岗位、工作能力相联系,不存在设定明显不能完成的、超过一般劳动者平均水平的条件,不存在歧视性条件,不违反法律法规的规定;(3)劳动者被证明不符合录用条件,且用人单位在试用期满之前明确通知劳动者解除劳动合同。

［**点评**］

一些用人单位误以为试用期内可以随便解除劳动合同,其实法律是有限定条件的,要证明劳动者不符合录用条件,用人单位才得以行使解除权。而且录用条件的标准如何确认一直以来也没有规范,成为司法实务的难点之一。

《指南》对录用条件做了原则性的规定，既不能违法，也不能歧视，应当符合合同目的，与工作相关且具有合理性。这些规定不仅对天津的用人单位有指导意义，也对其他地区的用人单位也有参考价值。此外，录用条件还应当在用工前告知劳动者，解除需在试用期满前明确通知，这些要求用人单位也同样应当遵守。建议用人单位在劳动合同里明确约定具体录用条件，以便固定证据，也建议在试用期满前合理的期间考核并评判是否符合录用条件，以便在试用期满前作出决定，避免超期。

28.【用人单位违法解除劳动合同的赔偿金与继续履行竞合问题的处理】用人单位违法解除劳动合同，劳动者要求继续履行合同并主张用人单位支付赔偿金及因违法解除劳动合同而导致的工资损失的，应当区分以下情况分别处理：(1)劳动合同具备继续履行条件的，应当判决双方继续履行劳动合同，同时还应当判决用人单位向劳动者支付自违法解除劳动合同之日起至判决生效之日止的工资损失；(2)劳动合同不能继续履行的，应当根据《中华人民共和国劳动合同法》第八十七条的规定判决用人单位向劳动者支付赔偿金，但不宜再判决用人单位支付自违法解除劳动合同之日起至劳动合同到期终止之日止(劳动合同剩余期限)的工资损失；(3)劳动合同虽然具备继续履行条件，但已在劳动仲裁或者法院审理期间届满的，不应当再判决继续履行劳动合同，而应当判决用人单位向劳动者支付自违法解除劳动合同之日起至劳动合同届满之日止的工资损失。同时，还应当判令用人单位向劳动者支付合同到期终止的经济补偿金，不宜再判决用人单位向劳动者支付赔偿金。

本条规定的工资损失，是指用人单位违法解除劳动合同之日前劳动者十二个月的月平均应得工资，劳动者在该用人单位工作不满十二个月的，按照实际工作月数计算月平均工资。该工资数额高于本市公布的上年度职工月平均工资三倍的，应当按照职工月平均工资三倍的数额确定。上述工资数额无法查明的，以劳动者所在行业平均工资为准。

[点评]

《指南》上述规定是对《劳动合同法》的重大突破。我国的《劳动合同法》规定了劳动者一项重要的选择权：用人单位违法解除劳动合同时，劳动者可以选择2N赔偿或选择恢复劳动合同履行。2N赔偿既有年限封顶，也有基数封顶,所以实际上是可以算出预期费用来的;但是恢复劳动合同履行就不一样了,同时伴随着补发工资的问题,这才是“无底洞”,是最大的风险点。

其实劳动合同属于继续性合同,本不应设计恢复履行这一制度,毕竟是“强扭的瓜不甜”,但考虑到国家社会保障不到位等国情,同时为了防止用人单位滥用解除权,所以才规定了恢复履行这一法律责任承担形式,但这确实给司法实务部门造成了一些困扰,也产生了不少纠纷。劳动者经常利用这一规定作为谈判筹码,要求用人单位提高补偿标准,用人单位为了避免纠纷,往往不得不做出妥协。

北京 2017 年的《关于审理劳动争议案件法律适用问题的解答》注意到这一问题,所以特别在“劳动合同确实无法继续履行”方面下功夫,明确了诸如总经理、财务负责人原岗位被替代以及劳动者已入职新单位等情形构成无法继续履行,从而打开一定的空间。

《指南》换了一个角度,一方面对确认不能继续履行的强制判决赔偿金(仲裁诉讼期间劳动合同期满的只支付终止补偿),另一方面对工资封了 3 倍社平工资的顶,有力地限制了高管利用这一规定来给用人单位施加压力。工资无法查明的,可以以所在行业平均工资作为标准。而《广东省工资支付条例》第 29 条却规定:“用人单位解除劳动关系的决定被裁决撤销或者判决无效的,应当支付劳动者在被违法解除劳动关系期间的工资,其工资标准为劳动者本人前十二个月的平均正常工作时间工资”,年限和基数均并没有任何限制,反差极大。《上海市企业工资支付办法》第 23 条的规定倒是留了点余地,一方面表示企业应当支付工资,另一方面模糊表述双方都有责任的各自承担相应的责任:“企业解除劳动者的劳动合同,引起劳动争议,劳动人事争议仲裁部门或人民法院裁决撤销企业原决定,并且双方恢复劳动关系的,企业应当支付劳动者在调解、仲裁、诉讼期间的工资。其标准为企业解除劳动合同前 12 个月劳动者本人的月平均工资乘以停发月数。双方都有责任的,根据责任大小各自承担相应的责任。”

29.【终止劳动合同的通知问题】劳动合同到期终止,劳动者以用人单位未履行通知义务为由主张违法终止合同的,不予支持。

用人单位根据《最高人民法院关于审理劳动争议案件适用法律若干问题

的解释》第十六条第一款的规定终止劳动关系的，应当通知劳动者。未通知的，不发生终止劳动关系的法律后果。通知的形式及效力比照本指南第22条的规定处理。

[**点评**]

国家并没有规定终止劳动合同用人单位需要履行通知义务，即便是地方性的规定，在笔者所知范围里，也只有《北京市劳动合同规定》有相关的规定："劳动合同期限届满前，用人单位应当提前30日将终止或者续订劳动合同意向以书面形式通知劳动者，经协商办理终止或者续订劳动合同手续。"即便有此规定，在北京如果没有提前30日通知终止的法律责任也不可能与违法终止等同，应当止于对应的代通知金即可。

《江苏省劳动合同条例》虽然没有北京类似的规定，但却在特定条件下间接否认了用人单位的终止权："在《中华人民共和国劳动合同法》实施后，用人单位与劳动者连续订立了二次固定期限劳动合同，且劳动者没有《中华人民共和国劳动合同法》第三十九条和第四十条第一项、第二项规定情形的，用人单位应当在第二次劳动合同期满三十日前，书面告知劳动者可以订立无固定期限劳动合同"，"劳动者在用人单位连续工作满十年的，用人单位应当在劳动合同期满三十日前，书面告知劳动者可以订立无固定期限劳动合同。"

需要提醒的是，如果用人单位自行与劳动者约定终止劳动合同应当提前30日以书面形式通知劳动者，则应当履行这一义务，否则会有意外的后果：轻则支付1个月代通知金，重则当作违法终止支付2N赔偿金。笔者甚至见过一个案例，直接以没有提前30日通知终止为由认定双方属于无固定期限劳动合同关系并每月持续发放正常工资。所以用人单位操作中可以提前30日通知员工，以示人性化管理，但在规章制度或劳动合同里，则不宜这样规定或约定。

2001年发布的《最高人民法院关于审理劳动争议案件适用法律若干问题的解释》第16条第1款的规定："劳动合同期满后，劳动者仍在原用人单位工作，原用人单位未表示异议的，视为双方同意以原条件继续履行劳动合同。一方提出终止劳动关系的，人民法院应当支持。"这一规定如何适用当年也有分歧，有人理解为《劳动合同法》生效后这一规定与《劳动合同法》相关规定抵触，所以归于无效，不再适用。但最高人民法院至今也没有明确废止，所以确实还是无法回避的重要规定。这次《指南》不仅旧事重题,而且再次肯定了应当适用上述最高人民法院的司法解释,这对用人单位来讲是意外收获,至少对因种种原因没来得及续签新合同或通知终止的用人单位来说,得了一次新的机会。

现行司法实践中不少地方法院无视《劳动合同法》第 82 条第 1 款的立法本意,将原劳动合同期满后形成的事实劳动关系与用工之日起形成的事实劳动关系混为一谈,甚至支持劳动者双倍工资请求,因此鼓励了劳动者不续签劳动合同,制造了不少此类案件。《指南》这一规定是对这一模式的否认,具有良好的借鉴意义。不过需要注意的是,用人单位也可能恶意利用这一规定,在原劳动合同期满后故意不续签劳动合同以保留终止权,如何防范这一风险还需要司法部门在操作中总结经验。

PS:《指南》第 22 条:"用人单位单方解除劳动合同的,可以采取口头形式或者书面形式通知。采取口头形式的,用人单位应当承担举证证明责任;采取书面形式的,应当将解除劳动合同通知当面送达劳动者或者送达至劳动者预留的有效通讯地址。用人单位未完成上述送达手续直接采用登报公告等形式通知,劳动者主张不发生解除劳动关系效力的,应予支持。"

《劳动合同法》第 82 条第 1 款:"用人单位自用工之日起超过一个月不满一年未与劳动者订立书面劳动合同的,应当向劳动者每月支付二倍的工资。"

《广东省高级人民法院 广东省劳动人事争议仲裁委员会关于审理劳动人事争议案件若干问题的座谈会纪要》第 14 条第 2 款:"劳动合同期满后,劳动者仍在原用人单位工作,超过一个月双方仍未续订劳动合同,劳动者根据《劳动合同法》第八十二条第一款规定要求支付二倍工资的,应予支持。"

2018 - 04 - 16

四、《北京市高级人民法院与北京市劳动人事争议仲裁委员会关于审理劳动争议案件法律适用问题的解答》要点评析

2017年4月24日，北京市高级人民法院与北京市劳动人事争议仲裁委员会联合发布了《关于审理劳动争议案件法律适用问题的解答》（以下简称《北京解答》），就当前劳动争议中一些焦点问题提供了相应的处理思路。这是近年国内第一次系统性地针对当前劳动争议实务前沿做出的指引性规范，其中不乏其他区域未能明确的难点问题，可以理解为北京在这一领域不仅追上了“珠三角”“长三角”，而且也开始成为“领头羊”了。

中国劳动争议司法实务领域有一个重要特点，就是一旦哪个区域突破性地提供了司法解决方案，其他区域基本上都会借鉴或引用。从这一角度出发，也可以认为北京开始引领全国劳动争议的处理了，所以大家都有必要学习《北京解答》，以便运用到工作中，降低管理与法律风险。

《北京解答》的出台，正说明北京压力巨大，不得不面对诸多问题，也印证了笔者此前北方区域劳动争议将要泛滥的预言。笔者近年经办了不少北京业务，对此深有感触，认为北京成了劳动争议重灾区。《北京解答》虽然提供了一些处理意见，对统一操作具有一定价值，但有些观点仍可商榷。笔者冒昧，就《北京解答》相关要点进行解读评析，以期抛砖引玉，共同探讨。

5. 用人单位调整劳动者工作岗位的，如何处理？

用人单位与劳动者约定可根据生产经营情况调整劳动者工作岗位的，经审查用人单位证明生产经营情况已经发生变化，调岗属于合理范畴，应支持用

人单位调整劳动者工作岗位。

用人单位与劳动者在劳动合同中未约定工作岗位或约定不明的，用人单位有正当理由，根据生产经营需要，合理地调整劳动者工作岗位属于用人单位自主用工行为。判断合理性应参考以下因素：用人单位经营必要性、目的正当性，调整后的岗位为劳动者所能胜任、工资待遇等劳动条件无不利变更。

用人单位与劳动者签订的劳动合同中明确约定工作岗位但未约定如何调岗的，在不符合《劳动合同法》第四十条所列情形时，用人单位自行调整劳动者工作岗位的属于违约行为，给劳动者造成损失的，用人单位应予以赔偿，参照原岗位工资标准补发差额。对于劳动者主张恢复原工作岗位的，根据实际情况进行处理。经审查难以恢复原工作岗位的，可释明劳动者另行主张权利，释明后劳动者仍坚持要求恢复原工作岗位，可驳回请求。

用人单位在调整岗位的同时调整工资，劳动者接受调整岗位但不接受同时调整工资的，由用人单位说明调整理由。应根据用人单位实际情况、劳动者调整后的工作岗位性质、双方合同约定等内容综合判断是否侵犯劳动者合法权益。

解读评析：调岗一直就是用人单位与劳动者争议的焦点，因为调岗不仅可能涉及劳动合同工作内容变更，往往还涉及薪酬待遇的调整。

北京的规定可以简要概括为以下几点：(1)用人单位因生产经营情况变化而调整岗位的，予以支持，但要有约定；(2)没有约定工作岗位或约定不明的情况下，用人单位如果是生产经营需要合理调岗，也予以认可，但新岗位要是员工不能胜任或工资低于原待遇，则难以认定为合理；(3)如果约定了具体工作岗位，必须协商一致才能调岗，除非是劳动者医疗期满、不能胜任工作或用人单位客观情况发生重大变化，否则要按原待遇赔偿所有损失；(4)劳动者要是同意调岗而不同意调薪，用人单位要举证证明调岗调薪的合理性。

《北京解答》的这些规定完全忽略了“工作内容”的概念，过于强调保护劳动者“工作岗位”的稳定性了，实践中将产生很大的困扰：用人单位在劳动合同约定的“工作内容”范围内具体安排“工作岗位”都不行了？非得劳动者同意不可？《劳动合同法》的必备条款本来就只有“工作内容”，并没有“工作岗位”，完全可以理解为只要约定一定的“工作内容”，即可在此范围内适当安排和调整具体岗位。实务中出于对劳动者的尊重,为了明确具体的岗位职责,用人单位发入职通知时往往会明确具体工作岗位,现在看来在北京是不合适这么操作了,只能约定“工作内容”,不然没办法调岗。最好还同时约定“如何调岗”,以期降低风险,但即便约定了“如何调岗”,恐怕也是凶多吉少,不只因为挂一漏万,而且法官如何理解具有主观性。

《北京解答》表面上也肯定了用人单位的“用工自主权”,但实际上严格限定了行使条件,只有“生产经营情况变化”时才会被认可,其他情况则基本上难以调整,除非劳动者同意。不仅如此,《北京解答》还否定了“岗变薪变”这一观点,强力干预用人单位薪酬制度。第四点的规定是说劳动者同意调岗的同时可以不同意调薪。这不仅加重了用人单位的责任,更是让劳动者有了筹码,用人单位调岗更困难了。

《北京解答》虽然没有否认劳动者医疗期满、不能胜任工作以及用人单位客观情况产生发生重大变化情况下用人单位调岗的权利,但结合第四点的规定来看,用人单位是难以调岗的,因为劳动者可以不同意调薪,这样一来,双方矛盾更容易激化,官司更多。此外,法律规定用人单位客观情况产生重大变化后协商变更劳动合同未果的可以解除劳动合同,所以在这一情形下,“不接受同时调整工资”是个伪命题。

劳动者违纪是否可以调岗并调薪?《北京解答》也没有给出答案,有待司法实践探索。

综合来看,《北京解答》关于调岗调薪的相关规定偏紧,在放松管制呼声四起的时候,显得不那么和谐,或许是为了进一步约束用人单位,但效果如何,还需要观望。笔者认为,这些规定还不如广东和深圳的相关纪要。兹将广东和深圳纪要摘录如下,以供对比参考。

广东:用人单位调整劳动者工作岗位,同时符合以下情形的,视为用人单位合法行使用工自主权,劳动者以用人单位擅自调整其工作岗位为由要求解除劳动合同并请求用人单位支付经济补偿的,不予支持:(1)调整劳动者工作岗位是用人单位生产经营的需要;(2)调整工作岗位后劳动者的工资水平与原岗位基本相当;(3)不具有侮辱性和惩罚性;(4)无其他违反法律法规的情形。

深圳:劳动合同中关于用人单位可根据工作需要或绩效考核调整劳动者

工作岗位的约定一般认定有效，但人民法院应同时根据用人单位作为调整岗位决定的理由、调整前后工作岗位的劳动条件、劳动强度、工资待遇、工作时间、职务高低等因素综合判断该调整决定是否具有合理性。

对于合理的调整决定，人民法院应予以支持，劳动者应服从用人单位的工作安排；而对于明显不合理的调整决定，如要求原来任经理的劳动者负责打扫卫生，或因此大幅度降低劳动者的福利待遇，则不予支持。

6. 用人单位与劳动者在劳动合同中宽泛地约定工作地点是“全国”“北京”等，用人单位在履行劳动合同过程中调整劳动者的工作地点，劳动者不同意，用人单位依据规章制度作出解除劳动合同决定是否支持？

用人单位与劳动者在劳动合同中宽泛地约定工作地点是“全国”“北京”等，如无对用人单位经营模式、劳动者工作岗位特性等特别提示，属于对工作地点约定不明。劳动者在签订劳动合同后，已经在实际履行地点工作的，视为双方确定具体的工作地点。用人单位不得仅以工作地点约定为“全国”“北京”为由，无正当理由变更劳动者的工作地点。

用人单位与劳动者在劳动合同中明确约定用人单位可以单方变更工作地点的，仍应对工作地点的变更进行合理性审查。具体审查时，除考虑对劳动者的生活影响外，还应考虑用人单位是否采取了合理的弥补措施（如提供交通补助、班车）等。

解读评析：《劳动法》没有将工作地点规定为劳动合同的必备条款，甚至在约定条款中都没有提及，但实践中常常因此产生纠纷，所以《劳动合同法》将其列为劳动合同必备条款。遗憾的是，国务院或最高人民法院一直对如何约定工作地点也没有进一步规范，所以各地理解不一，操作不一。

用人单位为了保留对劳动者工作地点有调整余地，经常采取“以点带面”的方式约定工作地点，比如“甲方位于北京区域内的生产经营场所”。现在看来这一办法在北京存在一定的风险了，因为《北京解答》原则上不允许宽泛地约定工作地点，除非用人单位经营模式或工作岗位存在特殊原因。虽然《北京解答》只表示有“特别提示”即可，但显然这一“提示”需要有合理的依据。如用人单位是销售公司或劳动者属于外勤人员，负责区域北京区域或中国东北区域等。

工作地点约定不明的后果是严重的，一是基本上会认定“实际履行地”为工作地点，二是不可以无正当理由变更。就算双方在劳动合同中约定了用人单位可以调整工作地点，《北京解答》要求“仍应对工作地点的变更进行合理性审查”。“合理性”的重要标准是“对劳动者的生活影响”，这几乎意味着即便用人单位确有管理或业务需求，只要对劳动者生活有较大影响，员工不同意，几乎是不可能变更工作地点的。至于用人单位故意利用工作地点变更给员工施加压力，更是难以实现。

这一条解答没有涉及用人单位搬迁，但用人单位搬迁涉及工作地点变更。用人单位搬迁一事应该不至于非要员工同意不可，毕竟是用人单位用工自主权的体现。不过劳动者是否可以主张对本人生活造成较大影响并不再履行劳动合同还真是个问题，而且这个问题也涉及经济补偿，影响重大，《北京解答》没有就此做出规定。广东和深圳就此类问题有相关规定，摘录对比以供参考。

广东：企业在本市行政区域内搬迁，职工上下班可乘坐本市公共交通工具，或企业提供交通补贴、免费交通工具接送等便利条件，对职工生活未造成明显影响的，劳动合同继续履行。

原劳动合同继续履行的，企业不需支付经济补偿。企业与职工应当按照劳动合同的约定，全面履行各自的义务，企业不得擅自降低职工薪酬待遇；职工的本企业工作年限连续计算，双方可在劳动合同或以其他书面形式注明职工在本企业的工作年限。

深圳：用人单位在深圳市行政区域内搬迁，劳动者要求用人单位支付经济补偿的，不予支持。

用人单位由深圳市行政区域内向深圳市行政区域外搬迁，劳动者要求支付经济补偿的，应予支持。

深圳这一规定也存在争议，深圳市中级人民法院专门就此进行了详细解释，具有一定代表性，一并摘录如下：

我院2009年《关于审理劳动争议案件若干问题的指导意见》实施后，该指导意见中第85条关于以用人单位是否在深圳行政区域内进行搬迁对劳动者请求经济补偿问题进行分别处理的原则引发了一些不同的意见。在这次裁判指引制定过程中，我们也对该条规定再次进行了认真的讨论，最终认为：第一，用人单位搬迁是否足以迫使劳动者提出解除劳动合同或足以导致劳动合同无法履行，对于每一个劳动者来说，个案的情况是不同的。如果根据个案情况进行酌情处理，可能造成裁判标准的不统一，容易出现“同案不同判”的现象。所以，对这一问题的裁判标准进行统一规定是十分必要的。但从搬迁的路程远近、上班所需时间长短的角度难以作出合理的划定，故以是否在同一行政区域内为标准进行区分是比较妥当且便于执行的方法。第二，一般而言，劳动者的居住地并不集中，也不一定都居住在用人单位附近，用人单位的搬迁虽然可能给部分劳动者造成一定的不便，但在同一行政区域内，工资水平、社会保障等劳动条件没有变化，不会对劳动者的合法权益造成过多的不利影响。对我市而言，我市最低工资标准、社会保障程度总体上通常高于周边城市，若用人单位从我市搬迁至周边其他城市，虽然可能搬迁路程相对较近，但对于劳动者的劳动基准保护力度可能有所降低，因此，不考虑劳动基准保护力度，而仅以路程远近作为确定标准统一划分，反而更不利于劳动者合法权益的保障。第三，用人单位根据其经营状况进行搬迁是其经营自主权的体现，而现实中，用人单位因办公地点租赁等原因搬迁也是十分常见的情况。如果只要用人单位搬迁，无论远近，劳动者就可要求用人单位支付经济补偿，会对社会及劳资双方产生不利的影响，也容易引发用人单位在搬迁前以各种借口解除与劳动者的关系，从而避免支付经济补偿，反而更不利于劳动者这一群体整体利益的保护。因此，我们认为在目前法律法规及现实状况均没有发生明显变化的情况下，不宜对原指导意见作出根本性的修改。如法律法规出现新的规定或实际情况发生重大变化，我们将再适时地研究调整相关条款内容。

8. 用人单位违法解除或终止劳动合同，劳动者要求继续履行劳动合同的，如何处理？

劳动者要求继续履行劳动合同的，一般应予以支持。

在仲裁中发现确实无法继续履行劳动合同的，应做好释明工作，告知劳动者将要求继续履行劳动合同的请求变更为要求用人单位支付违法解除劳动合同赔偿金等请求。如经充分释明，劳动者仍坚持要求继续履行劳动合同的，应尊重劳动者的诉权，驳回劳动者的请求，告知其可另行向用人单位主张违法解除劳动合同赔偿金等。如经释明后，劳动者的请求变更为要求用人单位支付违法解除劳动合同赔偿金等的,应当继续处理。

在诉讼中发现确实无法继续履行劳动合同的,驳回劳动者的诉讼请求,告知其可另行向用人单位主张违法解除劳动合同赔偿金等。

解读评析:《劳动合同法》最厉害的地方其实并不是无固定期限劳动合同制度,也不是解除劳动合同困难,而是用人单位如果违法解除或终止劳动合同时,劳动者有权利选择要求用人单位支付2N赔偿或者继续履行劳动合同。

《北京解答》虽然延续了这一思路,但却也意识到了这一规定给用人单位带来的巨大压力,所以只是规定"一般应予支持",这样就有了"二班"的可能性,算是开了一个口子。因为《劳动合同法》当年规定"劳动合同已经不能继续履行的",只是支持2N赔偿,只是一直以来极少仲裁委和法院敢碰这个问题而已。所以从这一角度来看,《北京解答》这一规定是有一定勇气的。不过要注意的是,《北京解答》为了保险起见,强调"确实无法继续履行"的才适用,明显比《劳动合同法》"已经不能继续履行"的表述更严格。此外,《北京解答》还明确了"释明程序",有了这些规范,操作就有了依据。

9. 用人单位违法解除或终止劳动合同后,劳动者要求继续履行劳动合同,哪些情形可以认定为"劳动合同确实无法继续履行"?

劳动合同确实无法继续履行主要有以下情形:(1)用人单位被依法宣告破产、吊销营业执照、责令关闭、撤销,或者用人单位决定提前解散的;(2)劳动者在仲裁或者诉讼过程中达到法定退休年龄的;(3)劳动合同在仲裁或者诉讼过程中到期终止且不存在《劳动合同法》第十四条规定应当订立无固定期限劳动合同情形的;(4)劳动者原岗位对用人单位的正常业务开展具有较强的不可替代性和唯一性(如总经理、财务负责人等),且劳动者原岗位已被他人替代,双方不能就新岗位达成一致意见的;(5)劳动者已入职新单位的;(6)仲裁或诉讼过程中,用人单位向劳动者送达复工通知,要求劳动者继续工作,但劳动者拒绝的;(7)其他明显不具备继续履行劳动合同条件的。

劳动者原岗位已被他人替代的,用人单位仅以此为由进行抗辩,不宜认定为"劳动合同确实无法继续履行的"情形。

解读评析:如前所述,虽然《劳动合同法》其实也有过规定,但此后没有任何国家或地方的法规跟进,甚至连仲裁委或法院的纪要都对何为"劳动合同已经不能继续履行”退避三舍,所以如何理解“劳动合同已经不能继续履行”只能是常理解释或个人意见。

尽管《北京解答》对“劳动合同确实无法继续履行”的要求更高,但《北京解答》还是给出了自己的答案,明确了主要情形,这也是开创先河。

《北京解答》所规定的第一点、第二点都是应有之义,但是第三点涉及两次固定期限劳动合同期满是否要签订无固定期限劳动合同问题,劳动者可以利用理解分歧来作为抗辩理由。第四点确认特定的岗位已经任用他人且双方无法就新岗位达成协议的可以理解为确实无法继续履行,但《北京解答》也强调了仅以原岗位已被他人替代的不宜支持。第五点是最常见的情形,对用人单位比较有利。其实劳动者完全可以通过解除新单位劳动合同来创造继续履行的条件,但《北京解答》没有允许这样操作,估计是考虑到社会关系重新稳定了就没必要再反复,可以适当放松。第六点表面上是给用人单位机会,但实践中难以运用,因为用人单位正常情况下的主张是解除《劳动合同法》,打官司过程中怎么可能突然通知劳动者回去上班?

10. 劳动者与用人单位因劳动合同是否为违法解除发生争议,劳动者要求继续履行劳动合同的情况下,原单位提交了其他单位为劳动者缴纳社会保险的凭证,并以此主张劳动者与新单位之间已经形成劳动关系,此时社会保险缴纳记录能否作为认定劳动者与新单位形成劳动关系的依据?并由此导致劳动者与用人单位“劳动合同已经不能继续履行”?

不能仅以社会保险缴纳记录作为认定劳动者与新单位形成劳动关系的依据。但此时举证责任转移,由劳动者证明其与新用人单位之间不是劳动关系。若劳动者不能提出反证,则依据其与新用人单位之间的社保缴费记录确认劳动者与原用人单位“劳动合同确实无法继续履行”。新用人单位不是案件当事人的,劳动者与新用人单位之间的社保缴费记录仅为“劳动合同确实无法继续履行”的裁判理由,不应径行裁判劳动者与新用人单位之间是否形成劳动关系。

解读评析:这一条是对上一条规定的细化,明确社会保险能否作为判决形成劳动关系的依据。

劳动者如果离职后找了新工作单位,那么正常情况下会由新用人单位继续缴纳社保，但是现实当中也会有社保挂靠的现象，所以《北京解答》并不认可仅以社保缴纳记录作为形成劳动关系的依据，但同时将举证责任配置给了劳动者，要求劳动者合理解释为什么由其他用人单位缴纳社保，并要求其证明双方不是劳动关系，否则就会认定为“劳动合同确实无法继续履行”。

户籍员工失业后在个人窗口自行缴纳的，自然不会有上述问题；劳动者如果打算回原用人单位工作的就得注意了，不能找新用人单位，也不能再缴社保，否则可能就回不去了。不过，要在北京地区缴社保也不容易，原单位要是不同意减员退保，新单位还没办法缴，远不如深圳方便灵活。这种地方性的社保缴纳土政策并没有直接法律依据，严重影响了新单位和劳动者权益，也严重影响了人员自由流动，已经成为劳动关系不和谐的新焦点。

11. 用人单位依据《劳动合同法》第三十九条第一项的规定解除劳动合同的，如何处理？

用人单位在录用劳动者时应当向劳动者明确告知录用条件，用人单位在解除劳动合同时应当向劳动者说明理由及法律依据。

用人单位证明已向劳动者明确告知录用条件，并且提供证据证明劳动者在试用期间不符合录用条件的，可依照《劳动合同法》第三十九条第一项的规定解除劳动合同。

就劳动者是否符合录用条件的认定，在试用期的认定标准可适当低于试用期届满后的认定标准。劳动者不符合录用条件的情况主要有以下情形：(1)劳动者违反诚实信用原则对影响劳动合同履行的自身基本情况有隐瞒或虚构事实的，包括提供虚假学历证书、假身份证、假护照等个人重要证件；对履历、知识、技能、业绩、健康等个人情况说明与事实有重大出入的；(2)在试用期间存在工作失误的，对工作失误的认定以劳动法相关规定、用人单位规章制度以及双方合同约定内容为判断标准；(3)双方约定属于用人单位考核劳动者试用期不符合录用条件的其他情况。

解读评析：用人单位经常与劳动者约定试用期，以便进一步确认是否符合用人单位用工要求，这也是法律赋予用人单位的权利。劳动者在试用期间被证明不符合录用条件的，用人单位可以解除劳动合同，这是用人单位一项比较特殊的权利。但是，行使这一权利是有条件的，必须证明劳动者不符合录用条件，而不是随意解除，司法实践中甚至有法官都误解为试用期内用人单位与劳动者双方都可以无因解除，这显然不对。

要证明劳动者不符合录用条件，先得证明录用条件是什么，然后再证明不符合，这是基本的逻辑要求。可是，用人单位长期以来只有简单的招聘广告，没有细化录用条件，真的发生纠纷时，难以举证。有些用人单位有岗位职责说明书，也让劳动者签名确认，情况会好一些，但也没有将其与录用条件对接起来，容易出现问题。

近年来，此类案件持续增加，是因为劳动者意识到用人单位不能随意在试用期内解雇，如果用人单位构成违法解雇，劳动者可以选择要求继续履行劳动合同并全额发放争诉期间的工资，可期待利益明显比 2N 赔偿更高。《北京解答》针对这类案件发布了具体的指导意见，用人单位应当根据相关要求结合自己的实际情况制定相应的管理措施。

《北京解答》首先要求用人单位录用劳动者时应当向劳动者明确告知录用条件，所以用人单位要通过各类形式确认相关录用条件，既应当有普遍性的、概括性的录用条件，也还应当有满足用人单位实际要求的具体的录用条件。其次，用人单位以此为由解除劳动合同时必须要有证据证明劳动者不符合这些录用条件，这需要用人部门具有法律意识，必要时也可以通过录音来固定证据，以免产生纠纷时举证不能。最后，录用条件也不能随便乱编，《北京解答》以列举的方式确认劳动者隐瞒或虚构影响劳动合同履行的自身基本情况（虚假重要证件以及个人情况与事实有重大出入）、工作存在失误以及其他约定的情形才构成不符合录用条件，所以录用条件还得围绕劳动合同的履行来设计。有约定好过没约定，因此让劳动者入职时签名确认，不只是降低风险，也可以改善管理。

12. 哪些情形属于《劳动合同法》第四十条第三项规定的“劳动合同订立时所依据的客观情况发生重大变化”？

“劳动合同订立时所依据的客观情况发生重大变化”是指劳动合同订立后发生了用人单位和劳动者订立合同时无法预见的变化，致使双方订立的劳动合同全部或者主要条款无法履行，或者若继续履行将出现成本过高等显失公平的状况，致使劳动合同目的难以实现。

下列情形一般属于“劳动合同订立时所依据的客观情况发生重大变化”：(1)地震、火灾、水灾等自然灾害形成的不可抗力；(2)受法律、法规、政策变化导致用人单位迁移、资产转移或者停产、转产、转(改)制等重大变化的；(3)特许经营性质的用人单位经营范围等发生变化的。

解读评析：1994年原劳动部《劳动部关于〈中华人民共和国劳动法〉若干条文的说明》对“客观情况”的解释为：发生不可抗力或出现致使劳动合同全部或部分条款无法履行的其他情况，如企业迁移、被兼并、企业资产转移等，并且排除本法第27条所列的客观情况。长期以来，对“企业迁移、被兼并、企业资产转移”之外的其他情形却没有任何指引，司法实践中对于部门撤销、业务整合、岗位取消之类的常见情形是否属于客观情况发生重大变化莫衷一是，不仅令用人单位困扰无比，对劳动者的伤害也很大。《北京解答》给“劳动合同订立时所依据的客观情况发生重大变化”下定义，在各地操作中也是首开先河，具有重要的实务指导作用。不过，遗憾的是，《北京解答》列举的情形并没有什么突破，除了重复原劳动部列举过的情形外，只增加了不可抗力和特许经营性质单位经营范围等发生变化的情形，甚至隐约觉得是从严把关，所以用人单位内部无论是否整体性的部门撤销、业务整合，都要通过召开董事会或股东会等途径来完善手续为宜。

13. 在规章制度未作出明确规定、劳动合同亦未明确约定的情况下，劳动者严重违反劳动纪律和职业道德的，用人单位是否可以解除劳动合同？

《劳动法》第三条第二款中规定：“劳动者应当遵守劳动纪律和职业道德”。上述规定是对劳动者的基本要求，即便在规章制度未作出明确规定、劳动合同亦未明确约定的情况下，如劳动者存在严重违反劳动纪律或职业道德的行为，用人单位可以依据《劳动法》第三条第二款的规定与劳动者解除劳动合同。

解读评析：《劳动合同法》第39条规定劳动者“严重违反用人单位的规章制度的”，用人单位可以解除劳动合同。这一规定与《劳动法》第25条规定的“严重违反劳动纪律或者用人单位规章制度的”明显不同。据说当年是有关部门代表坚持要把“劳动纪律”删除，因为他们想通过规章制度来管住劳动纪律，同时也通过规章制度的民主程序来约束用人单位。实务中就产生了这样一个问题：如果用人单位就是没有规章制度怎么办？是不是不可以解雇违纪员工了？

《北京解答》给了自己的答案：在规章制度未作出明确规定，劳动合同亦未明确约定的情况下，劳动者严重违反劳动纪律和职业道德的，可以解除劳动合同。比较有趣的是，《北京解答》引用的却是《劳动法》第3条第2款，一方面认为遵守劳动纪律和职业道德是应有之义，是隐蔽义务；另一方面也绕开了《劳动合同法》第39条与《劳动法》第25条的纷争。深圳当年也有过此类问题，但深圳的答案是："劳动者严重违反劳动纪律，用人单位可以依据《劳动法》第二十五条的规定解除劳动合同。"两相对比，耐人寻味。

14. 在不属于《劳动合同法》第三十八条规定的情况下，劳动者违反劳动合同约定的期限提前解除合同，用人单位拒绝继续履行约定的正常劳动报酬、福利外的经济方面的特殊待遇，或者要求劳动者返还正常劳动报酬、福利外的经济方面的特殊待遇，如何处理？

用人单位除向劳动者支付正常劳动报酬外，还特别给予劳动者如汽车、房屋、住房补贴等经济方面特殊待遇，双方对特殊待遇与约定工作期限的关联性有明确约定的按约定；虽无明确约定，但能够认定用人单位系基于劳动者的工作期限给予劳动者特殊待遇的，由于劳动者未完全履行合同，用人单位可以就劳动者未履行合同对应部分拒绝给付特殊待遇，对已经预先给付的，可以按照相应比例要求返还。

解读评析：实践中一些用人单位为了增加招聘竞争力，往往特别给予一些高级管理人员或高级技术人员汽车、房屋或高额住房补贴，也有一次性支付高额"安家费""离职损失""转职金""特招奖金"的情形。与此同时，用人单位希望劳动者能够长期服务，因此约定劳动者服务达到一定年限。但是，有些劳动者入职后因种种原因不能依约提供服务而提前离职，而且离职时经常以"辞职权"对抗，主张相关服务期并非法定服务期，甚至不愿意返还相关待遇，因此很容易产生纠纷。

《劳动合同法》第22条规定，用人单位为劳动者提供专项培训费用，对其进行专业技术培训的，可以与该劳动者订立协议，约定服务期。而上述特殊费用确实与培训无关，所以相关服务期的约定存在风险，是否因此无须支付违约金是随之产生的另外一个纠纷。《劳动合同法》第25条规定，除本法第22条和第 23 条规定的情形外，用人单位不得与劳动者约定由劳动者承担违约金。也就是说，除了劳动者违反服务期和竞业限制相关约定之外，无须支付用人单位违约金，所以服务期是否成立直接影响了违约金支付问题。

《北京解答》绕开了这一难题。上述规定一方面将上述待遇定性为特殊待遇，另一方面允许用人单位支付了特殊待遇后与劳动者约定服务期，这样一来，双方约定的返还义务就不是违约金了，既照顾了用人单位，又不与《劳动合同法》抵触，应该算是一种平衡。不过这种平衡也不算首创，2009 年上海市高级人民法院《关于适用劳动合同法若干问题的意见》就有过类似规定："用人单位向劳动者支付报酬，劳动者付出相应的劳动，是劳动合同双方当事人的基本合同义务。用人单位给予劳动者价值较高的财物，如汽车、房屋或住房补贴等特殊待遇的，属于预付性质。劳动者未按照约定期限付出劳动的，属于不完全履行合同。根据合同履行的对等原则，对劳动者未履行的部分，用人单位可以拒绝给付；已经给付的，也可以要求相应返还。因此，用人单位以劳动者未完全履行劳动合同为由，要求劳动者按照相应比例返还的，可以支持。" 而 2002 年生效的《上海市劳动合同条例》甚至对提供特殊待遇而约定的服务期也持肯定态度："劳动合同当事人可以对由用人单位出资招用、培训或者提供其他特殊待遇的劳动者的服务期作出约定。"

户口算不算特殊待遇？深圳户口没什么价值，可能没什么争议。但上海、北京户口就不一样了，指标紧张，甚至比钱都重要。不过两地观点完全相反，很有意思。上海市高级人民法院 2006 年规定：当事人通过书面合同约定，明确将用人单位为引进人员办理本市户口作为特殊待遇，并据此设定服务期和违约责任的，可予确认；北京市高级人民法院 2009 年则规定：用人单位为其招用的劳动者办理了本市户口，双方据此约定了服务期和违约金，由于该约定违反了《劳动合同法》第 25 条的规定，因此用人单位以双方约定为依据要求劳动者支付违约金的，不应予以支持。如确因劳动者违反了诚实信用原则，给用人单位造成损失的，劳动者应当予以赔偿。

16. 二次固定期限劳动合同到期后，用人单位发出终止劳动合同通知，劳动者主张用人单位支付违法终止劳动合同的赔偿金，是否支持？

在劳动者不符合《劳动合同法》第三十九条和第四十条第一项、第二项规定情形时，用人单位在二次固定期限劳动合同到期后直接发出终止劳动合同(关系)通知，不符合《劳动合同法》第十四条第二款第三项之规定，应认定为违法终止劳动合同(关系)。劳动者主张用人单位支付违法终止劳动合同的赔偿金，应予支持。

解读评析：第二次固定期限劳动合同期满后用人单位能否终止劳动合同严重影响了用工管理，也严重影响了劳动关系和社会和谐。

《劳动合同法》第14条第2款第3项的规定理解分歧其实并不成立，“连续订立二次固定期限劳动合同，且劳动者没有本法第三十九条和第四十条第一项、第二项规定的情形，续订劳动合同的”难道不是先签了两次固定期限劳动合同且双方就新的劳动合同达成续订合意么？上海市高级人民法院2009年的《关于适用〈劳动合同法〉若干问题的意见》就明确规定：《劳动合同法》第14条第2款第3项的规定，应当是指劳动者已经与用人单位连续订立二次固定期限劳动合同后，与劳动者第三次续订合同时，劳动者提出签订无固定期限劳动合同的情形。

《北京解答》完全相反：第二次固定期限劳动合同期满时用人单位无权终止劳动合同！如果发出终止通知，劳动者可以要求用人单位支付违法终止劳动合同的双倍赔偿金。既然认定为违法终止，劳动者同样有权要求与用人单位签订无固定期限劳动合同，虽然《北京解答》没有直说，但答案是显而易见的。而《北京市劳动合同规定》还特别规定：“劳动合同期限届满前，用人单位应当提前30日将终止或者续订劳动合同意向以书面形式通知劳动者，经协商办理终止或者续订劳动合同手续”，如此一来，只能通知续订了。无独有偶，2013年修订的《江苏省劳动合同条例》甚至就此进行了立法：“在《中华人民共和国劳动合同法》实施后，用人单位与劳动者连续订立了二次固定期限劳动合同，且劳动者没有《中华人民共和国劳动合同法》第三十九条和第四十条第一项、第二项规定情形的，用人单位应当在第二次劳动合同期满三十日前，书面告知劳动者可以订立无固定期限劳动合同。”

为何会出现这么大的分歧？难道《劳动合同法》的文字没表述清楚吗？显然不是，“续订劳动合同的”这7个字清晰表达了相关条件，也体现了立法本意。但是，长期以来地方立法及司法部门在“政治正确”思维方式的支配下，出现了所谓的“理解分歧”，其实是曲解了《劳动合同法》，更给用人单位造成巨大的管理压力。

各地操作如此不一，用人单位如何适从？而劳动者同样困惑，第二次固定期限劳动合同期满时到底能不能签无固定期限劳动合同？如何签订？广东省有关部门意识到签订劳动合同不只是期限的问题，也涉及岗位和待遇，总不可能强迫用人单位原岗原待遇吧？所以2012年广东省高级人民法院和广东省劳动人事仲裁委在《关于审理劳动人事争议案件若干问题的座谈会纪要》中，一方面规定应当签订无固定期限劳动合同：用人单位与劳动者已连续订立二次固定期限劳动合同，第二次固定期限劳动合同期满后，且劳动者没有《劳动合同法》第39条和第40条第1项、第2项规定的情形，劳动者提出续订劳动合同并要求订立无固定期限劳动合同的，用人单位应当与劳动者订立无固定期限劳动合同；另一方面也留了余地：劳动关系符合《劳动合同法》第14条第2款第1项、第2项、第3项规定的情形，用人单位在与劳动者协商订立无固定期限劳动合同时提出的劳动报酬、劳动条件、福利待遇等事项不低于订立无固定期限劳动合同前的标准，劳动者拒不接受的，用人单位可以终止合同，且无须向劳动者支付经济补偿。后者的规定写得模模糊糊的，简单解释就是：无固定期限劳动合同签订时可以协商新岗位新待遇，用人单位提供的条件可以高于也可以低于原来固定期限劳动合同履行期间对应的待遇，如果高于且劳动者不愿意签，用人单位可以终止劳动合同并无须支付任何补偿；如果低于且劳动者不愿意签，则用人单位同样可以终止劳动合同，但要支付终止补偿。广东省的纪要应该说更加务实，对于其他没有江苏、北京这样强制性规定的地方具有一定的参考意义。

用人单位如果不想签无固定期限劳动合同，最好只和同一劳动者签订一次固定期限劳动合同，这样最保险。可这样一来，既不利于用人单位连续用工，同样也不利于劳动者就业稳定，所以江苏、北京的规定表面上是帮助了劳动者，实际上效果可能适得其反。对于第二次固定期限劳动合同到期的员工，用人单位确实不想再用的，除了参考广东的规定提前做好准备并通过录音固定证据证明协商新岗位新待遇未果外，还可以考虑在员工离职时举重若轻，在离职相关文件中增加劳动者本人无意保持劳动关系、同意终止劳动合同/劳动关系、劳动关系项下权利义务已告终结之类的表述，并让劳动者签名确认，或许这样有机会降低一些风险。不过在江苏就没有任何机会，必须提前 30 日书面通知劳动者可以签订无固定期限劳动合同，几乎没有办法回避这一问题。

21. 用人单位给付劳动者的工资标准计算基数按哪些原则确定？

(1)劳动者每月应得工资与实得工资的主要差别在于各类扣款和费用，应得工资包括个人应当承担的社会保险金、税费等。对于社会保险金、税费，用人单位承担的仅是代缴义务，劳动者的纳税由税务机关负责，社会保险金缴纳由社会保险机构负责，审理中一般按照劳动者应得工资确定工资标准。

解读评析：每年大家都在比较最低工资哪里最高，媒体也很有兴趣，攀比最低工资甚至成了某些城市或省份的“政治任务”。其实完全不用比，闭着眼睛都知道，肯定是上海的最低工资标准最高，因为上海相关部门把个人缴纳的社会保险和住房公积金完全剔除在最低工资之外。上海的最低工资不是应发工资，而是实发工资，不包括个人应缴的社会保险和住房公积金，所以含金量最高，其标准实际上远远高于其他所有城市的最低工资标准。

《北京解答》说得很清楚：对于社会保险金、税费，用人单位承担的仅是代缴义务，应得工资包括这些个人应当承担的费用。这也是原劳动部的意见，除了上海外，全国都一样，《北京解答》再次确认了相关规则。

(2)用人单位与劳动者在劳动合同中约定了工资标准的，以该约定为准。劳动合同没有约定的，按照集体合同约定的工资标准确定。劳动合同、集体合同均未约定的，按照劳动者本人正常劳动实际发放的工资标准工资确定。依照本款确定的工资标准不得低于本市规定的最低工资标准。

解读评析：工资标准怎么理解？一直也没见过明确的规定。标准工资倒是见过，1990 年《国家统计局〈关于工资总额组成的规定〉若干具体范围的解释》第五点关于标准工资（基本工资，下同）和非标准工资（辅助工资，下同）的定义中规定：标准工资是指按规定的工资标准计算的工资（包括实行结构工资制的基础工资、职务工资和工龄津贴）。这一规定还是没讲清楚什么是工资标准，不过这不妨碍司法实践中以此作为加班工资的计算基数。

(3)计算“二倍工资”的工资标准时，因基本工资、岗位工资、职务工资、工龄工资、级别工资等按月支付的工资组成项目具有连续性、稳定性特征，金额相对固定,属于劳动者正常劳动的应得工资,应作为未订立劳动合同二倍工资差额的计算基数,不固定发放的提成工资、奖金等一般不作为未订立劳动合同二倍工资差额的计算基数。

解读评析:《劳动合同法》第 82 条规定:用人单位自用工之日起超过 1 个月不满一年未与劳动者订立书面劳动合同的,应当向劳动者每月支付二倍的工资。从字面上理解,只要是工资,都包括在内,奖金自然不在话下。司法部门在实践中发现很多这样的案件,为了平衡用人单位的利益,所以对法条做了限制性的解释,把提成、奖金基本排除在外。深圳法院规定《劳动合同法》第 82 条规定的二倍工资差额的计算基数应为包括加班工资在内的当月应得工资,但不包含支付周期超过一个月或未确定支付周期的劳动报酬。不过深圳把加班工资也算在内,而《北京解答》没有明确,但从相关思路来判断,应该是不包括在内的。

22. 如何确定劳动者加班费计算基数?

劳动者加班费计算基数,应当按照法定工作时间内劳动者提供正常劳动应得工资确定,劳动者每月加班费不计到下月加班费计算基数中。具体情况如下:

(1)用人单位与劳动者在劳动合同中约定了加班费计算基数的,以该约定为准;双方同时又约定以本市规定的最低工资标准或低于劳动合同约定的工资标准作为加班费计算基数,劳动者主张以劳动合同约定的工资标准作为加班费计算基数的,应予支持。

解读评析:加班费怎么计算一直令人困扰。如果将工资全额作为基数,用人单位成本很高,所以不少城市允许双方约定计算基数。2008 年广东省高级人民法院和广东省劳动争议仲裁委就规定:劳动者加班工资计算基数为正常工作时间工资。用人单位与劳动者约定奖金、津贴、补贴等项目不属于正常工作时间工资的,从其约定。上海市也允许约定工资标准作为计算基数,而且对于没有约定的,按正常出勤的月工资 70% 作为基数。2016 年上海市人力与社会保障局在保留允许约定和未约定按 70% 作为基数的基础上进一步规定:加班工资和假期工资的计算基数为劳动者所在岗位相对应的正常出勤月工资,不包括年终奖,上下班交通补贴、工作餐补贴、住房补贴,中夜班津贴、夏季高温津贴、加班工资等特殊情况下支付的工资。但广东、上海的做法一直也存在理解分歧和争议，立法部门很慎重，一直没有正式入法；最高人民法院也讨论过，至今没将此类规定写入司法解释。

《北京市工资支付规定》以及 2009 年北京纪要也允许约定加班工资计算基数，但有别于广东、上海的规则。《北京解答》重申了此前的规定：对于同时约定以最低工资标准或低于劳动合同约定的工资标准作为加班费计算基数的，明确以劳动合同约定的工资标准为准。也就是说，用人单位虽然可以约定加班工资计算基数，但必须高于最低工资标准，而且也不能低于劳动合同约定的工资标准。这一规定不如广东、上海的灵活，为了避免风险，用人单位最好将约定的加班工资计算基数与劳动合同约定的工资标准保持一致，所以用人单位的薪酬结构要有空间，要是劳动者的工资是个整体，没有进行结构化处理，或许只能通过约定包薪制来解决加班费问题了。

(2)劳动者正常提供劳动的情况下，双方实际发放的工资标准高于原约定工资标准的，可以视为双方变更了合同约定的工资标准，以实际发放的工资标准作为计算加班费计算基数。实际发放的工资标准低于合同约定的工资标准，能够认定为双方变更了合同约定的工资标准的，以实际发放的工资标准作为计算加班费的计算基数。

解读评析：工资虽然不一定年年涨，但整体趋势如此应该是可以肯定的。劳动合同签订时约定的工资标准也可能上涨，这一变化有时并没有通过书面形式固定下来，但这对劳动者有利，所以以实际发放的工资标准作为加班工资计算基数并无不可。不过要注意的是，工资标准上调过程中员工没有书面确认可以事后追认，下降时没有书面变更难度就很大了，毕竟沉默不代表合意，此时引用最高人民法院《司法解释(四)》第 11 条的机会恐怕很渺茫。

要避免相应的风险，用人单位同样要面对薪酬结构问题。最好是工资标准相对固定，浮动部分相关系数上调就可以实现调薪效果，同时又避免加班成本上升。

(3)劳动合同没有明确约定工资数额，或者合同约定不明确时，应当以实际发放的工资作为计算基数。用人单位按月直接支付给职工的工资、奖金、津贴、补贴等都属于实际发放的工资，具体包括国家统计局《〈关于工资总额组成的规定〉若干具体范围的解释》中规定“工资总额”的几个组成部分。加班费计算基数应包括“基本工资”“岗位津贴”等所有工资项目。不能以“基本工资”“岗位工资”或“职务工资”单独一项作为计算基数。在以实际发放的工资作为加班费计算基数时,加班费(前月)、伙食补助等应当扣除,不能列入计算基数范围。国家相关部门对工资组成规定有调整的,按调整的规定执行。

解读评析:《劳动法》规定加班时用人单位应当“支付不低于工资的”一定比例,但没规定工资的范围。《关于〈劳动法〉若干条文的说明》进一步解释称:本条的“工资”,实行计时工资的用人单位,指的是用人单位规定的其本人的基本工资。基本工资从前述规定来看就是标准工资,包括基础工资、职务工资和工龄津贴。现在工资放开了,用人单位工资花样百出,名目繁多,如果按这一标准执行,恐怕漏洞不少,所以有必要进一步规范。

《北京解答》这一规定明确了“按月直接支付给职工的工资、奖金、津贴、补贴等都属于实际发放的工资”,不仅包括“基本工资”“岗位工资”或“职务工资”,还包括其他“所有工资项目”,只是排除了前月加班费和伙食补助等,所以在北京如果没有通过劳动合同约定清楚工资标准作为加班工资计算基数后果很严重。

北京的规定很微妙:一方面允许约定工资标准作为加班工资的计算基数,另一方面却将所有按月直接支付的各类工资都归为工资标准范畴。如果不是事先设计好薪酬结构中的固浮比,很难再简单地利用结构化的方式降低加班工资成本。深圳当年也注意到1990年《国家统计局〈关于工资总额组成的规定〉若干具体范围的解释》中“标准工资”的问题,所以在2004年起草《深圳市员工工资支付条例》时和北京一样扩大了其范围,结果不仅大幅提高了用人单位成本,加班工资案件也因此暴涨。2008年广东省高院和劳动仲裁委允许约定加班工资计算基数时,深圳相关部门将原来法条中的“标准工资”概念换成了“正常工作时间工资”一词,然后在实务中悄悄跟进了省里的规定,只要约定的加班工资计算基数不低于最低工资标准即可,还是回到了立法前的状态。

《北京解答》规定“伙食补助等应当扣除”很有意思,言下之意不属于工资的收入当然不能作为加班工资的计算基数,但对于工资范围如何界定又没把握,所以加上了一句:“国家相关部门对工资组成规定有调整的,按调整的规定执行”。1990年《国家统计局〈关于工资总额组成的规定〉若干具体范围的解释》确实把“出差伙食补助费、误餐补助、调动工作的旅费和安家费”排除在工资总额之外,也规定“劳动保护的各项支出”和“工会文教费、集体福利费、探亲路费、冬季取暖补贴、上下班交通补贴以及洗理费等”也不属于工资总额,但是2009年财政部《关于企业加强职工福利费财务管理的通知》中规定:“企业为职工提供的交通、住房、通讯待遇,已经实行货币化改革的,按月按标准发放或支付的住房补贴、交通补贴或者车改补贴、通讯补贴,应当纳入职工工资总额,不再纳入职工福利费管理”,所以交通补贴是没办法再理解为福利了。而国家安全生产监督管理总局2012年在《防暑降温措施管理办法》时将高温津贴也纳入了工资总额:“用人单位安排劳动者在35℃以上高温天气从事室外露天作业以及不能采取有效措施将工作场所温度降低到33℃以下的,应当向劳动者发放高温津贴,并纳入工资总额”。所以实践中北京相关部门如何操作还有待观察。

(4)劳动者的当月奖金具有“劳动者正常工作时间工资报酬”性质的,属于工资组成部分。劳动者的当月工资与当月奖金发放日期不一致的,应将这两部分合计作为加班费计算基数。用人单位不按月、按季发放的奖金,根据实际情况判断可以不作为加班费计算基数。

解读评析:广东规定得非常简单,只要是奖金、津贴或补贴,都可以通过约定的办法排除在加班工资计算基数之外,上海只是将年终奖排除在外,对于季度奖和按月发放的奖金、绩效工资等没表态,应该没达成共识,持保留态度。北京更有意思,只要是按月相对固定发放的奖金,都要作为加班工资计算基数,甚至按季度发放的,都还有风险,只是“可以不作为加班费计算基数”。北京的用人单位仅靠简单地调整薪酬结构,放大固浮比也不一定能过关,浮动部分的待遇一定要真的浮动,而且最好还是要放到年终奖里来,按季度发也不保险。看来北京未来一段时间此类案件也会相应增加。

23.劳动者先后曾在几家用人单位工作,其中的一家用人单位没有为其缴纳过养老保险,但是劳动者在其他单位的累计缴费年限已经符合办理退休的条件。劳动者达到法定退休年龄时被告知无法补缴养老保险,劳动者起诉要求赔偿养老金差额能否支持?

由于劳动者符合办理退休的条件,只是因其中的一家或几家用人单位未为其缴纳养老保险影响了其养老金水平，不属于无法享受养老保险待遇的情形，不符合《民事诉讼法》第一百一十九条第四项的规定，应裁定驳回劳动者的起诉。

解读评析：问题起源于《最高人民法院关于审理劳动争议案件适用法律若干问题的解释（三）》（以下简称《解释》），该解释规定：劳动者以用人单位未为其办理社会保险手续，且社会保险经办机构不能补办导致其无法享受社会保险待遇为由，要求用人单位赔偿损失而发生争议的，人民法院应予受理。这一规定被视为对用人单位不缴社会保险最严厉的惩罚，但实践中却无法操作或被以种种理由否定。

首先是江苏，以是否连续工作 15 年区分了不同的处理办法："劳动者超过法定退休年龄请求用人单位赔偿养老保险待遇损失，且经社会保险经办机构审核确实不能补缴或者继续缴纳养老保险费的，自该用人单位依法应当为劳动者办理社会保险之日起，如果劳动者在用人单位连续工作未满十五年，用人单位应按照每满一年发给相当于一个月当地上一年度职工月平均工资标准一次性支付劳动者养老保险待遇赔偿。如果劳动者在用人单位连续工作满十五年，用人单位应按统筹地区社会保险经办机构核定的，以当地最低社会保险缴费基数为缴费基准，并按其应当缴费年限确定养老金数额，按月支付劳动者养老保险待遇，并随当地企业退休人员养老金水平调整而调整。"也就是说，只要在同一用人单位连续工作不满 15 年，可以按年限以"职工平均工资"作为基数赔偿，类似于经济补偿；超过 15 年，也只以最低社会保险缴纳基数为缴纳基准按月支付劳动者养老保险待遇。

其次是广东，明确把缴费年限和基数不足的情形排除在外：劳动者以基本养老保险费的缴纳年限、缴纳数额不足为由，请求用人单位赔偿基本养老保险待遇损失的，不作为劳动争议处理。同时，要求主张赔偿者必须符合以下条件：（1）用人单位未为劳动者参加基本养老保险；（2）社会保险经办机构明确答复不能补办；（3）劳动者达到法定退休年龄。

《北京解答》则是从另外一个角度来排斥最高人民法院《解释》的适用范围：只要劳动者正式退休了，就算此前有过一些用人单位没有为其缴纳养老保险，也无法补办，统统驳回起诉。驳回起诉就是法院不受理的意思，那该怎么办？估计和广东一样：劳动人事仲裁机构或人民法院应告知劳动者向相关社会保险经办机构寻求解决。“皮球”又被踢回人力与社会资源保障局了，近年人力与社会资源保障局行政诉讼案件增加与此不无关系。

24. 劳动者以用人单位未依法为其缴纳社会保险为由提出解除劳动合同，要求用人单位支付经济补偿的，如何处理？

劳动者提出解除劳动合同前一年内，存在因用人单位过错未为劳动者建立社保账户或虽建立了社保账户但缴纳险种不全情形的，劳动者依据《劳动合同法》第三十八条的规定以用人单位未依法为其缴纳社会保险为由提出解除劳动合同并主张经济补偿的，一般应予支持。

用人单位已为劳动者建立社保账户且险种齐全，但存在缴纳年限不足、缴费基数低等问题的，劳动者的社保权益可通过用人单位补缴或社保管理部门强制征缴的方式实现，在此情形下，劳动者以此为由主张解除劳动合同经济补偿的，一般不予支持。

解读评析：《劳动合同法》第38条规定：用人单位有下列情形之一的，劳动者可以解除劳动合同：（三）未依法为劳动者缴纳社会保险费的。这一规定赋予了劳动者单方解除权，而且可以借此主张解除劳动合同的经济补偿，有助于推动用人单位依法缴纳社会保险。该规定没有设定任何限制条件，也就是说，只要没有按时足额缴齐各类社会保险，劳动者随时可以行使解除权。但是，社会保险欠缴、少缴现象太普遍了，地方各级部门和法院不得不“打松张”，出台了各类措施来“平衡”社会利益。《北京解答》这一条也应运而生。

《北京解答》首先强调了时间，只能是一年内的才可以主张权利，等于是设立了时效期间。其次，强调是单位有过错导致没建立基本账户或缴纳险种不足的，才可以行使解除权并主张经济补偿，如果不是单位有过错的，就不能算。例如不少省市原用人单位社会保险欠缴，新用人单位就不能帮劳动者继续缴纳社会保险，这一陋规是没有任何依据的，却严重影响甚至损害了新用人单位和劳动者的利益。

更有甚者，深圳还通过特区立法来对《劳动合同法》的上述规定“完善程序”。《深圳经济特区和谐劳动关系促进条例》一方面强调，用人单位与劳动者都应该依法参加社会保险；另一方面规定：“用人单位未依法为劳动者缴纳社会保险费的，劳动者应当依法要求用人单位缴纳；用人单位未在一个月内按规定缴纳的，劳动者可以解除劳动合同，用人单位应当依法支付经济补偿”。客观上评价，这一规定比《北京解答》更委婉，也更具合理性。

25. 劳动者要求用人单位不缴纳社会保险，后又以用人单位未缴纳社会保险为由提出解除劳动合同并主张经济补偿的，应否支持？

依法缴纳社会保险是《劳动法》规定的用人单位与劳动者的法定义务，即便是因劳动者要求用人单位不为其缴纳社会保险，劳动者按照《劳动合同法》第三十八条的规定主张经济补偿的，仍应予支持。

解读评析：社会保险难以流转，使很多劳动者不愿意在异地用人单位缴纳社会保险；一些农村劳动者也因为对国家政策不了解，而且流动性大，所以也不愿意缴纳社会保险；还有一些用人单位本身就不想缴纳社会保险，所以市面上就流行开了劳动者主动“申请”不缴纳社会保险的现象。但是，这些行为都是违法行为，所以《北京解答》给了否定答案，而且确认劳动者可以反悔并可以籍此解除劳动合同甚至主张经济补偿，因为双方的行为都是损害国家利益的行为，尤其是用人单位，本身就有代扣代缴的义务。有如纳税一样，双方总不能协商一下就可以不纳税了吧?!

劳动者“申请”虽然管理上具有一定的价值，但用人单位一定要明白相应的法律风险。除此之外，特别需要提醒的是，就算是第一种情形下用人单位委托所谓的第三方中介机构“代为缴纳”了各项社会保险，即使是员工主动申请，用人单位一样属于没有依法缴纳，因为第三方所谓中介机构“代为缴纳”的行为其实是以中介机构名义缴纳的，而劳动者与该中介机构之间并不存在任何形式的劳动关系。一旦出现工伤之类需要社保承担费用的情形，往往需要补签各类形式上的《派遣协议》《劳动合同》等文件，说轻了是违法，说重了就是骗保。

2017 - 06 - 19

五、《广东省高级人民法院关于审理劳动争议案件疑难问题的解答》要点点评

为了统一劳动争议案件的审理标准，广东省高级人民法院 2017 年 8 月 1 日发布了《关于审理劳动争议案件疑难问题的解答》（以下简称《解答》），对劳动争议一些疑难问题给出了自己的答案。这些“答案”虽然不具有法律强制执行力，但根据中国的司法实践，这些类似指引的意见却成为当地的“金科玉律”，所以广东省各地市的用人单位非常有必要重视并学习这些规则，以降低用工法律风险。不过耐人寻味的是，广东省高级人民法院今年是单独下文，也就是说，这些无从知晓是否与广东省劳动人事争议仲裁委员会达成共识，所以在仲裁阶段可能会有变数，大家也得注意这一细节。为方便大家理解这些“答案”，笔者对《解答》要点简要点评如下。

2. 快递、送水等从业人员与其用工单位之间的关系如何认定

快递等相关行业中，用工单位可与快递人员等建立多种形式的用工关系，快递等人员与其用工单位之间的关系，应按双方的约定认定。但如果用工单位依法制定的各项劳动规章制度适用于该劳动者，该劳动者亦受用工单位的劳动管理，从事用工单位安排的有报酬的劳动，且该劳动者提供的劳动是用工单位业务的组成部分，应认定双方存在劳动关系。

[点评]

现在物流非常发达，不仅改变着人们的生活方式，也给劳动法带来了新的冲击。大量从事快递工作的人员与快递公司到底是什么关系？从传统的劳动关系要素来分析，很难脱离劳动关系结论，但广东省高级人民法院似乎想适当松绑：只要双方有约定，而且能够切割劳动关系传统要素的，可以不建立劳动

关系。那是什么关系？这点没关系，只要不是劳动关系就行了，就能给这一行业带来巨大的利益，满足其流动性快的特点，实现其节约社保住房公积金费用，不受最低工资约束，随时可以终结双方关系而无须支付补偿等用工环境。

在这个过程中，用人单位不仅需要通过合同在形式上约定双方的关系不是劳动关系，而且还要在管理中真正做到允许这些人员兼职、不适用员工的考勤管理等规定，淡化“人身依附”的属性。

“用工单位”又希望具有一定的稳定性怎么办？除了提供具有竞争力的分配机制外，笔者建议此类“用工单位”可以考虑双轨运行：一方面利用《解答》来实现非劳动关系的管理模式，另一方面对达到设定门槛的人员转到劳动关系来，以满足和平衡各方利益需求。当然了，如果确实不想建立劳动关系也不是不可以，只要能够切割到位，应该也有机会。不过需要提醒的是，上述这些切割，原则上只应当适用于外勤人员，后台工作人员恐怕难以归为非劳动关系，就算形式上做到了，实质上还是具有强烈的“人身依附性”，还是要承担责任的。

3. 出租车公司与出租车司机的用工关系如何认定

国务院办公厅《关于进一步规范出租汽车行业管理有关问题的通知》及广东省人民政府《广东省出租汽车管理办法》均规定出租汽车企业须依法与驾驶员签订劳动合同和参加社会保险，因此，以承包、租赁等方式经营的出租车司机主张与出租车公司存在劳动关系的，予以支持。但出租车司机自行招用的代班司机系出租车司机自行招用，不受出租车公司管理和支配，不宜认定代班司机与出租车公司存在劳动关系。

［**点评**］

简单地说，出租车司机自行招的副班司机，只要不由出租车公司管理，不由出租车公司发工资，就不是劳动关系。两司机是什么关系与出租车公司没有关系。出租车行业确实比较特殊，如此规定也有一定道理，剩下的就是出租车公司如何做好切割了。可能要从最初的“承包”开始防范，不能让副班司机出现在任何文件或协议里，最多只要求主班司机报备即可，至于社保住房公积金，更是不用缴，也不能交。由此类推，只要行业相对特殊，有一定的合理理由的，部分人员都可以通过类似手法来回避劳动关系。

主班司机不仅《解答》中提到的国家规定和广东省的规定强制要求建立劳动关系，深圳现在的规定也是如此，只允许“内部承包”，不允许约定“外部承包”。20 年前深圳确实允许约定“外部承包”，所以当时的出租车公司有些没有签劳动合同，也没有为该司机缴纳社保，笔者遇到过一个出租车司机“工伤”案件，据此认定双方为非劳动关系，司机不能按工伤对待，只能通过人身损害赔偿寻找法律保护。后来当局为了强化管理，索性修订了相关条例，强制要求建立劳动关系，缴纳社会保险，并一直沿袭至今。

现在有了各种各样的网络用车平台公司，司机与平台公司是什么关系？这一次广东省高级人民法院没给答案。上年笔者接触的一个深圳案例却在仲裁阶段被认定为劳动关系。

5. 因劳动者过错造成用人单位损失，用人单位能否在劳动合同解除后要求劳动者承担赔偿责任

劳动者在劳动关系存续期间因故意或重大过失造成用人单位直接经济损失，用人单位在双方劳动合同解除后要求劳动者一次性赔偿的，予以支持。劳动者应承担赔偿数额根据劳动者的过错程度等具体情况酌情确定，且不得把属于用人单位应承担的经营风险扩大由劳动者承担。

[点评]

劳动者因为过错而赔偿用人单位损失并非创新，原劳动部《工资支付暂行规定》就已有之：“因劳动者本人原因给用人单位造成经济损失的，用人单位可按照劳动合同的约定要求其赔偿经济损失。经济损失的赔偿，可从劳动者本人的工资中扣除。”但这次广东省高级人民法院强调的是“解除劳动合同后”仍然可以要求劳动者赔偿，这一规则不仅有助于用人单位通过法律武器维护权利，也有助于加强对劳动者的管理，增强劳动者责任意识和职业操守。不过《解答》同时也要求赔偿数额与过错程度对应，也不能把用人单位自身应承担的经营风险转嫁给劳动者。

此外需要提示的是：原劳动部《工资支付暂行规定》还规定“每月扣除的部分不得超过劳动者当月工资的 20%。若扣除后的剩余工资部分低于当地月最低工资标准，则按最低工资标准支付。”而《广东省工资支付条例》更是要求“应当提前书面告知扣除原因及数额；未书面告知的不得扣除”。所以在操作中这些细节也要注意,否则都会成为风险点。

6. 劳务派遣中,劳动者请求用人单位和用工单位连带支付加班费的,应否支持

根据《中华人民共和国劳动合同法》第六十二条的规定,加班费、绩效奖金应由用工单位负责支付。但实践中并不容易将劳动者的正常上班时间、工资与劳动者的加班时间、加班费进行明确区分,为维护劳动者的合法权益,在劳务派遣争议纠纷案件中,涉及追索劳动报酬的,如不能明确区分基本工资与加班费,劳动者请求由用工单位与劳务派遣单位连带支付劳动报酬的,予以支持。

[**点评**]

简单地说,就是劳动者找派遣单位要劳动报酬时,可以同时让用工单位承担连带责任,理由就是分不清哪些是基本工资,哪些是加班费。

派遣单位与用工单位的连带责任问题,立法一直有反复,最初规定的是派遣单位的责任由用工单位承担连带责任;后来觉得欠妥,改成了相互承担连带责任;再后来又觉得不对,又改成了现在的派遣单位对用工单位承担连带责任。按这一规定,发放工资是派遣单位的义务,如果派遣单位拖欠工资,岂不用工单位无须连带?而实践中这些钱肯定都是用工单位承担的,所以为了把用工单位“拖下水”,有了《解答》这一规定。

笔者认为,如果用工单位不履行派遣协议及时支付各类费用,应当承担补充清偿责任,而不是连带责任,毕竟法无明文规定不得连带。需要注意的是,《劳动合同法》第62条除了规定加班费、绩效奖金应由用工单位负责支付外,还规定“连续用工的,实行正常的工资调整机制。”这完全与第58条所规定的“劳务派遣单位是本法所称用人单位,应当履行用人单位对劳动者的义务”相矛盾。其中微妙之处就在于通过这些立法,允许用工单位直接发放劳动者报酬,这样就把“用人单位”的义务堂而皇之地转移给了“用工单位”,避免了派遣单位的营业税等问题,为使用劳务派遣降低了成本,创造了市场。

7. 用人单位以劳动者违反计划生育规定为由解除劳动合同,劳动者能否要求用人单位支付违法解除劳动合同的赔偿金

用人单位以劳动者违反计划生育规定为由解除与劳动者劳动合同的,劳动者要求用人单位支付违法解除劳动合同的赔偿金，予以支持。但劳动合同、集体合同、用人单位规章制度另有约定的除外。

［**点评**］

这一条抄的是深圳的纪要。但这一抄的意义非常重大，甚至可以说是再次给违反计划生育如何处理一事定了调。

深圳的纪要有两个，一是2010年深圳法院系统和劳动人事仲裁委一起开会研究后的纪要："劳动者违反计划生育政策生育，用人单位以此为由解除劳动合同的，应予支持。" 2012年，国务院废止原来的《女职工劳动保护规定》并重新发布《女职工劳动保护特别规定》，取消了原来符合计划生育政策才得以享受相关待遇的规定。深圳市人社部门自己单干出台了一个纪要："女职工违法计划生育仍然适用《女职工劳动保护特别规定》的有关条款，用人单位不得以女职工违法计划生育为由解除劳动合同。劳动合同、集体合同、规章制度另有约定的除外。"后一纪要，纪要表述了不得解除劳动合同。不过，还是留了一点余地，即允许双方通过劳动合同、集体合同、规章制度另有约定。这一约定其实在法理上是有问题的，如果确认无权解除，何来约定获得解除权？这也折射出了相关部门矛盾的心态。

违反计划生育能否解除劳动合同争论已久，莫衷一是。《女职工劳动保护特别规定》颁布后风向在转，二胎政策出台更是倾向明显，甚至还有若干法学家要求对规定允许解除劳动合同的地方性法规相关条款进行合法性审查。但是，《宪法》没改，计划生育还是宪法性义务。《人口与计划生育法》虽然做了相应调整，但不符合法定例外条件生育三胎还是属于违法。此类员工如何能够享受待遇呢？哪个地方政府又给此类员工发放过生育津贴呢？反过来思考，允许用人单位解除劳动合同却又似乎名正言顺，所以《解答》尽管是抄深圳的，但至少广东省暂时统一了操作，有助于平息此类纠纷。

9．因企业搬迁引起的劳动合同履行问题如何处理

企业因自身发展规划进行的搬迁，属于劳动合同订立时所依据的客观情况发生重大变化，用人单位应与劳动者协商变更劳动合同内容。未能就变更劳动合同内容达成协议的，劳动者要求解除劳动合同以及用人单位支付解除劳动合同的经济补偿金的，予以支持。但如企业搬迁未对劳动者造成明显的影响，且用人单位采取了合理的弥补措施（如提供班车、交通补贴等），劳动者解除劳动合同理由不充分的，用人单位无须支付解除劳动合同的经济补偿金。

［**点评**］

深圳纪要规定："用人单位在深圳市行政区域内搬迁，劳动者要求用人单位支付经济补偿的，不予支持"，"用人单位由深圳市行政区域内向深圳市行政区域外搬迁，劳动者要求支付经济补偿的，应予支持"，也就是说，搬迁是以是否搬出深圳作为是否补偿标准的。《解答》这一规定等于是否定了深圳原有规则，不仅要求用人单位与劳动者协商，而且协商未果的，劳动者获得了主动解除权和获得补偿的权利。《解答》的规定对于深圳搬迁的用人单位来讲不仅要面对成本问题，甚至可能因此流失大量技术人员。

《解答》试图变堵为疏，似乎想通过这一规定来解决搬迁屡屡引发的纠纷，但效果堪忧。搬迁过程中一些老员工往往试图利用各种理由要求"买断工龄"，兑现经济补偿乃至赔偿，甚至不惜发动罢工来实现目的，造成了无数社会不和谐现象。《解答》这一规定尽管在法理上有探讨的余地，但现实中有如火上浇油，给这些员工提供了法律武器，用人单位完全没办法招架。

虽然《解答》也做了平衡，规定只要对劳动者没有造成明显影响，且用人单位采取了提供班车、交通补贴等合理弥补措施的，无须支付经济补偿。但这一规定只是"但书"条款，对于用人单位来讲，很难用来救济，风险依旧。

10. 职工因病或者非因工死亡，其遗属能否主张一次性救济金（或供养直系亲属生活补助费）

职工因病或者非因工死亡，其遗属依据《广东省企业职工假期待遇死亡抚恤待遇暂行规定》主张丧葬补助费、供养直系亲属一次性救济金（或供养直系亲属生活补助费）、一次性抚恤金的，予以支持。

［**点评**］

《广东省企业职工假期待遇死亡抚恤待遇暂行规定》是广东省劳动厅1997年颁发的（粤劳薪〔1997〕115号文），并非具有强制执行力的法律规范，是否适用一直以来存在争议。有人认为，有法依法，无法依政策，所以应当适用；也有人认为，现在养老保险制度基本健全，相关待遇也有明确规定，不应该再适用。《解答》此次肯定了该《规定》的效力，深圳的用人单位得做好支付一次性救济金的准备了。《深圳经济特区社会养老保险条例》及其《实施细则》只规定了社保机构负责丧葬补助金和抚恤金，并没有规定救济金。深圳市中级人民法院《关于审理工伤保险待遇案件的裁判指引》第20条明确规定：劳动者退休前非因工死亡或退休后死亡的，相关待遇按照《深圳经济特区养老保险条例》第40条的规定支付，也就只需要支付丧葬补助金和抚恤金。现在看来这一规则能否再适用不好说，不仅因为《解答》的出台，而且《广东省企业职工假期待遇死亡抚恤待遇暂行规定》同时还规定，在职职工因病或非因工负伤死亡，除有规定纳入社会保险支付的地方外，由企业按上述标准发给死亡抚恤待遇。

12. 工伤保险条例中的上年度如何认定？

计算职工工伤保险待遇时，如需要参照“统筹地区上年度职工平均工资”“统筹地区上年度职工月平均工资”计算，按工伤职工发生事故时已公布的上年度职工平均工资认定。

［点评］

这一规定是为了解决实务中上半年发生的工伤事件相关待遇如何计算的问题，《解答》的意见是按工伤事故发生时已公布的上年度职工平均工资作为标准。如2017年5月发生工伤，而2016年的数据还没公布，所以实际操作中基本上以2015年的数据作为标准处理。这本来只是一个技术问题，但现在却引发了法律上的麻烦。人力资源社会保障部《关于执行〈工伤保险条例〉若干问题的意见》（人社部发〔2013〕34号）第14条规定：核定工伤职工工伤保险待遇时，若上一年度相关数据尚未公布，可暂按前一年度的全国城镇居民人均可支配收入、统筹地区职工月平均工资核定和计发，待相关数据公布后再重新核定，社会保险经办机构或者用人单位予以补发差额部分。如此一来，大家都麻烦，实际上有多少人执行了这一规定也不得而知。经济补偿也涉及这类问题，难道上半年走的人下半年都要再重新算一遍？人力社会保障部的规定不能说错，毕竟国家到地方的各类法规基本上都是这样表述的。《解答》强调“已公布”的概念，有意绕开麻烦，也是为了满足实际需求。

13. 达到法定退休年龄人员受聘到用工单位工作期间因工作原因受到事故伤害的处理原则

达到法定退休年龄的人员受聘到用工单位工作期间，因工作原因受到事故伤害或患职业病,经劳动行政部门认定为工伤的,可参照《工伤保险条例》处理;未被认定为工伤的,人民法院应告知其按照人身损害赔偿相关规定进行处理,如其坚持主张工伤保险待遇的,判决驳回其诉讼请求。

［**点评**］

《解答》的原则是不属于工伤,不享受工伤待遇,除非劳动部门认定为工伤。

《广东省工伤保险条例》第65条规定:劳动者达到法定退休年龄或者已经依法享受基本养老保险待遇的,不适用本条例。前款规定的劳动者受聘到用人单位工作期间,因工作原因受到人身伤害的,可以要求用人单位参照本条例规定的工伤保险待遇支付有关费用。双方对损害赔偿存在争议的,可以依法通过民事诉讼方式解决。但是,人力资源社会保障部《关于执行〈工伤保险条例〉若干问题的意见(二)》(人社部发〔2016〕29号)却针对不同情况分别做了规定:达到或超过法定退休年龄,但未办理退休手续或者未依法享受城镇职工基本养老保险待遇,继续在原用人单位工作期间受到事故伤害或患职业病的,用人单位依法承担工伤保险责任。用人单位招用已经达到或超过法定退休年龄或已经领取城镇职工基本养老保险待遇的人员,在用工期间因工作原因受到事故伤害或患职业病的,如招用单位已按项目参保等方式为其缴纳工伤保险费的,应适用《工伤保险条例》。在广东按《解答》确定的原则处理为宜。

2017年7月发布的《江苏省劳动人事争议疑难问题研讨会纪要》(苏劳人仲委〔2017〕1号)也有类似规定,可供参考,兹摘录如下:

(十二)仲裁机构是否受理达到或超过法定退休年龄工伤职工的工伤待遇争议?如何处理?

工伤待遇是基于劳动者与用人单位存在工伤保险关系而产生的,达到或超过法定退休年龄的劳动者经人社部门认定工伤后,要求依照《工伤保险条例》等规定享受工伤待遇,由此与用人单位发生争议的,仲裁机构应当受理。对于劳动者基于工伤保险关系而主张的一次性伤残补助金、医疗费、交通费、住院伙食补助费、护理费、停工留薪期工资等请求,应予支持。但达到或超过法定退休年龄的劳动者,依据《江苏省实施〈工伤保险条例〉办法》第二十八条第一款规定,不能享受一次性伤残就业补助金和一次性工伤医疗补助金。对于请求签订无固定期限劳动合同、支付二倍工资、经济补偿、赔偿金及其他社会保险待遇不予支持。

14. 因生产安全事故发生工伤或患职业病的劳动者或其近亲属在劳动争议案件中能否一并主张精神损害赔偿

为减少当事人讼累，因生产安全事故发生工伤或患职业病的劳动者或其近亲属在劳动争议纠纷案件中一并主张精神损害赔偿的，人民法院可一并处理，并根据工伤职工的工伤或职业病情况酌情确定精神损害赔偿数额。

［**点评**］

现在劳动争议多，员工法律意识增强是个原因，法律程序及法律适用复杂也同样功不可没。生产安全事故所致工伤以及职业病均有机会另外求偿人身损害待遇，因此也就涉及精神损害赔偿问题。法院一并处理当然最好了，免得双方当事人来回打官司。不过《解答》只能管法院，劳动人事仲裁委恐怕是不会受理精神损害赔偿纠纷的，自然也就不会有“一并处理”的可能性了。

15. 因生产安全事故受到伤害的从业人员及职业病患者主张工伤保险待遇后，又请求人身损害赔偿的，如何处理

劳动者因安全生产事故或患职业病获得工伤保险待遇后，以人身损害赔偿为由请求用人单位承担赔偿责任的，如人身损害赔偿项目与劳动者已获得的工伤保险待遇项目本质上相同，应当在人身损害赔偿项目中扣除相应项目的工伤保险待遇数额，若相应项目的工伤保险待遇数额高于人身损害赔偿项目数额，则不再支持劳动者相应人身损害赔偿项目请求。

工伤保险待遇与人身损害赔偿本质上相同的项目见表1：

表1

工伤保险待遇项目	人身损害赔偿项目
住院治疗的伙食补助费	住院伙食补助费
停工留薪期工资	误工费
一次性伤残补助金、伤残津贴	残疾赔偿金
丧葬补助金	丧葬费
供养亲属抚恤金	被扶养人生活费
一次性工亡补助金	死亡赔偿金
安装假肢等辅助器具费	残疾辅助器具费

[点评]

《安全生产法》第48条规定：因生产安全事故受到损害的从业人员，除依法享有工伤社会保险外，依照有关民事法律尚有获得赔偿的权利的，有权向本单位提出赔偿要求。与此同时，《职业病防治法》第52条也规定：职业病病人除依法享有工伤社会保险外，依照有关民事法律，尚有获得赔偿的权利的，有权向用人单位提出赔偿要求。所以生产安全事故所致工伤以及职业病员工除了工伤保险待遇外，是否能够同时享受人身损害待遇一直以来存在争议，各地理解不一，司法实务操作不一，因此给双方当事人造成了沉重的诉讼负担。《解答》希望解决这个问题，一方面确认劳动者可以以人身损害赔偿为由请求用人单位承担赔偿责任，另一方面也在做利益平衡，允许扣抵相关待遇。尽管《解答》的规定未必尽善尽美，也存在理解分歧，但统一规则至少有助于平息纠纷，也有助于双方当事人自行妥善解决矛盾。

2017－09－05

六、《深圳市中级人民法院关于审理劳动争议案件的裁判指引》新点点评

2015年9月,深圳市中级人民法院审判委员会通过了《关于审理劳动争议案件的裁判指引》(以下简称《指引》),并于2016年年初正式对外发布。《指引》是对过往所有深圳法院系统劳动争议审理纪要的汇总,同时也增加了一些新内容,笔者结合个人经验和理解,对《指引》的新点进行点评,以期抛砖引玉。

二十五、当事人因工资支付发生争议的,举证责任如下分配:……(7)劳动者主张用人单位拖欠劳动报酬的,用人单位应对劳动者申请劳动仲裁之日前两年内的工资支付情况承担举证责任,但劳动者有证据证明其在申请劳动仲裁前已向用人单位主张过权利的,用人单位应对劳动者首次主张权利之日前两年内的工资支付情况承担举证责任。

[**点评**]

很多用人单位一直误以为劳动报酬纠纷时效只有两年,其实在职员工追讨劳动报酬并没有时效限制,即使是离职后也不是简单地只有两年,这还涉及时效中断和中止等复杂的法律因素。此次指引明确了申请仲裁之前主张过权利的,两年要从主张权利之日起倒数。此外,两年的规则其实也只是法院平衡的结果,理由是劳动部的规章只规定用人单位应当保管劳动者两年的资料,因此用人单位的举证责任只限于两年,但要是劳动者有证据证明两年之前用人单位存在欠薪行为,原则上也还是会判给的。

二十六、当事人因劳动合同的订立与解除发生争议的,举证责任如下分配:……(4)用人单位主张劳动者严重违反劳动纪律或企业规章制度的,应就劳动者存在严重违反劳动纪律或企业规章制度的事实以及企业规章制度经过

民主程序制定并已向劳动者公示的事实举证。

[**点评**]

这一规定明确了相关举证责任,以前虽然有类似规定,但不是从举证责任角度来规定的。

上述规定也有两个要点,第一个要点是违反劳动纪律和违反企业规章制度有什么区别?《劳动合同法》规定“严重违反用人单位的规章制度的”用人单位可以解除劳动合同,而《劳动法》则规定“严重违反劳动纪律或者用人单位规章制度的”用人单位可以解除劳动合同。这是怎么回事?区别何在?结合《劳动合同法》关于规章制度民主程序的规定来看,当年立法就是为了让用人单位履行民主程序,以保障劳动者。由于《劳动合同法》是对《劳动法》相关规定的修改,以至于实践中一度不敢以“严重违反劳动纪律”作为处理劳动者的理由。但是,实践中并不是所有的用人单位的规章制度都是完备的,规章制度也无法列全所有的违纪行为,所以深圳法院系统确认用人单位仍然可以依据该理由,这就回到了《劳动法》时代。因此产生了另外一个问题:同样是旷工行为,用人单位如果没有在规章制度里进行明确规定,是否可以以其“严重违反劳动纪律”为由处理而无须审查规章制度的民主程序?这个问题并没有答案,但对规章制度不健全或没有履行民主程序的用人单位而言,这样的表述应该比“严重违反规章制度”机会更大些,所以实践中也出现了“严重违反劳动纪律和规章制度”的表述方式。

第二个要点是民主程序问题。此前的各类纪要都规定,2008 年之后的规章制度如果没有履行民主程序,就不能够作为用人单位处理员工的依据,如果用人单位在这方面有问题,也就不得不把“劳动纪律”拉进来。而民主程序既包括“讨论程序”和“协商程序”,也包括“公示程序”。讨论的主体是全体职工或职工代表大会,有一定规模的用人单位由全体职工一起讨论基本不现实,所以只能在职工代表大会上做文章。国有企业一般情况下会有职工代表大会,非国有企业没有规定必须建立职工代表大会,如何建立也没有强制要求,参考全国总工会的《企业民主管理规定》即可,还可以把“员工福利委员会”或“员工俱乐部”等改造成职工代表大会,以降低推选风险。员工代表要有合理的代表性,推选员工代表也要有正式的推选程序,最好能够让所在部门员工都签名确认。协商的主体是工会或职工代表,但不是所有的用人单位都会有工会,所以还得和职工代表协商,但提醒注意一下,这时只与部分职工代表协商就行了,无须召开职工代表大会。这些协商代表建议也由职工代表再行推选,以保障代表性。讨论和协商的结果并不重要,重要的是过程,因为用人单位对于规章制度最终还是有单方决定权的,所以这个过程一定要有证据能够证明,以保障规章制度可以作为管理的依据,否则无法打官司。此外,还要注意“公示程序”,劳动者经常在法庭上说不知道、没见过,用人单位得证明已经公示。尽管公示并非需要所有劳动者签名,但建议除了日常培训分布之外,重要的规章制度还是让每个劳动者签名确认为宜,否则也会影响劳动争议的结果。

三十二、一方当事人起诉后,另一方当事人在收到劳动争议仲裁裁决书十五日后提出起诉或反诉的,人民法院不予受理。(第二款)

三十五、劳动争议仲裁机构就申诉人的请求作出某一具体裁决项后,当事人未就该具体裁决项依法提起诉讼,视为其对该具体裁决项的认可。

三十八、人民法院审理劳动争议案件时,当事人未提出诉讼时效抗辩,人民法院不应对诉讼时效问题进行释明及主动适用诉讼时效的规定进行裁判。

[点评]

这三点规定需要合在一起来看,这样会理解得更深刻一些。第 32 条第 2 款的规定在提醒双方当事人,如果不服仲裁裁决的,要在法定时限内起诉,否则对方起诉后再起诉或反诉是不会受理的。这会让当事人浪费司法资源,劳动争议往往一裁两审都会走到头(一裁终局案除外)。为什么只要符合起诉条件都得去法院?因为第 35 条规定了如果不起诉的,“视为其对该具体裁决项的认可。”一般民事案件是两审终审制,确有错误的,二审法院还是可以改的。劳动争议就算错了都不会改。有时一方当事人出于息事宁人的目的不起诉,并不是真的认可仲裁裁决的结果和裁判理由。此外,时效问题在法理上如何理解还比较复杂,是否需要由仲裁员或法官行使“释明权”也有不同观点。但第 38 条的规定促使大家有理无理,无论是否过了时效,都得主张时效已过,否则很可能被判决败诉。这条规定源于广东省的纪要,深圳只是抄过来了而已,所以在广东区域内的劳动争议当事人都得注意这个细节。

五十三、外国人、港澳台人员在中国内地就业应办理相应用工手续,其产生的用工关系应按劳动关系处理。未依法办理《外国人就业证》《台港澳人员就业证》等用工手续的，应认定有关劳动合同为无效劳动合同，外国人、港澳台人员已经付出劳动的，由所在单位参照合同约定支付劳动报酬。

外国企业常驻代表机构、港澳台地区企业未通过涉外就业服务单位直接招用中国雇员的，应认定有关用工关系为雇佣关系。

［**点评**］

这条其实不是新规定，之前广东省高级人民法院和深圳市中级人民法院的纪要里都有。现在深圳涉外劳动纠纷越来越多，而且出现了一些新的问题，所以再次列出来分析。

这条规定有两个要点，第一个要点是要办就业证，如果没办，就算签了劳动合同，也归于无效。《劳动合同法》规定“违反法律、行政法规强制性规定的”，劳动合同无效，算是其中一种类型。不过还好，《指引》还是给了一个救济途径：参照合同约定支付劳动报酬，毕竟无论是劳动关系还是雇佣关系，都是持续性合约关系，不可能因为无效而相互返还。但微妙的是，劳动合同一般都会约定经济补偿的支付条款和计算办法，似乎法院不愿意支持。另一个要点是代表处不能直接招用中国员工，要通过涉外就业服务单位招用。这条规定显然是没道理的，原来1996年的《关于管理外国企业常驻代表机构的暂行规定》规定：“常驻代表机构租用房屋、聘请工作人员，应当委托当地外事服务单位或者中国政府指定的其他单位办理”，并没有否认代表处的用工权，只是应当“委托当地外事服务单位”办理而已，怎么就成了“雇佣关系”？2011年生效的《外国企业常驻代表机构登记管理条例》则规定“代表机构的驻在场所由外国企业自行选择”，聘请工作人员则连“委托”都没再要求了，为什么还这样规定呢？法院不认定用工关系为劳动关系，只认定为雇佣关系，此类人员不适用《劳动合同法》。这一规定真是令人啼笑皆非。

我国港澳台企业则比较特别，因为他们在大陆境内并没有直接注册实体，所以往往只能以境外机构的名义招用中国员工，这会形成境外劳动关系，需要遵守境外注册所在地的法律监管要求。转念一想，当地允许入境就业，中国公民在境内办妥出境手续就行了，这类招聘关境内“涉外就业服务单位”什么事？此外，这条规定没有规定外国企业这样做会被认定为雇佣关系，难道外国企业可以享受更优惠待遇？

六十五、自用工之日起一个月内，或者劳动合同期满后劳动者仍在用人单位工作的一个月内，发生下列情形之一，导致用人单位未能与劳动者订立书面劳动合同的，该情形存续期间不计算在用人单位应当订立书面劳动合同的一个月期限内：(1)不可抗力；(2)劳动者丧失意思能力或被依法限制人身自由，客观上无法订立劳动合同；(3)因确认劳动关系争议或解除劳动关系是否合法争议申请劳动仲裁或者诉讼尚未结案；(4)因其他客观原因足以影响双方签订书面劳动合同的。

自前款规定的情形消除之日起，用人单位应当订立书面劳动合同的一个月期限继续计算。

[**点评**]

《劳动合同法》第 82 条第 1 款规定的两倍工资法律责任只适用于“自用工之日起超过 1 个月不满 1 年未与劳动者订立书面劳动合同”情形，其立法本意在于惩罚用人单位在员工入职时怠于签订劳动合同的行为，但司法实践中却扩张至原劳动合同期满情形（本规定就是一例）。如此一来，出现了很多谋取两倍工资的“奇案”，法院不得不同时留一些空间，如规定原因完全在劳动者且用人单位无过错的不在此列（广东省 2008 年的规定），如此条规定“因其他客观原因”影响双方签订劳动合同的情形无须支付双倍工资（这属于深圳的新规定）。所以现在一方面是用人单位求着要与劳动者签劳动合同，录音、录像无所不用其极，以期证明自己主动和员工签订劳动合同且完全系员工过错致使合同续签未果；另一方面却是劳动者以各种理由和公司交涉，“论证”劳动合同的条款不完备或不合理，不断拖延时间，但这类纠纷不绝如缕，而且基本上都是用人单位败诉，令用人单位非常困扰。而最高人民法院 2001 年的《关于审理劳动争议案件适用法律若干问题的解释》规定原来有劳动合同而形成的事实劳动关系双方可以随时终止劳动关系，该规定也没有废止，各级人民法院完全可以通过这一司法解释寻找平衡各方利益的两倍工资裁判规则。非常遗憾，现有的规则制造出了无数案件。

六十七、用人单位拒绝与符合《劳动合同法》第十四条第二款规定的条件的劳动者签订无固定期限劳动合同，劳动者要求其支付二倍工资至补订无固

定期限劳动合同前一日的,应予支持。

[点评]

《劳动合同法》第82条第2款还规定“用人单位违反本法规定不与劳动者订立无固定期限劳动合同的,自应当订立无固定期限劳动合同之日起向劳动者每月支付二倍的工资”,但发到何时？没说清楚。深圳《指引》对此进行了规范,确认补订之前一日的所有期间都需要支付两倍工资。立法通过干预要求强制缔约,目的在于保护弱势的劳动者,但对于社会法中的民法属性并没有充分注意,尤其是在合同领域。一份劳动合同,除了期限之外,还有岗位、薪酬和福利,如果谈不妥又如何签？更加没有答案。用人单位与劳动者也不知所措,所以只好由各级法院各行其是。但是用人单位还需要面对二倍工资的压力,确实比较被动,所以现在用人单位对于该不该签无固定期限劳动合同、如何签订无固定期限劳动合同等问题忧心忡忡,尤其是第二次固定期限劳动合同能否终止更是头痛无比。此外,无固定期限劳动合同保管也成为一大难题,如果丢失了,而劳动者又不承认签过无固定期限劳动合同(说不记得就行了),用人单位麻烦就大了。

七十、《劳动合同法》第八十二条规定的二倍工资差额的计算基数应为包括加班工资在内的当月应得工资,但不包含支付周期超过一个月或未确定支付周期的劳动报酬。

[点评]

两倍工资计算基数确实此前没有规定清楚。现在一些案例显示,个别劳动者为了获得这些利益,不惜铤而走险以销毁、盗取等不当手法来制造机会,所以用人单位除了依法签订无固定期限劳动合同外,还得做好书面的劳动合同台账制度,多加一道保险。

七十二、用人单位在《劳动合同法》实施前制定的规章制度,虽未经过《劳动合同法》第四条第二款规定的民主程序,但内容未违反法律、行政法规及政策规定,并已向劳动者公示或告知的,可以作为用人单位用工管理的依据。

《劳动合同法》实施后,用人单位制定、修改直接涉及劳动者切身利益的规章制度或重大事项时,未经过《劳动合同法》第四条第二款规定的民主程序的,原则上不能作为用人单位用工管理的依据。但规章制度或重大事项的内容未

违反法律、行政法规及政策规定，不存在明显不合理的情形，并已向劳动者公示或告知的，劳动者没有异议的，可以作为用人单位用工管理的依据。

[点评]

这条不算新规定，但现在的案例出现了一些新动向。一是劳动者故意制造障碍，不签收，不参加宣导会议，虽然法律只是要求“公示或告知”，并没有要求逐一签名，但仲裁员和法官将此作为判决用人单位败诉的理由之一；二是一些用人单位出于方便管理的考虑，通过邮件来发送相关制度，打起官司来要做公证，而且证明力也往往不被认可；三是讨论和协商程序中的“代表”没有法定推选规则，不只劳动者主张不具有代表性，而且仲裁员和法官也常以此为难用人单位；四是规章制度涉及员工切身利益时，劳动者强调应当与其个人协商一致才可以变更，仲裁员和法官有时也直接以此为由否定用人单位的规章制度，这显然是没有法理依据的，但用人单位确实要小心应对。

七十四、劳动者提前三十日以书面形式通知用人单位，可以解除劳动合同，用人单位不得以特别约定排除或限制劳动者的解除权。但由于劳动者未提前三十日通知解除劳动合同而给用人单位造成损失的，劳动者应当承担赔偿责任。

[点评]

《劳动合同法》颁布之日，原劳动部同时印发了《〈中华人民共和国劳动合同法〉宣传提纲》，其中第11点明确指出《劳动合同法》“取消了劳动合同的约定终止，规定劳动合同只能因法定情形出现而终止。也就是说，劳动合同当事人不得约定劳动合同终止条件；即使约定了，该约定也无效。”对于约定解除，同样基于法定解除理论而被排斥，用人单位通过劳动合同或规章制度只能细化解除条件，明确具体标准，而且还需要履行民主程序。

反过来呢，劳动者有无因解除权，提前30日书面通知就可解除劳动合同，无须理由。虽说用人单位不可强迫劳动，深圳中院这一规定体现了对劳动者解除权的尊重，但实践中确实存在用人单位希望劳动者提前更多时间通知的需求，毕竟有些岗位特殊且复杂。很多境外企业经常沿用当地规则在境内公司与劳动者约定提前2个月或3个月相互通知的义务，但一旦发生纠纷，对用人单位的约束是成立的，对劳动者则不会被认可。要在技术上解决这个问题，可能只能考虑利用“脱密期”和“培训服务期”这些手段来变通处理了。

七十七、在固定期限劳动合同履行过程中，符合签订无固定期限劳动合同条件的劳动者要求在固定期限劳动合同期满后与用人单位续签无固定期限劳动合同的，应在固定期限劳动合同期满终止前提出。

［**点评**］

这一规定是对2012年广东省高级人民法院、广东省劳动人事争议仲裁委员会发布的《关于审理劳动人事争议案件若干问题的座谈会纪要》相关规定的否定。广东省当时规定：“劳动合同期限届满后，因符合《劳动合同法》第42条第(1)、(3)、(4)项规定情形而续延，致使劳动者在同一用人单位连续工作满十年，劳动者提出签订无固定期限劳动合同的，应予支持”，这样一来，劳动者甚至办理手续后都可以反悔，当时笔者感慨“此‘后’不合适”，并专门就此撰写了专栏文章。笔者当年处理过一个这样的劳动争议，二审法官表示困扰，说要提交给审判委员会讨论研究决定，因为广东省的纪要写的就是“后”字，后多久才合适没规则。后来用人单位承受不了压力，只好调解结案。现在看来终于解决了这一问题，所以修改为“应在固定期限劳动合同期满终止前提出”。

第八十二条第三款：劳动者于2008年1月1日前入职，其以用人单位未足额支付加班工资为由提出被迫解除劳动合同的，经济补偿的计算年限从2008年1月1日起算，但劳动者有证据证明用人单位存在拒不支付加班工资情形的除外。

［**点评**］

《劳动合同法》规定用人单位“未及时足额支付劳动报酬的”，劳动者可以解除劳动合同并获得经济补偿，所以司法部门实践中以此为依据，认定《劳动合同法》生效之日，即2008年1月1日作为起算经济补偿的年限，尤其是涉及加班工资时。但最高人民法院2001年的《关于审理劳动争议案件适用法律若干问题的解释》规定“拒不支付劳动者延长工作时间工资报酬的”，“迫使劳动者提出解除劳动合同的，用人单位应当支付劳动者的劳动报酬和经济补偿”，所以又有了后面的但书。可是，最高人民法院同时还规定“未按照劳动合同约定支付劳动报酬”“克扣或者无故拖欠劳动者工资的”，用人单位也应当支付劳动者的劳动报酬和经济补偿。深圳法院系统理解为最高人民法院特意区分了加班工资和劳动报酬、工资，所以也对经济补偿起算时间作了区别对待。这一理解多少有点不能令人信服，何况2009年才废止的《深圳经济特区劳动合同条例》1994年通过当时也清楚规定了“用人单位未按照劳动合同的约定支付劳动报酬或者提供劳动条件的”，员工可以随时通知用人单位解除劳动合同，“用人单位应向员工发放经济补偿金”，也就是说，在2008年之前深圳自己已有支付经济补偿的特区立法，按《劳动合同法》第97条所规定“本法施行前按照当时有关规定，用人单位应当向劳动者支付经济补偿的，按照当时有关规定执行”，深圳市中级人民法院《指引》这一规定也不合适。

八十六、用人单位变更名称、法定代表人、主要负责人或者投资人，不影响劳动合同的履行，劳动者的工作年限应连续计算。劳动者因上述事由要求解除劳动合同并要求用人单位（投资人）支付经济补偿的，不予支持。

[点评]

这一规定前面的内容是《劳动合同法》第33条原文，但加了半句“劳动者的工作年限应连续计算”，这是为后一句作铺垫的。后一句的规定是新规定，虽然在法理上根据《劳动合同法》第33条可以推论出这一结论，但此前从未形成书面文字，所以算是新规定。这样规定是有原因的，近几年深圳劳动关系不稳定，加上国际国内经济形势变化，劳动者往往借股权转让、名称变更的机会要求“买断”，甚至因此发生了不少群体事件，所以再次明确工作年限应当连续计算，但经济补偿不支持。

第八十八条第二款：用人单位裁员未履行《劳动合同法》第四十一条规定的法定程序，劳动者以此为由主张构成违法解除劳动合同的，应予支持。

[点评]

《劳动合同法》第41条规定裁员程序简单地可以理解为说明程序、报告程序两个程序。说明程序是要提前30日向工会或者全体职工说明情况，而且还要听取工会或者职工意见后才能进入报告程序。要是没工会，只能向全体职工说明情况，对于一个小公司容易些，但对于一个大公司，确实很困难，估计只能通过邮件来说明了。可是很多用人单位出于保密的考虑，确实不愿意提前公开信息，这样就没办法满足法律程序要求了，这时有工会就好办一些。报告程序貌似简单，只要报告就行了，又不要批准，但实际上文件很难送进去。

此外，裁员还有其他诸多挑战。首先是人数问题，如果不到 20 人，比例也不到 10%，是否就不能“裁员”了？还是可以“裁员”而无须履行这些程序？法律没规定清楚，也使用人单位只好通过协商的办法处理。其次是对象问题，《劳动合同法》规定裁减人员时，应当优先留用特定人员，这也可以理解为一个程序要求，同时也是裁员方案绕不过去的内容。根据这一要求，要是用人单位还有固定期限劳动合同的员工，无固定期限劳动合同员工是没办法裁减的，这是立法的漏洞，对用人单位也是无法回避的风险，所以轻易不能启用法定裁员手段处理劳动者。只要程序不到位，用人单位就会有麻烦。

九十一、“三来一补”企业转型登记为企业法人后，劳动合同由承继权利义务的新企业法人继续履行。劳动者以此为由要求支付经济补偿的，不予支持。

[**点评**]

这条规定应该是有争议的。此前深圳中级人民法院曾有判例判决用人单位支付经济补偿，因为“三来一补”本质上就是境外机构特许在境内设立的分支机构或部门，法律上的权利义务归于境外机构，而“转型登记”也只是响应政府要求新设了一家境内公司，两者属于不同主体。但如此一来，劳动者得以利用政府推行的政策实现补偿愿望，不仅会产生巨大的成本，更会扰动社会和谐，所以广东省人力资源和社会保障厅下发了《广东省人力资源和社会保障厅关于做好企业转型升级过程中劳资纠纷预防处理工作的意见》，明确“‘三来一补’企业转型登记为企业法人后，劳动合同由承继权利义务的新企业继续履行”，并附上广东省高级人民法院的判例来平息纷争，所以深圳市中级人民法院才有了这一规定。

九十三、对于用人单位与劳动者之间在劳动合同中约定，每一劳动合同履行期满由用人单位发放“解约补偿金”，或用人单位在劳动合同期满终止发放补偿金，后双方依然延续劳动关系的，在用人单位应当支付劳动者经济补偿时，应以其连续工作年限计发，但已领取的上述款项应予以扣除。

[**点评**]

这条规定原来深圳有过，但实践中很少用人单位采用，所以很少为人知晓。此次重提，变相鼓励用人单位将原来的“十三薪”“年终奖”换个名字，叫作“解约补偿金”，这样既省了钱，还省税，劳动者收入也没少。离职时如果不该给补偿的，则这笔钱算是白给了，用人单位也还是愿意的；如果依法应当支付补偿，用人单位计算好应付款后扣减掉已预发费用，把剩余的发给劳动者即可。估计将来因此会产生不少纠纷，笔者对这条规定能否有效执行、执行多久持怀疑态度。毕竟这不仅没有直接的法律依据，法理上也解释不通。此外，这一规定强调了以“连续工作年限”计发经济补偿，和《劳动合同法》的规定也有出入，《劳动合同法》是没有“连续”两字的，只有已废止的《深圳经济特区劳动合同条例》才有“连续”的要求，两者差异巨大，影响经济补偿的计算，将来也会成为一个热点问题。

九十六、用人单位解除劳动合同决定被裁决撤销或判决无效，双方继续履行劳动合同的，用人单位应当按照劳动者被违法解除劳动合同前十二个月的平均正常工作时间工资向劳动者支付被违法解除劳动合同期间的工资。

[点评]

用人单位违法解除劳动合同时，《劳动合同法》赋予了劳动者选择权，选择2N或者选择恢复劳动关系，继续履行劳动合同。后者如何计发工资没说清楚，此前实践中裁判不一，有发本人基本工资的，有发所在部门平均工资的，也有发社平工资的，甚至还有发生活费的。《广东省工资支付条例》规定用人单位“应当支付劳动者在被违法解除劳动关系期间的工资，其工资标准为劳动者本人前十二个月的平均正常工作时间工资”，深圳对此没有地方立法，现在《指引》把这一规定直接搬过来，算是给了个说法。

九十八、劳动者与用人单位在订立或履行劳动合同过程中，事先就解除劳动合同约定由用人单位支付的高于法定标准的经济补偿或违约金的，该约定有效。

当事人主张双方约定的经济补偿或违约金标准过高，要求调整的，人民法院可依法予以调整。

[点评]

《劳动合同法》规定只有劳动者违反服务期协议或竞业限制协议时用人单位才得以通过违约金手段来追究劳动者的违约责任，此外均不允许约定适用于劳动者的违约金。但是，如果劳动者有足够的谈判能力，用人单位与其约定的由用人单位承担的高额违约金则会被认可。《指引》之前深圳中级人民法院的规定是只支持法定标准的经济补偿金，此次算是“180度”大转弯，用人单位不要约定违法解除时支付劳动者至劳动合同期满期间所有工资作为违约金的条款，更不要和派遣单位约定派遣员工退回时类似的违约金条款，否则可能会遇到麻烦。尽管《指引》给了调整机会，但最多只是少付一点点。

一百、用人单位实行每周工作六天，每周工作时间不超过40小时的，应予准许。该工作制度属于标准工时制。

［点评］

我们国家目前有3种工时制度，一是标准工时工作制；二是综合计算工时工作制；三是不定时工作制。《劳动法》规定“国家实行劳动者每日工作时间不超过八小时、平均每周工作时间不超过四十四小时的工时制度”，同时规定“用人单位应当保证劳动者每周至少休息一日”，这就是标准工时工作制。但是后来《国务院关于职工工作时间的规定》（以下简称《规定》）进行了修改，规定“职工每日工作8小时、每周工作40小时”，压缩了每天的工作小时数，等于每周工作5日。不过原劳动部在《〈国务院关于职工工作时间的规定〉问题解答》中特别针对“企业职工每周工作时间不超过40小时，是否一定要每周休息两天?”这一问题回复称：有条件的企业应尽可能实行职工每日工作8小时、每周工作40小时这一标准工时制度。有些企业因工作性质和生产特点不能实行标准工时制度的，应将贯彻《规定》和贯彻《劳动法》结合起来，保证职工每周工作时间不超过40小时，每周至少休息1日。广州市劳动局索性直接发函向原劳动部求证：企业和部分不能实行统一工作时间的事业单位，可否不实行‘双休日’而安排每周工作6日，每天工作不超过6小时40分钟？劳动部同样回复称：有些企业因工作性质和生产特点不能实行标准工时制度，应保证劳动者每天工作不超过8小时、每周工作不超过40小时、每周至少休息1天。这些意见又给用人单位实行6天工作制留下了空间。这个问题一直以来困扰着司法部门。为了减少此类纠纷，深圳中级人民法院索性直接认可了6天工作制，而且属于标准工时制，无须另行申请综合计算工时工作制，只要每周工作不超过40小时即可。

一百〇七、《深圳经济特区企业技术秘密保护条例》及《深圳经济特区和谐劳动关系条例》关于竞业限制的有关规定与最高人民法院《关于审理劳动争议

案件适用法律若干问题的解释(四)》相应规定不一致的,优先适用深圳经济特区条例的相关规定。

[点评]

竞业限制无论立法还是司法,都有诸多矛盾。国家此前的规定对劳动者较为有利,而《关于审理劳动争议案件适用法律若干问题的解释(三)》出台后基本面反转了,变成对用人单位更有利。深圳 1996 年以来就有关于竞业限制的立法,其中对竞业限制补偿有明确的比例规定,虽然《深圳经济特区企业技术秘密保护条例》2009 年修订时将竞业限制补偿从原来的 2/3 调整到 1/2,但仍然高于《关于审理劳动争议案件适用法律若干问题的解释(三)》规定的 30%,所以才会有《指引》所规定的"优先适用深圳经济特区条例的相关规定"。

此外,需要提醒的是深圳条例特别规定了"企业违反法律或者劳动合同单方解除劳动合同的,该员工可以解除竞业限制协议",这是司法解释没有规定的内容,或许将来劳动者有机会借此免除竞业限制义务。

一百一十、劳动合同、集体合同或规章制度约定了超过法定天数的年休假天数,并对超过法定年休假天数的未休年休假约定了是否予以补偿或具体的补偿标准的,该约定有效。劳动合同、集体合同或规章制度对超过法定年休假天数的未休年休假未约定补偿,或约定了补偿但未明确具体补偿标准的,劳动者要求按照法定标准支付超过法定年休假天数的未休年休假工资的,应予支持。

[点评]

《职工带薪年休假条例》出台后出现了劳动者不愿意休假的现象,究其原因在于 300% 的补偿过于丰厚。在《企业职工带薪年休假实施办法》中规定其中包含"用人单位支付职工正常工作期间的工资收入",下调了 100%。即便如此,还是纠纷不断,尤其是对没有探亲假只有年休假的外资企业而言,更是受伤,因为这些用人单位往往劳动者一入职就会给 15 日的年休假。这些用人单位又经常规定年休假过期作废,这既不合法也不合理,因此埋下祸根。经过摸索,深圳市中级人民法院终于允许用人单位对超过法律规定的企业年休假自行决定是否支付补偿了,但需要注意的是,过期作废的规定不合适,一样会有法律风险，建议明确是否支付补偿，如果补偿，也要明确具体标准，否则还得按照国家规定的标准，至少也得200%。此前规定300%支付补偿的，需要考虑调整相关制度了。

2016－05－15

七、《天津市贯彻落实〈劳动合同法〉若干问题实施细则》要点点评

2018年7月2日,天津市人力资源和社会保障局下发了《天津市贯彻落实〈劳动合同法〉若干问题实施细则》(以下简称《细则》)。《细则》虽有若干亮点,但整体上却并不理想,甚至有"开倒车"的感觉。半年前天津市高级人民法院曾经下发《天津法院劳动争议案件审理指南》(以下简称《指南》),两相对比,感觉很不合拍。现就《细则》要点评述如下:

第三条 用人单位与劳动者自用工之日起建立劳动关系,建立劳动关系应当订立书面劳动合同,并依法缴纳社会保险。

前款所称用工之日,是指劳动者开始接受用人单位管理,从事用人单位安排的工作的日期。用人单位安排劳动者参加上岗前培训,劳动关系自劳动者参加培训之日起建立。

[**点评**]

大学毕业生往往在与用人单位达成就业意向或签订三方协议后会在用人单位实习,用人单位通常都会有一些培训,难道劳动关系从其参加培训之日起建立?一些用人单位还有管培生制度,管培生参加的甚至是专业技术培训,岂不是要在实习时就签订劳动合同并缴纳社会保险?否则,用人单位一不小心就会有事实劳动关系的风险。

第五条 劳动合同期满,除劳动者有《劳动合同法》第四十二条规定劳动合同自动续延情形外,用人单位继续与劳动者保持劳动关系的,应当在一个月内与劳动者续订书面劳动合同。

用人单位依照前款规定,维持或者提高劳动合同约定条件书面通知劳动

者续订劳动合同,劳动者不与用人单位续订的,用人单位在劳动合同期满后一个月内书面通知劳动者终止劳动关系,无需向劳动者支付经济补偿。

用人单位超过一个月未与劳动者续订书面劳动合同,应当按照《劳动合同法实施条例》第六条、第七条规定向劳动者每月支付二倍工资,并与劳动者补订书面劳动合同;劳动者不与用人单位订立书面劳动合同的,用人单位应当书面通知劳动者终止劳动关系,并依照《劳动合同法》第四十七条的规定支付经济补偿。

[点评]

《劳动合同法实施条例》第 6 条、第 7 条规定适用前提是“自用工之日起”,针对的是入职时不签劳动合同的情形。入职时签过劳动合同足以说明用人单位并无不签动机,原劳动合同期满就不应当适用此规定,不过这一规定的适用有泛化趋势,所以《细则》这样规定也是常态。但是,《指南》第 29 条第 2 款规定的却是:“用人单位根据《最高人民法院关于审理劳动争议案件适用法律若干问题的解释》第 16 条第 1 款的规定终止劳动关系的,应当通知劳动者。未通知的,不发生终止劳动关系的法律后果。通知的形式及效力比照《指南》第 22 条的规定处理。”对比之下就会发现:天津市人力社会保障局在这个问题上不同意天津市高级人民法院的意见,所以在《指南》出台的情况下仍然坚持自己的观点。用人单位就难办了,确实无所适从。笔者建议,按法院的规定执行,一是法院的规定便于操作,二是现行劳动争议是一裁两审制,非一裁终局案件的终审权在法院。

第六条 用人单位应当与劳动者在劳动合同中对劳动报酬、加班加点工资计算基数进行明确约定。

[点评]

《细则》这一规定是对《劳动合同法》规定的必备条款的呼应,强调了要“明确约定”劳动报酬。如果劳动合同没有明确约定劳动报酬,则需要通过录用通知、薪酬确认函等形式确认,以满足法律要求。此外,《细则》这一规定也是对约定加班工资计算基数的肯定,具体如何约定则没有再说明,但只要不低于最低工资,应该能够得到支持,这与《指南》的思路基本相同。

第七条 劳动合同对劳动报酬及加班工资计算基数约定不明确,引发争议的，用人单位与劳动者可以重新协商；协商不成的，适用集体合同规定；没有集体合同或者集体合同未规定劳动报酬的，实行同工同酬；没有集体合同或者集体合同未规定加班加点工资计算基数，以应得工资扣除加班加点工资后的数额作为加班加点工资计算基数。

[点评]

《细则》针对约定不明如何处理的规定明显与《指南》有差别，《指南》第33条规定"双方对月平均工资有约定且不低于最低工资标准的，从其约定；没有约定或者约定不明的，按照《劳动合同法》第18条的规定确定月平均工资；按照《劳动合同法》第18条的规定仍然不能确定月平均工资的，应当按照劳动者应得的月收入扣除法定福利待遇、用人单位可自行决定给付的福利待遇以及非工资性补贴（如冬季取暖补贴、集中供热补贴、防暑降温费、上下班交通补贴、洗理卫生费福利、托儿补助费、计划生育补贴等）确定，低于最低工资标准的以最低工资标准计算。"应当说《指南》的规定会更合理，毕竟法定福利等项目并非工资范畴，自然也就不应该作为加班工资计算基数。为了避免麻烦，用人单位还是提前书面约定好加班工资计算基数为宜。

第八条 经批准实行特殊工时工作制的用人单位，应向劳动者告知其岗位实行的工时制度，并在劳动合同中明确约定。

用人单位与实行综合计算工时工作制的职工在劳动合同中还应明确加班加点工资的结算周期；未明确的，用人单位应当按综合计算周期结算加班加点工资。

[点评]

众所周知，特殊工时要经劳动部门审批才得以生效，但是否要通知员工以及没有通知员工的后果没有明确规定。《细则》的要求比较严格，除了通知外，还必须在劳动合同中明确约定，如果没有约定，很可能会被理解为对该员工不生效。笔者虽然认为只要通过合适的方式告知了劳动者即可，但考虑到现在很多地方人力与社会保障部门要员工签字确认同意实行特殊工时制度才予以审批，因此建议用人单位在劳动合同签名页里设计员工同意申请并施行特殊工时制度的条款为宜。对于中途转换岗位的人员，在新的岗位职责里也建议加上相关表述并让员工签名确认，这样才能避免风险。当然了，综合计算工时工作制的还得按《细则》要求明确结算周期。

第十条 用人单位与劳动者约定可根据生产经营情况单方调整劳动者工作岗位的，用人单位对劳动者工作岗位进行调整时，应同时符合以下条件：

（一）用人单位生产经营的客观需要；

（二）调整后工作岗位的劳动待遇水平与原岗位基本相当，但依据《劳动合同法》第四十条第一项、第二项有关规定调整岗位的除外；

（三）调整工作岗位不具有歧视性、侮辱性；

（四）不违反法律法规的规定。

用人单位与劳动者签订的劳动合同未约定调整工作岗位有关内容，用人单位规章制度也未做相关规定的，除依据《劳动合同法》第四十条第一项、第二项有关规定调整工作岗位情形外，用人单位与劳动者协商一致，可以调整工作岗位。

［点评］

《细则》一方面把全国司法实务中通行的用人单位有权调岗的相关规定引用了过来，但另一方面却规定“劳动合同未约定调整工作岗位有关内容，用人单位规章制度也未做相关规定的”，用人单位要与劳动者协商一致才可以调整工作岗位，这一规定岂不自相矛盾？而且，很多中小微企业的劳动合同和规章制度是不健全的，岂不就没有调岗权利了？这一规定确实欠妥。从防范风险角度出发，建议用人单位在规章制度最后留一条“兜底条款”。

第十二条 劳动者有《劳动合同法》第三十九条第二项、第三项、第四项、第五项、第六项情形之一，用人单位与劳动者解除劳动合同的，应自知道或应当知道劳动者存在上述情形之日起六个月内做出解除劳动合同的决定。

［点评］

《细则》这一规定算是亮点，明确了用人单位决定解除劳动合同的时限，有助于督促用人单位尽早处分。国务院 2014 年的《事业单位人事管理条例》第 29 条规定的是处分期间，与此并不相同；原来 1982 年的《企业职工奖惩条例》倒是明确规定：“审批职工处分的时间，从证实职工犯错误之日起，开除处分不得超过五个月，其他处分不得超过三个月”，但该《条例》已被废止，所以规定决定时限确有必要。不过需要提醒的是，劳动关系具有连续性，无论是否同一合同期内,员工的违纪行为可能会有一个累积过程,需要辩证地看待这一处分决定时限,不能简单否认用人单位的处分权。

第十三条 劳动者在试用期间内被证明不符合录用条件的,用人单位应当在试用期内做出解除劳动合同的决定。劳动者在试用期内患病或者非因工负伤的,经劳动关系双方协商一致,试用期可以中止。

[**点评**]

劳动者在试用期内被证明不符合录用条件的,《劳动合同法》明明规定的是可以解除劳动合同,《细则》却硬是规定“应当”解除,有违上位法本意,当属无效。不过,从《细则》全文精神来理解,这一条的规定是指用人单位以此为由解除劳动合同必须在试用期内做出决定,这样还说得过去,但文字字面上的意思确实会有分歧,会令各方困扰。此外,试用期内患病可以协商中止固然符合法理,但与《江苏省劳动合同条例》第 15 条第 2 款一样没有规定中止期间待遇、社保如何处理,用人单位在中止时一并协商妥当为宜。至于中止期限,《细则》从约定,而《江苏省劳动合同条例》规定的却是“在规定的医疗期内”。要知道,江苏地方法院通过纪要突破了原劳动部关于医疗期的规定,规定一些特殊病症医疗期不与工作年限挂钩,起点就是 24 个月。这么长的中止期限对用人单位而言压力真不小。笔者在南京处理过一起医疗期的官司,历经数年,反反复复,最终由用人单位埋单养老。

第十四条 用人单位与劳动者签订的固定期限劳动合同期满,因未能维持或提高劳动合同约定条件,致使劳动者不与用人单位续订劳动合同的,用人单位应依法向劳动者支付经济补偿。

用人单位变更劳动合同约定条件,难以确定是提高或降低,劳动者不与用人单位续签劳动合同终止劳动关系的,视为用人单位未能维持或提高劳动合同的约定条件。

本条所称劳动合同约定条件是指,用人单位与劳动者在续订劳动合同时正在履行的标准和条件。

[**点评**]

以正在履行的标准和条件作为续订劳动合同的约定条件无可厚非,符合实际履行原则,但是难以确定是提高或降低的视为未能维持或提高劳动合同的约定条件就有点过了。广东相关纪要规定离职原因不明的,视为协商一致解除,用人单位需要支付经济补偿。这一规定与《细则》的精神异曲同工,将举证责任完全配置给了用人单位。

第十七条 用人单位应当依法建立和完善劳动规章制度,对严重违反规章制度的情形应加以明确,未明确具体规定的,用人单位不得依据《劳动合同法》第三十九条第(二)项规定与劳动者解除劳动合同。

[点评]

用人单位的规章制度无法包罗万象,中小微企业更是可能连规章制度都没有,只要没有明确具体的规定,就算员工连续旷工 3 个月都不得解除劳动合同了,《细则》这一规定后果严重,建议用人单位解除违纪员工劳动合同时,同时引用《劳动法》第 25 条作为依据,或有机会降低规章制度规定不完善的风险。解除劳动合同通知建议表述为"因严重违反劳动纪律/规章制度"或许会更合适。

第十八条 本实施细则自 2018 年 8 月 1 日起施行,2023 年 7 月 31 日废止。

[点评]

《细则》这一规定也算是亮点。

2018 - 07 - 05

八、《厦门市中级人民法院　厦门市劳动人事争议仲裁委员会关于审理劳动争议案件若干疑难问题的解答》要点点评

2017 年 12 月 31 日,《厦门市中级人民法院　厦门市劳动人事争议仲裁委员会关于审理劳动争议案件若干疑难问题的解答》(以下简称《解答》)。《解答》共 15 条,比较简明,有一定的特色,但也有些瑕疵,现就该《解答》部分主要内容评述如下。

一、规章制度民主程序要求严

《解答》简单引用《劳动合同法》第 4 条第 2 款的规定,强调用人单位的规章制度要履行民主程序,同时明确规定“劳动者提出用人单位规章制度未经民主程序而用人单位无法证明的,该规章制度对劳动者不具有约束力”。尽管这一规定与相关立法是一致的,但实践中很多地方还特别给 2008 年之前的规章制度留了空间,而《解答》的规定显然是严格要求,没有考虑这个因素。对当地用人单位来讲,最好把重要的条款或制度通过让劳动者签名确认的方式来处理,或许有机会通过“规章制度合同化”来降低风险。

二、退休人员因工伤亡按工伤或按人身损害处理

《解答》规定:达到法定退休年龄的人员受聘到用工单位工作期间,因工作原因受到事故伤害或患职业病,经劳动行政部门认定为工伤的,可按照

《工伤保险条例》处理；未被认定为工伤的，应告知其按照人身损害赔偿相关规定进行处理，如其坚持主张工伤保险待遇的，判决驳回其诉讼请求。但是，最高人民法院明确规定退休人员返聘不属于劳动关系，那么如何认定工伤？双方不存在劳动关系，国家无法提供工伤保险待遇作为保障，此类情形只能适用《人身损害解释》第11条相关规定处理。《广东省工伤保险条例》对此也有特别规定，一方面规定"劳动者达到法定退休年龄或者已经依法享受基本养老保险待遇的，不适用本条例"；另一方面又规定"前款规定的劳动者受聘到用人单位工作期间，因工作原因受到人身伤害的，可以要求用人单位参照本条例规定的工伤保险待遇支付有关费用。双方对损害赔偿存在争议的，可以依法通过民事诉讼方式解决。"这些规定都自相矛盾。

三、未休年假应支付加班报酬

《解答》规定：未休年休假期间工作报酬为工资的300%，因年休假为带薪休假，故其中100%为正常工资，200%为加班报酬。200%的加班报酬申请仲裁的时效期间为一年，不适用特殊仲裁时效规定，从当事人知道或者应当知道其权利被侵害之日起计算。如果劳动者以用人单位拖欠此加班报酬为由解除劳动合同并要求支付经济补偿怎么办？《解答》没给答案，按此逻辑恐怕只能判决用人单位败诉了。

四、劳动者赔偿损失要审查

《解答》规定劳动者因重大过失造成用人单位直接经济损失，用人单位依据劳动合同的约定或者规章制度要求劳动者赔偿的，可以支持。但是，《解答》同时规定人民法院和劳动争议仲裁机构应当对劳动合同的约定或者规章制度进行合法性、合理性审查。这一规定表面上是对用人单位和劳动者平衡保护，但实际上对用人单位更有压力。虽然《劳动法》和《劳动合同法》对此没有直接的规定，但是原劳动部的《工资支付暂行规定》明确了因劳动者本人原因给用人单位造成经济损失的，用人单位可按照劳动合同的约定要求其赔偿经济损失。所以合法性是没问题的，不存在审查的必要，至于合理性方面，却有一定的必要。此外，用人单位对此需承担全部举证责任，恐怕也证明不了什么直接经济损失，遑论追究赔偿责任了。

2018 - 02 - 26

PART 03

社保篇

一、非户籍退而不休员工可以继续缴纳养老保险

养老保险涉及千家万户,关系国计民生,各地一直以来都以是否缴足 15 年作为享受退休待遇的前提条件,所以出现了很多退而不休的现象,这给社会带来了严峻的挑战。

国务院 2005 年 12 月 3 日下发的《关于完善企业职工基本养老保险制度的决定》(国发〔2005〕38 号,以下简称《决定》)也规定"本决定实施后到达退休年龄但缴费年限累计不满 15 年的人员,不发给基础养老金;个人账户储存额一次性支付给本人,终止基本养老保险关系"。这一规定对退而不休的员工非常不利,只能拿到个人账户储存额,失去了基本养老待遇的保障。2006 年广东省政府下发了《关于贯彻国务院完善企业职工基本养老保险制度决定的通知》(粤府〔2006〕96 号文),其中规定"参保人达到国家规定的退休年龄但未达到按月领取基本养老金条件的,可一次性领取个人账户储存额,同时终结养老保险关系"。但与此同时,也给本省户籍的员工留了一点空间,"达到国家规定的退休年龄但未达到按月领取基本养老金条件的本省户籍参保人,可以不申领一次性基本养老保险待遇,参照城镇个体工商户和灵活就业人员的费基、费率继续缴费,直至达到按月领取基本养老保险金条件时为止。此类参保人最后参保地为非本人户籍所在地的,应将养老保险关系转入本人户籍所在地继续缴费。如在最后参保地连续缴费满 5 年以上的,也可在最后参保地继续缴费。继续缴费期间计算缴费年限,不支付基本养老保险待遇"。也就是说,只要是广东省户籍的员工退而不休时还有机会继续缴纳养老保险,还可以得到退休机会。不过原则上要在户籍所在地继续缴纳,在最后参保地连续缴费满 5 年以上的,可以在最后参保地继续缴费。但是,养老保险流转一直流于形式,

各地往往只注重解决户籍人员的问题,所以执行过程遇到了非常大的困难和阻力。

2009 年国务院办公厅转发了人力资源社会保障部、财政部《城镇企业职工基本养老保险关系转移接续暂行办法》(以下简称《办法》),确定了全国基本养老保险流转的基本原则和操作规则,同时也明确了退休待遇领取地的具体办法。该《办法》意义重大,不仅打破了养老保险各统筹区域各自为政的僵局,解决了多年以来一直困扰广大员工和用人单位的养老保险流转问题,减少了因为养老保险难以流转造成的无法享受退休待遇现象,而且通过明确退休待遇领取地规范了户籍所在地和基本养老保险关系所在地的关系,避免了推诿扯皮。

2011 年 7 月生效的《社会保险法》则进一步调整了《决定》的政策,一方面规定要累计缴费满 15 年才可以享受退休待遇,但另一方面规定"达到法定退休年龄时累计缴费不足十五年的,可以缴费至满十五年,按月领取基本养老金"。这一转变无疑是正视社会问题的结果,也给数量众多退而不休的员工带来了福音。人力资源和社会保障部为了配合《社会保险法》的实施,在《社会保险法》生效前数日颁布了《实施〈中华人民共和国社会保险法〉若干规定》(人力资源和社会保障部令第 13 号),其中第 2 条规定:"参加职工基本养老保险的个人达到法定退休年龄时,累计缴费不足十五年的,可以延长缴费至满十五年。社会保险法实施前参保、延长缴费五年后仍不足十五年的,可以一次性缴费至满十五年。"第 4 条规定:"参加职工基本养老保险的个人跨省流动就业,达到法定退休年龄时累计缴费不足十五年的,按照《国务院办公厅关于转发人力资源社会保障部财政部城镇企业职工基本养老保险关系转移接续暂行办法的通知》(国办发〔2009〕66 号)有关待遇领取地的规定确定继续缴费地后,按照本规定第二条办理。"这些政策不仅为落实《社会保险法》的规定提供了依据,而且允许一次性缴费,更遵照了《社会保险法》的立法本意,即尽力保障员工退休待遇,最大限度避免退而不休现象。广东省人社厅因此在 2011 年下发《关于完善我省企业职工基本养老保险继续缴费有关规定的通知》(粤人社发〔2011〕37 号文),并在 2012 年下发了《关于完善我省企业职工基本养老保险继续缴费规定的补充通知》,这不仅允许本省户籍的员工继续缴纳养老保险,而且允许外省户籍的员工在最后参保地继续缴费。这也规定符合条件者“可办理一次性趸缴养老保险费”。至此,广东省明确了非户籍退而不休员工可以继续缴纳养老保险。

深圳市跟进了广东省相关政策,下发了《关于落实粤人社发〔2011〕37号文件完善我市养老保险继续缴费有关规定的通知》(深人社规〔2011〕12号),但只规定“省籍非深户人员”和“深户人员”才可以一次性趸缴养老保险费,前者是达到国家法定退休年龄之前的最后参保地是深圳,且在深圳连续缴费满5年以上、但在达到国家法定退休年龄时未满足按月领取基本养老金条件(符合粤府〔2006〕96号文继续缴费条件)的广东省户籍的非深户参保人员,后者是达到国家法定退休年龄但未满足按月领取基本养老金条件、符合《〈深圳经济特区企业员工社会养老保险条例〉实施规定》继续缴费条件的深户参保人员,却并不包括省外非深户人员。各地实际操作中同样存在地方保护主义,都有类似问题。为了解决这一问题,人力资源社会保障部办公厅在回复《关于职工基本养老保险关系转移接续有关问题的函》(人社厅函〔2013〕250号)中就“关于跨省流动就业参保人员延长缴费问题”回复北京市人力资源和社会保障局称:“参保人员达到法定退休年龄时累计缴费不足15年的,基本养老保险关系在户籍地的,继续缴费地为户籍地;基本养老保险关系不在户籍地的,继续缴费地为缴费年限满10年所在地;每个参保地的缴费年限均不满10年的,继续缴费地为户籍地。若在企业继续就业参保的,按照国家规定缴纳基本养老保险费;未在企业继续就业参保的,可以申请在继续缴费地参照当地灵活就业人员缴费标准延长缴费,具体延长缴费办法由各地制定。”

2012年下半年深圳市修订《深圳经济特区社会养老保险条例》,也注意到这一问题,在第30条中规定:“达到法定退休年龄时,具有本市户籍的参保人或者按照国家和广东省有关规定确定本市为养老保险待遇领取地的非本市户籍参保人,养老保险累计缴费年限不满十五年的,可以按照有关规定继续缴纳养老保险费至累计缴费年限满十五年后,申请按月领取基本养老金”,这一规定解决了省外非深户人员继续缴纳养老保险的问题。2014年生效的《〈深圳经济特区社会养老保险条例〉实施细则》则进一步规定:“符合《条例》第三十条规定的继续缴费人员,应当在达到法定退休年龄30日前由用人单位或者本人向市社保机构办理申报手续;未申请的,市社保机构从其达到法定退休年龄的次月停止其缴费,停止缴费后申请继续缴费的,从申请的次月恢复缴费。”也就是说,继续缴费需要办理申报手续,否则达到退休年龄都会停缴。

通过梳理相关法规政策,大致可以得出的结论是:为了解决员工养老保险缴费年限不足15年的问题,国家调整了相关政策,通过允许继续缴纳养老保险以及一次性趸缴养老保险的办法尽最大限度为员工提供退休待遇,非户籍员工符合一定条件的可以在工作所在城市继续缴纳,达不到条件的,可以在户籍所在地继续缴纳养老保险,以保障员工老有所养。

2017－03－13

二、患病员工与用人单位的博弈

兰州某高校开除刘某一事闹得沸沸扬扬，固然院方撤销了此前的“开除”决定，但此时刘某已经病故，“恢复劳动关系”已不可能，劳动合同已因当事人一方死亡而终止。

迫于舆论的压力，兰州某高校最终执行了二审判决，并与刘某的家属达成了和解协议。但是，问题远远没有解决，患病员工与用人单位之间的博弈一直存在，这一现象值得我们深思和探讨。

毫无疑问，患病员工依法享有医疗期和病假工资，还依法享有报销医疗费用的权利。即便是请假程序没有到位，用人单位也不能轻易以“旷工”为由处分患病员工。兰州交通大学博文学院虽然有过核实行为，但解除劳动合同显然过于草率，败诉也就不足为奇了。仲裁机构和人民法院对患病员工往往会有一定有利的倾向性，这是目前的司法实践实际情况，何况相关法律法规并没有清晰规定医疗期如何计算，更没有明确如何判断“无法从事原工作”以及“无法从事用人单位另行安排的工作”，所以用人单位就算以医疗期满为由单方解除劳动合同，也往往难以得到支持。而患病员工境况可怜，缺乏社会保障，往往把所有希望都放在用人单位，一旦被解除劳动合同，更是雪上加霜，因而不少患病员工想方设法与用人单位周旋，以争取利益最大化。

作为用人单位，对患病员工的照顾义务止于何处？这个问题一直困扰着用人单位。用人单位履行法定义务是应有之义，出于对患病员工的同情，一些用人单位往往还会予以额外照顾。但用人单位即便履行了全部法定义务，矛盾同样存在，近来发生的一系列案件更是揭示了患病员工与用人单位深层次的博弈。究其原因，除了患病员工与用人单位双方当事人的利益冲突外，社会保障的缺失也是重要原因。

患病员工除了在医疗期期间从用人单位获得病假工资外，还有机会从用人单位获得 N+1 的经济补偿金和代通知金，也有机会获得 6~12 个月的医疗补助费。但是，患病员工只能从国家那里报销比例不等的医疗费用，不幸病故才有一定的补助。而患病员工，尤其是重病绝症员工，往往开销巨大，一病致贫，甚至拖累家人，如果报销待遇能够适当提高，至少可以在一定程度上缓解各类矛盾。

原劳动部 1994 年颁布了一系列《劳动法》的配套规章以后，并没有出台更新医疗期及其相关规定，而原有的规定本来就有理解分歧，更是让患病员工与用人单位无所适从，这也不能不说是产生纠纷的另外一个重要因素。未细化患病员工的具体待遇，使这方面的纠纷越来越多。此前某公司一名前高管患病，在用人单位履行了所有法律义务并额外支付了诸多费用的情况下，该高管与用人单位协商一致解除了劳动合同，但是一句"踹了最狠一脚"仍然让用人单位陷于非议，用人单位的照顾义务到底止于何处？

员工患病，绝非个人小事，亦非只是用人单位的责任，国家也责无旁贷。如果再不强化对患病员工的国家保障，患病员工与用人单位之间的博弈只会愈演愈烈，毕竟不是所有用人单位都能承受这些国家转移出来的责任的，恐怕刘某的故事还会以另外的形式不断上演。

2016-08-25

三、两税合并，社保躺枪

日前中共中央印发了《深化党和国家机构改革方案》（以下简称《方案》），其中规定："改革国税地税征管体制。为降低征纳成本，理顺职责关系，提高征管效率，为纳税人提供更加优质高效便利服务，将省级和省级以下国税地税机构合并，具体承担所辖区域内各项税收、非税收入征管等职责。为提高社会保险资金征管效率，将基本养老保险费、基本医疗保险费、失业保险费等各项社会保险费交由税务部门统一征收。"这一方案不仅涉及国税地税合并，而且明确了各项社会保险费由税务部门统一征收，这对用人单位社会保险如何缴纳将产生重大影响。

理论上用人单位都应当依法缴纳各项社会保险，但是，社会保险的缴纳基数是工资，如何理解工资本身就比较复杂，而个税缴纳的范围是收入，不仅限于工资。本来社保部门对何为工资有一套自己的理解，并与用人单位达成一定的默契，但是税务部门未必买账。从简化手续的角度出发，税务部门未必能耐心听解释，而用人单位更不可能得罪这些机关。

国家这样安排肯定是有原因的，不仅是《方案》提及的提高征管效率这么简单，而且国家社保基金入不敷出，用人单位跑冒滴漏现象不在少数，涉保维稳事件层出不穷等也是原因。改由税务部门征收，尽管不能杜绝全部问题，但至少可以大大增加征收力度，进一步充实社保账户。

其实社保也不是躺枪，由税务部门征收社会保险这一操作在不少地方已经先行先试，也取得了不错的效果，所以国家这次算是吸收地方成果，借机构改革的机会进行调整。

此外，工资范围扩大化也有脉络可寻。1999 年国家统计总局当时明确区分了工资和福利，把一些津贴排除在工资范围之外，后来 2009 年财政部又将福利工资化，住房补贴、交通补贴、通讯补贴等统统工资化。就连高温津贴，当时的安监总局等部门也界定成工资。由此可见，除了独生子女费外，其他货币性收入本来也没有什么回避缴纳社保的空间了。就连按离职前 12 个月工资计算的解除劳动合同的经济补偿金，在《劳动合同法实施条例》里也规定“包括计时工资或者计件工资以及奖金、津贴和补贴等货币性收入”，强调货币性收入要作为计算基数，所以工资范围与个人收入差别也越来越小。至于非货币性收入，只要用人单位能够解释清楚，诸如为员工购买商业保险等待遇，税务部门也不会一味强求作为社会保险基数来征缴，毕竟收入与工资确实是两个概念，应有所区别。

不过相关法律的表述可能要有所修改，毕竟《方案》只是一个框架，落实下来还是要走法律途径，而且现行法律使用的主体概念是“社会保险经办机构”，如果不调整，多少也有点名不正言不顺。另有一个不太相关的疑问：国家税务总局此前曾明文通知各地不准“帮”工会收钱，但一些地方税务部门还有“代为征收”的现象。

2018－04－02

四、能否网上代缴个人社保?

"互联网+"近年火热,连社保代缴服务都上网了。媒体披露,如今网上帮个人代缴社保的服务日渐兴起,代缴费用极低,手续简便,不仅不需要签劳动合同,甚至还明确双方不存在劳动关系。可是,没有劳动关系怎么缴社保呢?

用人单位为劳动者缴纳社会保险系其法定责任,不缴少缴均属违法。但是,并非所有人都有用人单位,他们的社保怎么办?有些城市允许户籍人员通过个人窗口缴纳,以保证其个人社会保险得以持续缴纳,避免将来退休和退休金受到影响,但很多劳动者没有当地户籍,没办法通过这个途径来解决,所以产生了代缴的需求和市场。

其实代缴一事早已有之,此前叫作"空挂",就是找一家"用人单位",签订劳动合同,办理相关手续,同时另行通过协议明确其目的就是缴纳社保,费用都由个人自行承担,连"用人单位"的那部分也要个人承担,甚至还因此要额外再给"用人单位"一些管理费用。这些"空挂"现象虽然解决了个人社保缴纳和将来退休养老的问题,但其实并不符合劳动法律法规的要求。

现行的《社会保险法》明确规定用人单位应当为劳动者缴纳包括养老保险在内的各项社会保险,但是,没有劳动关系的情况下用人单位缴纳社保就没有法律依据了。也就是说,如果"空挂",那么可能构成骗保。这下性质严重了,劳动者不给国家找麻烦,自己出钱养老,怎么成了骗保呢?要知道,社会保险不仅包括养老保险,还包括工伤保险、失业保险、医疗保险和生育保险,原则上必须一起缴纳的。万一个人出现事故而申报工伤,确实可能会构成骗保,因为没有劳动关系就不可能会出现工伤。

通过以上分析,我们不难看到,网上代缴个人社保是不靠谱的,代缴方为了避免法律风险,也要求个人明确与其无劳动关系,而正因为没有劳动关系,代缴也就没了依据,所以不可网上代缴个人社保。要是允许代缴,那么每个人都可以选择缴纳城市并因此而在该城市退休。这也将严重影响所在城市的社会保险管理。

不过社会保险不仅是个人的事,也是国家的大事。国家一方面要求全员普及缴纳社保,尤其是养老保险,但另一方面还未能提供配套服务给整个社会,甚至连规定了多年的自由流转和退休地点都无法兑现,也难怪会出现网上代缴社保这类业务了。另外需要提醒的是,一些正规的中介服务也利用国家政策的空档做了“代缴社保”的线下服务,这是有法律风险的。一些用人单位为了满足劳动者在派驻城市购房、买车等要求而委托这些中介机构“代缴社保”。作为用人单位是有义务为自己的员工缴纳各项社会保险的,而且也有能力在住所地缴纳,这样委托第三方“代缴社保”,只能是以第三方名义缴纳,这劳动者到底算谁的员工?受了工伤算谁的工伤?这种情况下有可能真是骗保了。

2016 - 05 - 15

五、又见阶段性降社保费率

2016年两会期间委员们就社保问题议论纷纷，矛头主要指向社保缴费比率，一时间降低缴费比率的传言四起，甚至一些地方就此先行先试，成为媒体头条。日前人力资源社会保障部、财政部正式下发了《关于阶段性降低社会保险费率的通知》（以下简称《通知》），其中的规定耐人寻味。

《通知》阶段性降低社会保险费率为期2年，主要内容有以下几点：一是养老保险费率降到20%或19%；二是失业保险费率再降1% ~1.5%（其中个人费率不超过0.5%）；三是降低工伤保险平均费率0.25%和生育保险费率0.5%。《通知》同时规定要确保参保人员各项社会保险待遇标准不降低和待遇按时足额支付、生育保险和基本医疗保险合并。

此次阶段性降低社会保险费率的目的在于降低企业成本，增强企业活力，说明近期经济形势确实不容乐观，此前只有2008年金融危机时有过类似政策。另外一个方面也说明企业社保负担很重，光养老一项，降低后的费率也还达到20%或19%（深圳除外）。这些具体的措施到底能起到多大作用，不得而知，而且这也还只是阶段性的措施。为何只是阶段性？为何不一步到位大幅降低？原因很简单，我国社保尤其是养老保险整体上其实是入不敷出的，某些地区更是寅吃卯粮，根本就不够用。一方面是企业社保负担很重，另一方面却是收支不平衡，要从根本上解决这一问题，只能从国家财政上想办法，就只能把垄断性行业国企的红利用来充实社保，不然临时性降点费率并不能平衡各方利益。

正是因为社保费率高，所以社保基数问题也一直如影随形。为了减轻社保负担，很多企业，甚至很多员工都不愿意足额缴纳社保，这虽然是违法行为，但却非常普遍。一旦员工快达到退休年龄,就开始算旧账,要求企业补缴,因此产生了大量劳动纠纷和上访事件,整个社会为此付出了沉重的代价。

此外,尽管国家早在2009年就规定了在全国范围内养老保险可以自由流转,但时至今日,很多地方连省内流动都没做到,更不用说全国范围了。而很多制造业员工实际上是在不同省份流动工作的,现行政策的不到位,使这些员工对缴纳社保也不热心,再加上CPI高企,他们更愿意现在手里持有现金,将来老无所养的事他们顾不上,国家一样需要埋单。

对于深圳而言,如何落实《通知》精神显得有点啼笑皆非。深圳的养老保险用人单位缴纳费率是全国最低的,只有14%(非深圳户口更低,只需要13%),根本无从降起。而且全国流转最低要求是12%,深圳也没办法再降了。生育保险深圳1994年以来一直按自己的操作与医疗保险合并在一起,这样其实是最简单的,因为生育保险中的生育津贴制度不仅操作复杂,而且企业负担一点都没减轻,还多了很多手续和纠纷。后来因为2011年社保法出台,不得不单独设立生育保险,最后索性就按省里规定办,实施不到2年,《通知》又来了,要走回去,真是劳民伤财。

2016-04-25

六、员工病故的待遇

员工病故到底享受什么待遇一直是实务中困扰用人单位和劳动者的问题,甚至仲裁员和法官也不明就里,案件审理结果往往大相径庭,确实有必要梳理一下相关规定。

1953 年《劳动保险条例》第 14 条第乙款规定:"工人与职员因病或非因工负伤死亡时,由劳动保险基金项下付给丧葬补助费,其数额为该企业全部工人与职员平均工资两个月;另由劳动保险基金项下,按其供养直系亲属人数,付给供养直系亲属救济费,其数额为死者本人工资六个月到十二个月。详细办法在实施细则中规定之。"相应的《实施细则》第 23 条规定:"工人职员因病或非因工负伤死亡时、退职养老后死亡时或非因工残废完全丧失劳动力退职后死亡时,根据劳动保险条例第十四条乙款的规定,除由劳动保险基金项下付给本企业的平均工资 2 个月作为丧葬补助费外,并按下列规定由劳动保险基金项下一次付给供养直系亲属救济费:其供养直系亲属 1 人者,为死者本人工资 6 个月;2 人者,为死者本人工资 9 个月;3 人或 3 人以上者,为死者本人工资 12 个月。"这些规定成了此后各地地方立法或制定政策的依据。

1997 年广东省劳动厅出台了《广东省企业职工假期待遇死亡抚恤待遇暂行规定》(以下简称《规定》),其中第 10 条规定了员工病故享受 3 项待遇:丧葬补助费、供养直系亲属一次性救济金(或供养直系亲属生活补助费)和一次性抚恤金;标准分别为 3 个月、6 个月、6 个月社保平均工资。该待遇实际上突破了国家 1953 年的规定,与此同时,《规定》也留了一些余地:"在职职工因病或非因工负伤死亡,除有规定纳入社会保险支付的地方外,由企业按上述标准发给死亡抚恤待遇。"而 1998 年广东省人大出台《广东省社会养老保险条例》

时,却只规定“被保险人退休后死亡的丧葬费、供养直系亲属救济费、生活困难补助费由社会保险部门按国家和省有关规定发给”,只字不提在职员工病故如何处理。随后,广东省政府2000年出台的《广东省社会养老保险条例实施细则》也没有做任何规定。

深圳1998年制定了《深圳经济特区企业员工基本养老保险条例》,对员工病故待遇规定为:“其死亡时符合供养条件的供养亲属享受丧葬补助费和一次性抚恤金。”具体标准与1953年国家规定相同,只是将救济费易名为抚恤金。《条例》与《规定》并不一致,前者只有丧葬补助费和抚恤金两项待遇,后者则另有救济金,因此如何适用相关规定一直以来争论不休。有人认为《规定》属于政策,并非法律,因为制定机关只是行政部门,不是立法机构,所以不具有强制执行力,只要社保对员工病故待遇做了规定,则统一按社保规定执行。也有人认为《规定》虽然属于政策,但有利于劳动者,用人单位仍然要执行,仍然要给救济金,社保待遇低于《规定》标准的,企业应当补足。

2011年《社会保险法》生效,其中第17条明确规定:“参加基本养老保险的个人,因病或者非因工死亡的,其遗属可以领取丧葬补助金和抚恤金;在未达到法定退休年龄时因病或者非因工致残完全丧失劳动能力的,可以领取病残津贴。所需资金从基本养老保险基金中支付。”该法为国家层面的法律,正式取代了1953年条例,至此,员工病故待遇明确只有丧葬补助金和抚恤金两项,而且都是从基本养老保险基金支付,也就是由社保部门承担,无须用人单位支付。不只是广东,其他各地方的立法和政策无论此前如何规定,均应当统一按此执行。

遗憾的是,2014年广东省人大修订《广东省社会养老保险条例》时还是只字不提在职员工病故待遇,广东省政府也没有废止《规定》,所以仍有员工对此产生误解,司法实务中也仍有判决用人单位承担相关费用的案例,严重影响社会和谐。可喜的是,深圳相关部门注意到了这一问题,在2016年年底下发了《2016年全市社会保险争议疑难问题研讨会纪要》,确认“劳动者非因工死亡,其遗属因死亡抚恤待遇与用人单位发生争议的,适用《深圳经济特区社会养老保险条例》第三十二条规定”,也就是说,用人单位无须再承担《规定》的救济金了。

不过深圳《条例》也有败笔之处，要求“参加本市基本养老保险实际缴费年限累计满六个月的参保人”才得以享受病故待遇，又引发了很多争议。此前并无此要求，2006年条例修订时有关部门领导还就此专门征询过笔者意见，当时就有草案要求增加缴费6个月作为支付条件，笔者据理力争，得以维持原有规定。后来2012年再次修订条例时，这一条件终于添加进去了。这一条件既有违保障本意，又增加社会负担。为了解决相关实务问题，《纪要》不得不规定：“劳动者先后在多家用人单位就职，累计工作年限超过6个月，由于部分或全部用人单位未依法缴纳养老保险，导致劳动者无法享受上述丧葬补助金和抚恤金待遇，劳动者要求未依法缴纳养老保险的用人单位承担赔偿责任的，应予支持。各用人单位的责任按未依法缴纳养老保险的月份比例确定。”

更有甚者，一些地方还规定了员工病故用人单位要逐月支付“供养救济费”，地方法院也还支持这些“政策”。《社会保险法》已有明文规定，地方有关部门早就应当及时清理这些旧体制下陈旧的“政策”。这些所谓“政策”不仅与现行法律抵触，还引发了社会纷争，显然不应当再执行。

2017－04－06

七、再谈深圳养老保险缴纳基数

近期,一份2015年深圳市人大常委会办公厅给深圳市人力资源和社会保障局的复函浮现江湖,再次触动了深圳养老保险缴纳基数这一敏感问题(复函文号深常办函〔2015〕149号,全称为《关于适用〈深圳经济特区社会养老保险条例〉第四十八条有关问题的工作答复》,以下简称《答复》)。

养老保险如何缴纳事关千家万户,其中缴纳基数更是容易发生争议,一直以来都是各方关注的重点。《社会保险法》第12条规定:"用人单位应当按照国家规定的本单位职工工资总额的比例缴纳基本养老保险费,记入基本养老保险统筹基金",但是,这一规定在操作中衍生出两类缴纳模式:一是按当月/上月工资缴纳的模式;二是按上年月平均工资缴纳的模式。两种模式各有利弊,但前者在实践操作上具有一定的空间。

深圳养老保险一直以来就是按第一种模式进行缴纳的,2013年的《深圳经济特区社会养老保险条例》(以下简称《条例》)再次明确了用人单位每月缴纳基本养老保险费的缴费基数为本单位职工缴费基数的总和。与此同时,《条例》第48条规定"本条例所称工资总额为用人单位按月发放的劳动报酬",这一规定意义重大,笔者多年之前就曾指出:深圳的用人单位可以借此设计养老保险缴纳基数。

《答复》完全印证了笔者的观点,该《答复》明确规定:"为了平衡养老保险缴费与企业负担之间的关系,减轻企业和职工的负担,《深圳经济特区社会养老保险条例》第四十八条规定作为养老保险缴费基数的'工资总额'应当理解为用人单位按月发放的劳动报酬,非按月发放的津贴、项目奖金、年终奖、季度奖等劳动报酬不计入缴费基数。"这一规定写得非常清楚,深圳的用人单位完全可以据此缴纳养老保险。不少制造业的企业员工其实也不是很想多缴养老保险,如果双方愿意,可以考虑协商调整薪酬结构来实现目的;用人单位还可以通过一定的民主程序来适当调整薪酬结构,这也是降低相关成本的办法,而且可以做到不影响员工整体收入。

不过需要提醒的是,深圳现在也是需要五险同时缴纳,如按《答复》规定缴纳养老保险,养老保险的缴纳基数固定下来后必然需要统一作为工伤保险、失业保险、医疗保险和生育保险的缴纳基数,其他四项社会保险的缴纳基数深圳没有特别规定,将来或许会因此产生一些理解分歧,也可能因此产生行政诉讼、行政处罚以及工伤赔偿补差等纠纷。但是,养老保险对用人单位和劳动者都是成本最大的社会保险,所以这些风险应该不会成为障碍,毕竟不只《条例》有规定,而且《答复》也解释得很清楚了,用人单位与员工都有了抗辩依据,行政部门轻易不会行政处罚。如果有工伤发生,需要补差,也是可以接受的。

2018－07－02

八、职业病人身损害赔偿法律问题研究

一、法条困扰

职业病是指劳动者在职业活动中，因接触粉尘、放射性物质和其他有毒、有害物质等因素而引起的疾病。职业病的特点主要有四个方面，一是产生于职业活动；二是因接触有毒有害物质而引发；三是隐蔽性强持续时间长；四是危害大不易治疗。

根据相关法律规定，职业病属于工伤，患病可以享受相关工伤待遇。但是，职业病患者能否同时享受人身损害赔偿待遇并没有明确规定，已有规定也有重大理解分歧，导致这一问题成为司法实践中的一大难题。

《职业病防治法》(以下简称《职防法》)第 58 条规定："职业病病人除依法享有工伤保险外，依照有关民事法律，尚有获得赔偿的权利的，有权向用人单位提出赔偿要求。"该规定是目前国内唯一从法律层面上针对职业病人身损害赔偿待遇的相关规定，但却与最高人民法院的司法解释相左，令人困扰。最高人民法院《关于审理人身损害赔偿案件适用法律若干问题的解释》(法释〔2003〕20 号，以下简称《人身损害解释》)第 12 条第 1 款规定："依法应当参加工伤保险统筹的用人单位的劳动者，因工伤事故遭受人身损害，劳动者或者其近亲属向人民法院起诉请求用人单位承担民事赔偿责任的，告知其按《工伤保险条例》的规定处理。"这一规定意味着最高人民法院并不支持职业病患者向用人单位主张工伤待遇之外的人身损害的赔偿。不过最高人民法院还是区分了情况在第 12 条第 2 款针对第三人侵权情形做了不同规定："因用人单位以外的第三人侵权造成劳动者人身损害，赔偿权利人请求第三人承担民事赔偿责任的，人民法院应予支持。”2016 年年底最高人民法院在《第八次全国法院民事商事审判工作会议(民事部分)纪要》中规定：“被侵权人有权获得工伤保险待遇或者其他社会保险待遇的，侵权人的侵权责任不因受害人获得社会保险而减轻或者免除。根据社会保险法第三十条和四十二条的规定，被侵权人有权请求工伤保险基金或者其他社会保险支付工伤保险待遇或者其他保险待遇”，“用人单位未依法缴纳工伤保险费，劳动者因第三人侵权造成人身损害并构成工伤，侵权人已经赔偿的，劳动者有权请求用人单位支付除医疗费之外的工伤保险待遇。用人单位先行支付工伤保险待遇的，可以就医疗费用在第三人应承担的赔偿责任范围内向其追偿”。这些规定只是《人身损害解释》第 12 条第 2 款的延伸，并没有否认第 12 条第 1 款的规定。

第三人作为加害方承担赔偿责任固系应有之义，但却产生了双重给付的问题，突破了侵权法的基础理论之一“填平原则”，也因此影响了作为工伤的职业病待遇。尽管最高人民法院《人身损害解释》明确了第三人的民事赔偿责任，但却没有规定如何与工伤待遇衔接，结合上下文判断应当理解为全额赔偿。换个角度理解就是：无论劳动者是否取得工伤待遇，人民法院都支持其要求第三人承担赔偿责任的诉求；无论第三人是否因为人身损害赔偿了劳动者，都不影响劳动者另行依法获得工伤待遇。这样既避免了人身损害适用过错原则而产生的待遇差别问题，也避免了两个法律途径先后次序不一而产生的复杂程序问题。

但是，2010 年通过的《社会保险法》(以下简称《社保法》)第 42 条规定：由于第三人的原因造成工伤，第三人不支付工伤医疗费用或者无法确定第三人的，由工伤保险基金先行支付。工伤保险基金先行支付后，有权向第三人追偿。这一规定显然又否定了最高人民法院的意见，回到了“填平原则”上来，还特别赋予了工伤保险部门“代位求偿权”。新的问题也就随之产生：在第三人侵权造成工伤的情况下，劳动者并不能直接享受工伤待遇中的工伤医疗费，只有在第三人不支付该费用或无法确定第三人的情况下才由工伤保险基金先行支付。这一医疗待遇享受的先决条件非常不利于对劳动者的及时治疗救助，如何认定第三人不支付该费用或无法确定第三人成了社保部门巨大的挑战。尽管实践中常有第三人主动支付医疗费用的情形，也有用人单位或劳动者自已先行垫付的现象，但是工伤往往需要马上治疗，医疗救助及时性的要求无法给社保部门足够的时间来判断，因此留下了道德风险和法律隐患。

《社保法》上述规定的目的在于平衡各方利益，追究加害第三人的赔偿责任，降低国家费用，因此还特别规定了社保部门的“代位求偿权”，以避免双重给付。从这一角度来看，这一规定不仅与最高人民法院《人身损害解释》的规定不一致：《人身损害解释》在工伤系第三人侵权所致的前提下允许劳动者同时享受相关待遇，而《社保法》却不允许劳动者重复享受；其立法本意和精神也影响了对《职防法》相关规定的理解：第三人侵权尚且不支持双重给付，显然也不应支持职业病劳动者向用人单位重复主张待遇。不过《社保法》的规定仅是“医疗费用”，其他待遇该如何理解呢？有关部门对第三人侵权责任态度的反复不仅对一般工伤案件产生巨大影响，也同样影响职业病劳动者的人身损害赔偿待遇。

二、实务乱象

正是因为上述规定既不清晰又有矛盾，所以司法实践中各地案件裁判标准不一。为了统一当地的判案标准，一些省市通过《纪要》或《指导意见》等形式进行了规范。从 2001 年到 2017 年年底，福建、广东、湖北、新疆、重庆、山东、辽宁、云南、太原、江苏、上海、河南、安徽、深圳 14 个省市、自治区、直辖市相继出台了相关《纪要》《指导意见》等文件。具体规定见表 2：

表 2　部分省市职业病工伤员工人身损害赔偿待遇处理意见汇总

省市	文件名称、发布单位及年份	具体条文
福建省	《福建省高级人民法院关于审理劳动争议案件若干问题的意见》(2001)	8. 劳动者的伤亡既是工伤又是用人单位的侵权行为造成的，劳动者有权依有利于自己的原则，选择提起工伤赔偿或侵权损害赔偿之诉
广东省	《广东省高级人民法院关于审理劳动争议案件若干问题的指导意见》(2002)	第二十八条　劳动者被诊断患有职业病的，除依法享有工伤社会保险外，还可依照《民法通则》第一百一十九条的规定向用人单位请求损害赔偿，但该损害赔偿应扣除劳动者因职业病享有的工伤社会保险利益。 人民法院受理劳动争议案件后，劳动者根据上述规定向用人单位请求损害赔偿的，人民法院可一并审理

续表

省市	文件名称、发布单位及年份	具体条文
广东省	《广东省高级人民法院关于审理劳动争议案件疑难问题的解答》(2017)	15. 因生产安全事故受到伤害的从业人员及职业病患者主张工伤保险待遇后,又请求人身损害赔偿的,如何处理? 劳动者因安全生产事故或患职业病获得工伤保险待遇后,以人身损害赔偿为由请求用人单位承担赔偿责任的,如人身损害赔偿项目与劳动者已获得的工伤保险待遇项目本质上相同,应当在人身损害赔偿项目中扣除相应项目的工伤保险待遇数额,若相应项目的工伤保险待遇数额高于人身损害赔偿项目数额,则不再支持劳动者相应人身损害赔偿项目请求
湖北省	《湖北省高级人民法院关于审理劳动争议案件若干问题的意见(试行)》(2004)	二十三、关于因职业病引起的劳动争议案件的处理问题 劳动者被诊断患有职业病的,除依法享有工伤保险外,还可依照《民法通则》第一百一十九条和《职业病防治法》第五十二条的规定向用人单位请求损害赔偿,但该损害赔偿应扣除劳动者因职业病享有的工伤社会保险利益。 劳动者被诊断患有职业病,但用人单位没有依法参加工伤保险的,依照《职业病防治法》第五十三条的规定执行
新疆维吾尔自治区	《新疆维吾尔自治区高级人民法院兵团分院关于审理人身损害赔偿案件若干问题的指导意见》(2005)	一、属于工伤保险赔偿的,适用《工伤保险条例》 《解释》第十一条第三款规定"属于《工伤保险条例》调整的劳动关系和工伤保险范围的,不适用本条规定"。第十二条第一款规定"依法应当参加工伤保险统筹的用人单位的劳动者,因工伤事故遭受人身损害,劳动者或者其近亲属向人民法院起诉请求用人单位承担民事赔偿责任的,告知其按《工伤保险条例》的规定处理"。也就是说,只要用人单位与劳动者建立了劳动关系,劳动者所受伤害属于工伤,依法应当给予工伤保险赔偿的,不适用《解释》的规定。对因工伤事故遭受人身损害的,应当按照国务院《工伤保险条例》的相关规定请求工伤保险赔偿,不能直接对用人单位提起人身损害赔偿的民事诉讼

续表

省市	文件名称、发布单位及年份	具体条文
重庆市	《重庆市高级人民法院关于审理工伤赔偿案件若干问题的意见》(2005)	二、赔偿权利人要求用人单位承担其他民事责任的,人民法院应予以驳回
	《重庆市高级人民法院关于当前民事审判若干法律问题的指导意见》(2007)	5. 对劳动者以一般民事侵权赔偿纠纷向人民法院起诉的,用人单位可以以构成工伤事故为由进行抗辩,但应承担相应的举证责任。如果劳动部门没有认定工伤,则可以按照一般民事侵权赔偿予以处理
山东省	山东省高级人民法院《全省民事审判工作座谈会纪要》(2005)	(六)关于工伤保险待遇纠纷案件的处理问题……对劳动部门没有作出工伤认定结论或者劳动者以一般民事侵权赔偿纠纷向人民法院起诉的,用人单位可以以构成工伤事故为理由进行抗辩,并由其承担相应的举证责任。如果劳动部门没有认定工伤或者用人单位也不能证明构成工伤事故的,则可以按照一般民事侵权赔偿予以处理
	《山东省高级人民法院关于适用〈中华人民共和国职业病防治法〉第五十二条中有关问题的答复》(2010)	二、当事人依照《中华人民共和国职业病防治法》第五十二条规定提起的民事诉讼所应获得的赔偿范围,主要应指精神损害赔偿
辽宁省	辽宁省高级人民法院《全省法院民事审判工作座谈会会议纪要》(2009)	19. 关于工伤保险待遇与第三人侵权赔偿的关系依法应当参加工伤保险统筹的用人单位的劳动者,因工伤事故遭受人身损害,劳动者或其近亲属请求用人单位承担民事赔偿责任的,告知其按《工伤保险条例》的规定处理
云南省	《云南省高级人民法院关于审理人身损害赔偿案件若干问题的会议纪要》(2009)	22. 因乘坐本单位车辆出差发生交通事故死亡,所在单位向劳动和社会保障部门提出工伤申请认定为工伤,并经有关部门核准了丧葬费、一次性抚恤金等费用的,死者家属不能再以单位为被告提起交通事故损害赔偿诉讼

续表

省市	文件名称、发布单位及年份	具体条文
太原市	《太原市中级人民法院民事审判工作专题研讨会会议纪要》(2009)	2. 审理工伤赔偿案件,适用雇主责任原则和无条件赔偿原则。对劳动部门没有作出工伤认定结论或者劳动者以一般民事侵权赔偿纠纷向人民法院起诉的,用人单位可以以构成工伤事故为理由进行抗辩,但应由其承担相应的举证责任。如果劳动部门没有认定工伤或者用人单位也不能证明构成工伤事故的,则可以按照一般民事侵权赔偿纠纷予以处理
江苏省	《江苏省高级人民法院劳动争议案件审理指南》(2010)	三、工伤保险与民事损害赔偿的关系 2. 劳动者因工伤事故遭受人身损害,应当按照国务院《工伤保险条例》的相关规定请求工伤保险赔偿,不能直接对用人单位提起人身损害赔偿的民事诉讼。即使用人单位没有给劳动者建立工伤保险关系,根据法释〔2003〕20 号《最高人民法院关于审理人身损害赔偿案件适用法律若干问题的解释》第十二条的规定,只要该单位依法应当参加工伤保险统筹,也应适用《工伤保险条例》予以赔偿
上海市	《上海市高级人民法院关于劳动争议最新审判意见》(2011)	四、工伤保险制度通过设立社会互济性质的保险基金,对劳动者发生工伤进行了及时救济和赔偿,同时分散了企业经营风险,减轻了企业负担。由于工伤保险赔偿制度实行的是无过错责任原则,只要发生工伤损害,不考虑用人单位或劳动者本人是否存在过错,工伤保险基金与用人单位就应当按照《工伤保险条例》的规定支付工伤保险相关费用,用人单位的过错责任已被工伤赔偿责任所吸收,故即使用人单位对工伤发生有过错,也无须另行承担侵权赔偿责任。此外,虽然侵权赔偿和工伤赔偿的赔偿项目和标准略有差别,但工伤保险以其保留劳动关系等方式提供保障,且国务院新修订的《工伤保险条例》已将工伤赔偿标准大幅提高,所以也不存在工伤赔偿标准明显低于侵权赔偿标准的问题

续表

省市	文件名称、发布单位及年份	具体条文
河南省	《河南省高级人民法院关于当前民事审判若干法律问题的指导意见》(2013)	第十四条　侵权人是用人单位或者受雇于同一用人单位的其他劳动者的,受害人应当申请工伤保险赔偿;受害人请求民事损害赔偿的,人民法院不予受理
安徽省	《安徽省高级人民法院关于审理劳动争议案件若干问题的指导意见》(2015)	第十七条　工伤保险赔偿和人身损害赔偿的责任主体是同一单位的,如用人单位为劳动者办理了工伤保险手续,劳动者或者其近亲属请求用人单位承担人身损害赔偿责任的,人民法院应告知其按《工伤保险条例》的规定处理。 第十八条　用人单位依法应当为劳动者办理工伤保险手续而没有办理的,劳动者可以选择依照《最高人民法院〈关于审理人身损害赔偿案件适用法律若干问题的解释〉》第十二条第一款的规定,向用人单位主张工伤保险待遇;也可以依照《侵权责任法》,主张用人单位承担人身损害赔偿责任
深圳市	《深圳市中级人民法院关于审理工伤保险待遇案件的裁判指引》(2015)	二十二　劳动者因生产安全事故发生工伤或被诊断患有职业病,劳动者或者其近亲属依据最高人民法院《关于确定民事侵权精神损害赔偿责任若干问题的解释》的规定要求用人单位承担精神损害赔偿责任的,应按照劳动者伤残等级进行确定,十级伤残为 1 万元,逐级增加 1 万元,一级伤残或死亡的为 10 万元

上述文件有的直接提职业病,有的表述为工伤保险赔偿,但也同样适用于职业病情形。相关规定可以分为四类:一类允许选择工伤保险待遇或人身损害赔偿,如福建;一类明确支持双重待遇,但要扣减工伤保险利益,如广东省、湖北省;一类明确反对双重待遇,甚至直接规定不予受理,如新疆维吾尔自治区、重庆市、辽宁省、云南省、太原市、江苏省、上海市、河南省、安徽省;还有一类只支持精神损害赔偿,如山东省、深圳市。如果用人单位没有参加工伤保险,如何处理也有三种意见,一种是统一套用工伤保险待遇,如江苏省;一种是按人身损害来处理,如山东省、重庆市、太原市;还有一种是允许当事人选择,如安徽省。

从对上述规定的统计来看,支持双重赔偿的相对少一些,反对双重赔偿的省市更多。即使是支持双重赔偿的，也基本上同时规定需要扣除工伤保险利益或只支持精神损害赔偿。也就是说，绝大多数省市实施的是替代模式，少数是补充模式，极个别是选择模式。但是，这些《纪要》或《指导意见》基本上只是就事论事地进行了一些硬性规定，除了上海市之外，其他省市基本没有阐述相关规定的法理依据。

需要特别指出的是，广东省高级人民法院 2017 年出台的《关于审理劳动争议案件疑难问题的解答》（以下简称《解答》），对 2002 年的规定进行了细化，一方面仍然坚持原来的双重赔偿的观点，另一方面将人身损害赔偿项目与劳动者工伤保险待遇项目进行了对比，规定在人身损害赔偿项目中扣除相应项目的工伤保险待遇数额。《解答》中工伤保险待遇项目和人身损害赔偿项目对应列举见表 3。

表 3

工伤保险待遇项目	人身损害赔偿项目
住院治疗的伙食补助费	住院伙食补助费
停工留薪期工资	误工费
一次性伤残补助金、伤残津贴	残疾赔偿金
丧葬补助金	丧葬费
供养亲属抚恤金	被扶养人生活费
一次性工亡补助金	死亡赔偿金
安装假肢等辅助器具费	残疾辅助器具费

《解答》的新规定表面上更有利于审判实践，但实际上只是机械地进行了项目匹配，只有“本质”相同的部分才得以扣除，此外的待遇则予以支持，相当于特殊补充模式。但这一模式成了“四不像”，由于没有将工伤保险利益与人身损害赔偿利益进行整体性对比和扣除，所以这一操作模式留下了重大理解分歧，进一步激化了广东区域此类纠纷的矛盾，诱发了职业病员工人身损害赔偿案件，殊为不智。而且深圳只支持精神损害赔偿的规定明显与广东两次的意见均不合，同属广东行政区域却可能出现完全不同的裁判结果。

需要强调的是，即便出台了统一操作规范的省市，无论是省高级人民法院这一层面还是下级法院，在查询的这几年近百例案件中，仍然出现大量同时期同类型案件相互矛盾的裁判。广东省高级人民法院不支持双重赔偿的案例有：[（2015）粤高法民申字第1012号]方某与广州钜东娱乐用品有限公司劳动合同纠纷申诉、申请案、[（2016）粤民申7325号]梅某某与广州市万绿达集团有限公司工伤保险待遇纠纷再审审查与审判监督案、[（2017）粤民申1618号]贾某某与广州百利文仪家具有限公司劳动争议再审审查与审判监督案。最后一个案例裁定于《解答》发布之后，与《解答》意见相左。支持双重赔偿的案例有：[（2015）粤高法民申字第1034号]曹某某与广州市番禺区旧水坑丰达电机厂工伤保险待遇纠纷申诉、申请案、[（2017）粤民申3000号]中山广盛运动器材有限公司与贝某生命权、健康权、身体权纠纷再审审查与审判监督案。江苏省高级人民法院在[（2015）苏审三民申字第0004号]韩某某与江苏神工机械制造集团有限公司、淮安市吉利铸造中心生命权、健康权、身体权纠纷再审复查与审判监督案中不支持双重赔偿，江苏省苏州市中级人民法院却在[（2016）苏05民终1974号]董某某与中国高岭土有限公司一般人格权纠纷二审民事判决书中支持双重赔偿。北京市第三中级人民法院在[（2017）京03民终7311号]王某某与北京华腾东光稀贵金属提炼有限公司生命权、健康权、身体权纠纷二审案中支持双重赔偿；北京市第一中级人民法院在[（2016）京01民终1107号]展某某与北京神雾环境能源科技集团股份有限公司生命权、健康权、身体权纠纷二审案中不支持双重赔偿并裁定驳回起诉。

深圳市中级人民法院纪要只支持精神损害抚慰金，但深圳市宝安区人民法院在[（2017）粤0306民初4769号]龚某某与海日升电器制品（深圳）有限公司生命权、健康权、身体权纠纷一审案和深圳市中级人民法院在[（2016）粤03民终9185号]深圳市迅兴彩印有限公司与卜某某生命权、健康权、身体权纠纷二审案中却扩大了赔偿范围，不仅支持了精神损害抚慰金，还支持了被抚养人生活费。福建省高级人民法院在[（2016）闽民申2060号]谢某某与福建煤电股份有限公司劳动争议申诉案中认为："劳动者在无第三人因素而遭受包括患职业病在内的工伤时，应以完全的工伤保险取代民事损害赔偿，劳动者只能依工伤保险制度请求工伤保险赔偿"，此观点与该省纪要意见并不一致。吉林省高级人民法院的态度也耐人寻味：该院2015年10月在[（2015）吉民提字第23号]修正药业集团股份有限公司与王某某劳动争议再审案中支持双重赔偿；2017 年 3 月却在[（2017）吉民申 1880 号]郭某某与中国石油天然气股份有限公司吉林石化分公司劳动争议再审审查案中又不支持双重赔偿，是否受了最高人民法院判例影响而改变态度不得而知。

相关判决不支持双重赔偿的理由主要认为《人身损害解释》有明确规定，《职防法》《安全生产法》相关规定只是指向其他民事法律规定，但现在并无此类明确的民事法律依据；支持双重赔偿的理由则以《职防法》《安全生产法》为上位法且符合有利于劳动者的立法本意为核心观点。尽管司法实践中也有引用《民法通则》和《侵权责任法》相关条款的情形，但计算人身损害赔偿相关待遇时都还是引用《人身损害解释》相关条款。支持和不支持双重赔偿的依据都是《人身损害解释》，令人不解；引用《人身损害解释》相关条款支持双重赔偿的判例往往回避《人身损害解释》第 12 条，在逻辑上不具有自洽性，确实难以令人信服。

虽然最高人民法院《人身损害解释》有过相关规定，但从各省市高院、中院的规定来看，仍然各自规定，各行其是。即便各地有了上述“统一”规定，仍然各案各判，令人无所适从。起因仍然在于最高人民法院《人身损害解释》与《职防法》《安全生产法》的根本性冲突。即便最高人民法院通过（2014）民提字第 204 号刘清林诉新疆有机化工厂破产清算组案（2015 年 6 月 1 日判决）再次重申了《人身损害解释》并非“有关民事法律”，“单位与工伤人员包括职业病患者之间是因劳动关系形成工伤保险法律关系，与《人损司法解释》调整的侵权者与被侵权人的侵权赔偿法律关系并不等同”，相关案件不适用“因工伤事故遭受的人身损害”，但是，广东省高级人民法院 2017 年 8 月 1 日仍然出台了与之相左的《解答》，各地各级法院仍然视而不见，继续依照各自理解来裁判相关案件，乱象丛生。

三、第三人困境

各地除了上述直接规定职业病员工是否可以向用人单位主张人身损害赔偿外，2001 年后一些省市自治区还就第三人侵权导致工伤的相关人身损害赔偿问题进行了规定，其中包括福建省、广东省、山东省、辽宁省、云南省、河北省、浙江省、江西省、湖南省、北京市、上海市、天津市、西安市、太原市、成都市、深圳市 16 个省市。这些省市针对第三人侵权导致工伤的情形,基本上沿用了最高人民法院《人身损害解释》的思路,但有些省市也做了一些调整:有不支持损失重合部分的,如北京市;有规定医疗费、丧葬费和辅助器具更换费等不得重复享受的,如深圳市;有规定扣除医疗费,残疾辅助器具费,工伤职工在停工留薪期间发生的护理费、交通费、住院伙食补助费的,如浙江省。还有些省市强调第三人侵权已获得民事补偿部分工伤待遇不再支付或先处理民事赔偿再比较工伤待遇的,如福建省、西安市。这些调整实质上是将最高院的完全双重赔偿原则改成了补充原则,但具体操作中还涉及起诉与主张工伤待遇先后次序问题,所以实践中除非当事人配合,否则仍然很难实现扣减。社保部门尽管有《社保法》作为依据,但基本上只是简单按照工伤规定直接支付相关待遇,当事人是否获得第三人侵权赔偿则在所不问。

实务中司法部门和行政部门对第三人侵权人身损害赔偿的态度进一步鼓励了职业病员工向用人单位争取人身损害赔偿,毕竟职业病自身的特点决定其存在特殊性,再加上国家工伤赔偿制度关于职业病在某些层面上确实有不足或模糊之处(如停工留薪期起始期间、社保部门不予报销的医疗费用、疑似职业病患者相关待遇、有毒有害岗位津贴标准等),所以职业病人身损害赔偿法律纠纷日益成为司法难案。笔者认为,必须同时探讨第三人侵权导致工伤的人身损害赔偿问题,才能解决职业病人身损害赔偿问题,因为这是密不可分的两个方面。劳务派遣模式下的职业病工伤既涉及用人单位又涉及用工单位,更是体现了这个问题的整体性。

笔者 13 年前经办了一起劳务派遣员工主张用工单位人身损害赔偿的案件[(2005)深福法民一初字第某号案]。该案案情为一位派遣员工因工受伤认定工伤后鉴定丧失劳动能力九级,派遣单位办妥各项工伤理赔手续后,派遣员工一纸诉状将用工单位告上法庭,要求用工单位承担人身损害赔偿责任。尽管一审法院认定用工单位没有过错而胜诉,但二审法院不同意一审法院的观点,用工单位最后支付了一笔费用调解结案。本案的焦点在于用工单位是否为第三人?是否需要承担人身损害赔偿责任?在劳务派遣模式下,派遣单位用人不用工,用工单位用工不用人,双方都是独立注册主体;派遣单位缴纳社保而用工单位实际承担费用但非社保缴纳主体。如果认定用工单位为第三人，则根据《人身损害解释》相关规定，用工单位难辞其责，这就意味着用工单位虽实际承担了社保成本却还需要额外承担人身损害赔偿责任。如果直接招用员工，即便是职业病，根据《人身损害解释》的规定，无须另外支付人身损害赔偿。派遣单位办理职业病工伤理赔后却由于用工单位实际提供工作条件，派遣员工可能会主张职业病系用工单位即第三人所致，继续套用《人身损害解释》第三人相关规定主张双重赔偿，用工单位同样无法回避这一责任，从而陷入“第三人困境”。

劳务派遣其实是劳动关系的特殊表现形式，尽管用工单位与派遣单位存在派遣合同关系，但派遣员工受指派完成任务时所涉及任何用工单位的作业环境均构成了派遣单位的作业环境，所有权利义务均应归结于派遣单位所有，用工单位的安全保障义务即为派遣单位的安全保障义务，用工单位的作业环境应视为派遣单位的劳动条件。派遣单位与用工单位其实是劳动关系共同主体，只是根据法律规定通过约定分配具体权利义务而已，但只有合在一起才构成完整的劳动关系，只有这样理解才能够避免上述逻辑悖论，同时符合“填平原则”。也就是说，劳务派遣模式下无论是职业病还是一般工伤，派遣员工仍然应当适用工伤相关规定且不得向派遣单位和/或用工单位主张人身损害赔偿，否则此类案件层出不穷，严重影响社会和谐。

非劳务派遣模式下的其他第三人侵权所致工伤一般情况下不会涉及职业病，毕竟职业病需要有接触史才能够发生和认定，但第三人侵权仍然应当承担侵权责任，如果都由社保机构来承担反而放任了第三人而可能引发道德风险。不过为了尽快救助工伤员工，仍然应当由工伤保险先行承担所有费用，然后再由社保机构代位求偿，其中依照工伤保险相关规定涉及用人单位承担的待遇，用人单位先行支付后也应当有权向第三人追偿。这样既维持了“填平原则”，也有效追究了第三人侵权责任，还保障了工伤员工各项利益。虽然《保险法》第46条规定“被保险人因第三者的行为而发生死亡、伤残或者疾病等保险事故的，保险人向被保险人或者受益人给付保险金后，不享有向第三者追究的权利”，有学者认为，人的生命健康权不应成为牟利的工具，并借此主张社保机构不应享有“代位求偿权”。但是这一规定仅是针对商业保险，与强制性的工伤保险存在本质区别。正是为了避免双重获益和道德风险才需要通过法律赋予社保机构以及用人单位的“代位求偿权”，如此才能促使各方以人为本，尊重人的生命健康。

如前所述，最高人民法院的《人身损害解释》支持工伤当事人向第三人主张人身损害赔偿，各地地方法院基本也沿用这一思路，但正是由于《人身损害解释》背离了“填平原则”，所以在实务中出现了各类问题：一方面一般工伤员工因第三人侵权而享受了双重待遇，另一方面受危害更大的职业病员工却因《人身损害解释》而止步于现有工伤待遇。部分地方法院通过纪要等形式进一步规定要求扣减医疗等费用来修正《人身损害解释》，《社会保障法》也特别赋予了社保部门对医疗费的“代位求偿权”，不仅是平衡各方利益，更是有深刻的法理和制度层面的考量。如果仍然维持现有的第三人侵权工伤享受双重待遇的格局，职业病人身损害赔偿问题就不可能得到实质性解决，因为这在制度层面上决定了其不具有公平性，用人单位和法院也就无法摆脱这方面的压力。实际上工伤待遇不仅有社保部门负担的医疗费等待遇，也还有用人单位承担的部分待遇，如停工留薪期期间的工资、护理费和一次性伤残就业补助金等。通过合理配置国家和用人单位的责任，一方面化解用人单位与劳动者的风险，另一方面强化用人单位预防工伤的积极性，以免将全部责任推卸给社保机构而放任工伤发生。职业病由于其隐蔽性强持续时间长和危害大的特点，决定了用人单位应当承担相应的责任，因此有必要全方位对比职业病工伤和人身损害赔偿标准及其相关待遇，以进一步判断现行制度的合理性。

四、待遇对比

有学者指出，工伤待遇与人身损害赔偿待遇存在差异是目前司法实践中最大的问题。如果两者没有差别，自然都会选择简便且无过错原则的工伤保障，也不会再寻求民事诉讼的解决途径。但是，这个观点值得商榷。笔者认为只要双重赔偿的观点在司法实践中得到支持，就必然会有劳动者去争取另外一份待遇，无论待遇是否存在差别。实践中一些法院采纳补充原则作为审理案件的标准，不过这一办法并不能有效止诉，因为两套待遇保障制度因为历史原因以及角度不同确实存在一定的差异。

有人认为人身损害赔偿待遇远高于工伤待遇，根据“填平原则”，应当允许当事人选择或补充赔偿。甚至有人认为工伤待遇赔付范围和金额微乎其微，完全不足以弥补职业病造成的损失，所以主张可以双重赔偿。其实这都是对工伤待遇的误读，是没有将工伤待遇与人身损害赔偿待遇做全面对比的结果。

从历史上看，工伤待遇与人身损害赔偿待遇确实存在过差异。1996 年原劳动部颁发的《企业职工工伤保险试行办法》规定的一次性工亡补助金标准为 48 个月至 60 个月上年度职工平均工资，2003 年国务院颁发的《工伤保险条例》沿用了这一标准：一次性工亡补助金标准为 48 个月至 60 个月的统筹地区上年度职工月平均工资，而同年晚些时候最高人民法院发布的《人身损害解释》规定死亡赔偿金按照受诉法院所在地上一年度城镇居民人均可支配收入或者农村居民人均纯收入标准，按 20 年计算（60 周岁以上的，年龄每增加一岁减少一年；75 周岁以上的，按 5 年计算）。尽管基数不一，但仅从赔偿月数上看，两者确实差距甚大，以致媒体当时惊呼“同命不同价”。不过 2010 年《工伤保险条例》修订时，将一次性工亡补助金标准规定为上一年度全国城镇居民人均可支配收入的 20 倍，尽管基数仍然不同，但至少赔偿月数已经没有区别，而且基数对比也未必是工伤待遇低，经济发展水平较高的区域工伤待遇基数可能是人身损害赔偿基数高，经济发展水平较低的区域相反人身损害赔偿基数可能更低。

工伤死亡赔偿中丧葬补助金与人身损害的丧葬费标准一样都是 6 个月上年度职工月平均工资标准，两者没有差别。工亡赔偿中的供养亲属抚恤金按本人工资的一定比例计发：配偶每月 40%，其他亲属每人每月 30%，孤寡老人或者孤儿每人每月在上述标准的基础上增加 10%。核定的各供养亲属的抚恤金之和不应高于因工死亡职工生前的工资。这一标准与人身损害赔偿中被扶养人生活费标准不一样，后者按照受诉法院所在地上一年度城镇居民人均消费性支出和农村居民人均年生活消费支出标准计算。被扶养人为未成年人的，计算至 18 周岁；被扶养人无劳动能力又无其他生活来源的，计算 20 年（60 周岁以上的，年龄每增加一岁减少一年；75 周岁以上的，按 5 年计算）。但孰高孰低，同样要看具体区域和当地相关标准的数据，并不能简单理解为人身损害赔偿此类待遇高于工伤死亡待遇。

以上系死亡主要待遇的对比，虽然没有考虑死亡前治疗过程中医疗费、误工费、护理费、交通费等待遇，且工伤医疗费用药标准受到社保部门的报销限制，但工伤保险待遇基本能够保障伤者所需，其他与医疗相关的其他待遇也有相应保障，和人身损害相关待遇差别不大。人身损害营养费在工伤待遇中没有规定，但这一待遇《人身损害解释》也没有明确标准，在人身损害赔偿案件中法官也只是酌情裁决，金额相对较小。伤残待遇会比较复杂一些，但也同样可以梳理主要待遇来进行比较，而与伤残相关的工伤复发待遇、康复费、后续治疗费也各有规定，都有相应保障，也非必然发生。

残疾待遇中停工留薪期待遇一般与误工费对应，如果治疗期长于 24 个月，则工伤待遇会低于误工费，但低于 24 个月则没有太大区别。误工费按实际收入水平确定，停工留薪期待遇还受到缴纳社保 3 倍社平工资封顶的限制，如果劳动者实际工资高于 3 倍社平工资，则停工留薪期待遇也会低于误工费。但绝大多数工伤员工治疗期以及实际工资都在法律规定的上限之下，因此，整体上对比可以理解为停工留薪期待遇与误工费基本相当。

工伤伤残待遇根据伤残等级不同而归为 3 类，第一类为 1 ~4 级，第二类为 5 ~6 级，第三类为 7 ~10 级。第一类的主要待遇有一次性伤残补助金、按月支付的伤残津贴(1 ~4 级分别为本人工资的 90%、85%、80%、75%)和基本养老保险待遇(低于伤残津贴的，由工伤保险基金补足差额)。与此同时，法律强制规定保留劳动关系，退出工作岗位。第二类的主要待遇有一次性伤残补助金，用人单位保留劳动关系，安排适当工作，难以安排工作的，由用人单位按月发给本人工资的 70% 或 60% 作为伤残津贴。本人提出与用人单位解除或者终止劳动关系的，还可享受一次性工伤医疗补助金和一次性伤残就业补助金(具体标准各地自定)。第三类的主要待遇为一次性伤残补助金和离职时一次性工伤医疗补助金和一次性伤残就业补助金(具体标准各地自定)。1 ~10 级对应的一次性伤残补助金为 27、25、23、21、18、16、13、11、9、7 个月的本人工资。一次性工伤医疗补助金和一次性伤残就业补助金各地标准不一，以广东为例，5 ~10 级对应的一次性工伤医疗补助金标准分别为 10、8、6、4、2、1 个月本人工资；5 ~10 级对应的一次性伤残就业补助金标准分别为 50、40、25、15、8、4 个月本人工资。

《人身损害解释》规定的待遇包括医疗费、误工费、护理费、交通费、住宿费、住院伙食补助费、必要的营养费，还包括残疾赔偿金、残疾辅助器具费和被扶养人生活费。其中残疾赔偿金和被扶养人生活费与上述工伤伤残待遇相对应，其他的待遇如前所述基本相当或金额较小。人身损害的残疾赔偿金根据受害人丧失劳动能力程度或者伤残等级，按照受诉法院所在地上一年度城镇居民人均可支配收入或者农村居民人均纯收入标准，自定残之日起按 20 年计算（60 周岁以上的，年龄每增加一岁减少一年；75 周岁以上的，按 5 年计算）；被扶养人生活费则根据扶养人丧失劳动能力程度，按照受诉法院所在地上一年度城镇居民人均消费性支出和农村居民人均年生活消费支出标准计算。被扶养人为未成年人的，计算至 18 周岁；被扶养人无劳动能力又无其他生活来源的，计算 20 年（60 周岁以上的，年龄每增加一岁减少一年；75 周岁以上的，按 5 年计算）。被扶养人是指受害人依法应当承担扶养义务的未成年人或者丧失劳动能力又无其他生活来源的成年近亲属。被扶养人还有其他扶养人的，赔偿义务人只赔偿受害人依法应当负担的部分。被扶养人有数人的，年赔偿总额累计不超过上一年度城镇居民人均消费性支出额或者农村居民人均年生活消费支出额。

通过上述对比可以看出，人身损害赔偿待遇与工伤待遇最主要的差别在于残疾赔偿金、被扶养人生活费与一次性伤残补助金、按月支付的伤残津贴等待遇的差别。两套制度中理念和角度不同，相关待遇的设计思路和标准也有区别，金额也因具体情况有别而不同。按一个一级伤残人员有两个老人两个小孩（伤残人员为独生子女且生育二孩）需要扶养且按最高额待遇来计算，人身损害的待遇为 20 年受诉法院所在地上一年度城镇居民人均可支配收入或者农村居民人均纯收入以及 20 年上一年度城镇居民人均消费性支出额或者农村居民人均年生活消费支出额；工伤待遇则是 27 个月本人工资的一次性伤残补助金以及每个月 90% 本人工资的伤残津贴，伤残补助金相对较少，伤残津贴则要看劳动者年龄才能判断享受时长，可能高于 20 年，也可能低于 20 年，并不能必然得出会低人身损害待遇的结论。2017 年深圳市的社平月工资是 7480 元，3 倍社保封顶为 22，440 元，但是 2017 年深圳城镇居民人均年可支配收入元仅为 48，695 元、城镇居民人均消费性支出额为 36，480.6 元，就算是两项合计一年也只有 85，175.60 元，月均 7097.97 元，低于深圳的月均社平工资，这也就意味着只要劳动者收入达到社平工资，同样计算 20 年工伤待遇（伤残补助金 27 个月本人工资足以弥补 10% 部分），会高于人身损害赔偿中残疾赔偿金及被扶养人生活费之和！何况人身损害赔偿以过错原则为标准，如果被扶养人还有其他扶养人的，相关待遇有可能进一步下降。深圳虽然只是一个样本，但任何区域的月均社平工资以及城镇居民人均可支配收入、农村居民人均纯收入以及城镇居民人均消费性支出额、农村居民人均年生活消费支出额都会有一定的对应关系，而且绝大多数城市社保缴纳下限为社平工资的 60%，也就是说，计算工伤待遇的本人工资不会低于这一标准，所以人身损害赔偿待遇在这一级别上并不比工伤待遇高，甚至可能会低于工伤待遇！

如果工伤为第二类 5 级情形，工伤待遇只包括 18 个月本人工资的一次性伤残补助金以及每个月 70% 本人工资的伤残津贴，而 5 级人身损害赔偿待遇对应的比例也相应下调，可以得到相同的结论。需要特别指出的是，如果劳动者正常工作则享受正常工资待遇。而司法实践中很多法院对此待遇视而不见，仅仅理解为本人工作收入，不做全面对比，显然是错误的，毕竟是国家工伤相关法律强制保障 5 ~ 6 级伤残劳动者就业权利的，无论劳动合同是否为固定期限。

如果工伤为第三类 7 级情形，工伤待遇为 13 个月本人工资的一次性伤残补助金、若干个月的一次性工伤医疗补助金以及一次性伤残就业补助金。以深圳市为例，后两者分别为 6 个月本人工资和 25 个月本人工资，合计 31 个月本人工资，连同一次性伤残补助金，共可享受 44 个月本人工资待遇（医疗费、交通费、护理费、停工留薪期工资等不计），按 2017 年深圳的社平月工资 7480 元计算，应为 329,120 元。人身损害 7 级对应的待遇享受比例为 40%，残疾赔偿金、被扶养人生活费合计为 681,404.80 元（85,175.60 × 20 × 40%）。两者出入确实较大，原因在于 7 级之后的工伤待遇是固定数，并非比例模式。但是，如前所述，这一待遇以对方完全过错且无其他扶养人为条件，并非绝对数值，理论上同样可能会低于工伤待遇。实践中一些法官同样无视以劳动关系解除或终止为前提条件的一次性工伤医疗补助金以及一次性伤残就业补助金，只是简单将一次性伤残补助金进行对比，差别进一步加剧，更容易引发诉讼。广东省 2017 年的《解答》就犯了这样的错误，在“本质上相同的项目表”

中居然找不到一次性工伤医疗补助金以及一次性伤残就业补助金。《工伤保险条例》第37条第2项规定:"劳动、聘用合同期满终止,或者职工本人提出解除劳动、聘用合同的,由工伤保险基金支付一次性工伤医疗补助金,由用人单位支付一次性伤残就业补助金",结合《劳动合同法》第42条和第45条的规定,用人单位是不能随意解除丧失劳动能力7~10级的劳动者的劳动合同的,如果没有发生这两笔费用,说明劳动者仍然在职,其享受着正常的工资待遇,这部分待遇既是劳动者劳动所得,也是法律保障待遇,一些地方法院甚至明确规定用人单位不得解除此类劳动者劳动合同。这一保障性待遇也属于工伤待遇,既不计算一次性工伤医疗补助金以及一次性伤残就业补助金,也不考虑此期间的工资,只会让当事人提高期望值,进而诱发更多诉讼;如果计入工伤待遇,与人身损害赔偿待遇的差距应该会大幅降低。

职业病确有其特殊性,部分疾病治疗周期长危害大,一般工伤24个月的停工留薪期可能不够,所以《工伤保险条例》还留了余地:工伤职工在停工留薪期满后仍需治疗的,继续享受工伤医疗待遇。虽然24个月后没有再要求用人单位支付全额工资,但立法保障了维系劳动关系的情况下用人单位至少应当给予病假待遇。实践中劳动能力鉴定委员会往往会根据治疗需要在24个月之后持续出具延长停工留薪期的证明,法院也基本上据此判决用人单位继续支付全额工资。《职防法》针对职业病隐蔽性强的特点,特别规定了疑似职业病病人在诊断、医学观察期间的费用由用人单位承担;同时规定在疑似职业病病人诊断或者医学观察期间,不得解除或者终止与其订立的劳动合同。

更重要的是,职业病工伤待遇不仅有上述可以计算的具体待遇,立法还通过一系列的制度和措施进一步保障劳动者的利益,其中包括适用无过错原则、保障就业稳定、举证责任倒置等。每一项制度设计都影响重大,都是具体待遇之外的法律利益,都对保护劳动者起到了极大的作用。无过错原则避免了各方对过错的纠缠,保障就业稳定也保障了劳动者持续稳定的收入和医疗待遇,举证责任倒置更是提升了对劳动者的保护水平。《工伤保险条例》规定,职工或者其近亲属认为是工伤,用人单位不认为是工伤的,由用人单位承担举证责任;《职防法》同样也规定:没有证据否定职业病危害因素与病人临床表现之间的必然联系的,应当诊断为职业病。这些规定意味着劳动者几乎免除了所有举证责任，可以得到更充分的保障。《职防法》还规定：劳动者无法提供由用人单位掌握管理的与仲裁主张有关的证据的，仲裁庭应当要求用人单位在指定期限内提供；用人单位在指定期限内不提供的，应当承担不利后果。这些利益远非人身损害赔偿可以比拟，国家针对职业病特殊性设计了特别的保护制度，相关待遇并不低于人身损害赔偿待遇。

综合上述对比，笔者认同上海市高级人民法院2011年的观点：国务院新修订的《工伤保险条例》已将工伤赔偿标准大幅提高，所以也不存在工伤赔偿标准明显低于侵权赔偿标准的问题。

司法实践中不少法官认为工伤待遇无法覆盖劳动者的实际损失，所以根据“填平原则”并引用《安全生产法》和《职防法》相关规定而判决用人单位再行承担人身损害赔偿待遇。其实持这些观点者往往只是简单地对两套制度的待遇进行了对比，并按就高原则进行裁判，与“填平原则”并没有关联。劳动者实际损失是逐渐发生的，待遇也是逐渐享受的，简单判决享受双重待遇或补充享受差别待遇都是对“填平原则”的错误运用。

五、理论制度再检视与解决路径

诚如王利明所言，工伤涉及的违约责任与侵权责任竞合问题一直是争议的热点，王泽鉴亦坦言“劳灾补偿与侵权行为损害赔偿之关系，系一项不易解决之难题”。从史尚宽到王泽鉴，从王利明到张新宝，从郑尚元到林嘉，诸多法律学者一直在研究相关问题。在常见的选择模式、兼得模式、替代模式和补充模式理论基础上，相关学者也提出了一些新的观点，如张新宝主张“原则上采取替代模式，辅之以改良的选择模式”，如林嘉、马特主张代替主义代位求偿的同时“允许自由选择请求权”。这些模式和观点也适用于一般的职业病情形，虽有可取之处，但是都没有放在劳务派遣这一用工形式下考量，所以未能走出原有思维体系，难以构建更为合理的制度。劳务派遣模式下职业病工伤待遇与人身损害赔偿关系的理论研究和制度设计才是解决问题的关键，因此有必要检视既有理论和制度，以期找到合适的解决路径。

现有理论中选择模式虽然更符合现有理论体系，但选择模式在现实中基本已被淘汰，因为该模式只是表面上的权利，实际上既不经济也缺乏保障，劳动者还需要承担举证责任。兼得模式其实是属于权利聚合，并非竞合，没有在实质上解决问题，反而加重了用人单位负担，不仅增添了无谓的诉讼，还使工伤保险制度的价值大打折扣。补充模式表面上更有利于保护劳动者，这也在一定程度上平衡了各方利益，但实际上也是对“填平原则”的突破，只是对比两套制度利益的差异而产生的模式，与实际损失并没有真正关系。替代模式为现在主流观点，优点明显，但也一直面临理论困境，相关理论的关系一直没有梳理清晰，而且可能因此放任了用人单位责任进而产生道德风险。

问题在于对工伤保险的性质认识不一，工伤保险是法定强制保险，用人单位通过投保来降低成本和风险，也是履行法定义务。工伤保险的受益人是劳动者或其继承人，并非替代，更不应该选择、兼得或补充。这种制度安排其实并无竞合问题，因为用人单位与劳动者都无权选择，并不符合竞合的选择性要求。如果理解为特殊竞合，用人单位也是因履行国家法定义务而排除了其他选择而相应免除了其他责任，所以被人理解为替代关系。实际上发生职业病竞合的只是劳动合同违约责任与用人单位侵权责任，劳动合同中双方可以约定违约责任，但由于用人单位签订劳动合同过程中处于强势地位，此类违约责任往往流于形式或没有具体责任，所以理论上应当是劳动者有权追究用人单位的侵权赔偿责任。但职业病是理解为违约性侵权还是侵权性违约并无定论，且这样的制度安排对劳动者并非有利，所以才强制用人单位缴纳工伤保险，随之产生了工伤保险部门赔付后“填平原则”如何理解和运用的问题。《人身损害解释》第 12 条第 2 款规定因用人单位以外的第三人侵权造成劳动者人身损害的应当承担民事赔偿责任，其实是突破了“填平原则”，给因用人单位过错造成的职业病的人身损害赔偿制造了法律空间和混乱。地方法院根据各自理解适用不同规则固然是一种修正或弥补，但仍然没有注意到问题起源在于《人身损害解释》第 12 条第 2 款的规定，所以不能解决根本问题。只有解决了一般工伤中侵权第三人的责任问题，才能解决职业病中用人单位的责任问题。《社保法》算是在国家法律层面上做了相应规范，赋予了社保机构对医疗费的代位求偿权，但囿于立法范围因素无法做更多规定，而且设计思路也还是先找第三人，第三人不支付或者无法确定第三人的才能适用该规定，这既在理论上自相矛盾，在实务中也对劳动者保障不充分。

将上述理论和制度套入劳务派遣这一用工模式中，相关问题更加明显：如果将用工单位理解为第三人，则职业病中的侵权赔偿责任在所难免，不仅因为职业病特殊的推定规则，还因为司法实践中基本上以结果推论过错，而且往往认定用人单位应承担全部过错。这就成了彻底的兼得模式，成了权利聚合，而派遣工规模已达数千万，潜在的风险可想而知。即便用工单位提供的作业环境被理解为用人单位的工作条件，就算是有《人身损害解释》第 12 条第 1 款作为依据，各地仍然各行其是，如非完全替代模式，还是存在相应风险。

其实任何模式下所主张的“填平原则”都不是真正的填平，都只是工伤保险待遇与人身损害赔偿待遇两套法定制度利益对比后的取舍，与实际损失并无直接关系。两套制度从不同的角度出发各有沿袭，各有特点，但考察相关规定后可以发现其实两套制度都能给受害方相应保障，只是在不同历史阶段、不同情形下相关待遇可能有所差异，但这仅仅是法律规定的待遇差异，并非受害人真正的损失，现在各地层不出穷的官司打的就是这一差异，而这些案件当事人往往以“填平原则”来主张相关权利，其实完全是不能成立的。相关制度的待遇是法定化的待遇，是整个社会对此类损害综合各类因素通过国家立法规定的待遇，这些待遇虽然在给付金额上有所区别，名称名目上也各不相同，但如果一定要进行比较，需要将各类利益完全对比，而不能和《解答》一样机械对比个别项目，否则越走越远，无异于缘木求鱼。

要从根本上解决问题，不能只是提高工伤待遇。如前述分析，工伤待遇其实并不低，只是在丧失劳动能力 7 级以下或许会低于人身损害赔偿而已。职业病有其特殊性，也有特殊待遇和规则，将来立法可以继续有针对性地细化社保机构、用人单位以及劳务派遣中用工单位的责任，但不宜简单将《职防法》第 58 条的规定扩大解释为兼得模式，这样的制度只会鼓励诉讼，扩大社会矛盾裂痕。有人主张，《职防法》该规定的立法初衷就是要对用人单位科以民事赔偿责任，因为“有的常委委员、地方和专家提出，职业病病人所受的损害有的是很严重的，病期长达数年以上，本人丧失劳动能力，生活也有不少困难，仅靠工伤社会保险还难以保障职业病患者的合法权益，还应当规定职业病病人有向用人单位提出赔偿要求的权利。”这一观点如果成立，无异把责任再次配置给用人单位，要工伤保险何用？所以《职防法》也只是慎重地规定为“职业病病人除依法享有工伤保险外,依照有关民事法律,尚有获得赔偿的权利的,有权向用人单位提出赔偿要求”,并没有直接做出规定。“有关民事法律”如何理解也有分歧,有人理解为国家法律,有人理解为包括司法解释在内的各类法律法规。司法实践中关于人身损害赔偿待遇的范围更是观点不一,一些法院根据最高人民法院《关于确定民事侵权精神损害赔偿责任若干问题的解释》主张限于精神损害,一些法院认为目前尚无相关具体范围的规定而不支持相关诉求,有的法院直接引用《人身损害解释》的规定全额支持,有的法院则以补充模式为原则减除部分待遇。《人身损害解释》并没提及职业病,有人因此理解为职业病情形不适用其中的第 12 条相关规定,再结合《职防法》第 58 条的规定,支持双重赔付,但从现有法律制度及相关规定来看,这一观点也显然不能成立。“工伤事故”不能只理解为因“事故”而产生的工伤,应当泛指包括职业病在内的所有工伤。其实职业病工伤待遇不仅包括社保机构承担的待遇,也还包括用人单位承担的待遇,诸如停工留薪期期间的全额工资和护理、一次性伤残就业补助金、5 ~ 6 级伤残员工的生活津贴、疑似职业病病人在诊断、医学观察期间的费用等。尤其重要的是保障了这些员工的就业,即便是 7 ~ 10 级伤残员工用人单位也不得中途解除劳动合同。所以换个角度看,“有关民事法律”也可以理解为是《工伤保险条例》针对用人单位所规定的这些特殊义务,或许这可以作为《职防法》和《人身损害解释》的衔接点而运用于司法实践之中。

《工伤保险条例》一方面强制要求用人单位参保,另一方面却又规定了大量用人单位的义务,其目的在于既保障劳动者利益同时化解用人单位风险,还督促用人单位努力提高预防水平,尽力消除职业病。因为完全替代会纵容用人单位,反过来不利于保障劳动者的生命健康,而生命健康权是优于其他任何权利的最重要的权利,所以工伤保险制度这一设计有其积极用意。《职防法》所规定的相关行政处罚也具有同样的目的,都是为了更好地预防职业病。不过这一处罚并非民事惩罚性赔偿,《民法总则》增加了惩罚性赔偿作为承担民事责任的方式之一,但同时特别规定“要有法律规定”,《职防法》第 58 条同样也不能理解为惩罚性赔偿,《民法总则》相关规定也不能成为支持双重赔偿的依据。

综上所述,笔者认为不应支持职业病人身损害赔偿待遇,但精神损害抚慰金则可以酌情支持。不仅司法部门要统一操作,而且国家其他各部门也应当同步协调。长远来看,将来应当修订相关法律法规。《人身损害解释》第 12 条第 2 款建议修订为“因用人单位以外的第三人侵权造成劳动者人身损害且属于工伤的,劳动者享受工伤待遇,社会保险部门以及用人单位支付相关工伤待遇后可向第三人代位求偿,第三人在劳动者人身损害范围内承担赔偿责任。如工伤待遇无法覆盖劳动者实际损失,且低于人身损害赔偿待遇的,劳动者可要求第三人承担低于部分的待遇。”但这一调整涉及行政部门,需要国家在法律层面上进行规定,所以国家需要同步修订《社保法》,将第 42 条同步按上述模式进行修订。这样修改的意义在于既最大限度及时保障劳动者,又满足“填平原则”的要求,没有任何一方额外获益,还真正按过错原则追究了侵权方责任。为了督促侵权第三人自觉履行相关义务,还可以进一步配套规定第三人败诉的,还需承担相应的律师费用。

解决了上述第三人的问题,才能进一步解决职业病人身损害的问题。根据同样的思路,可以规定职业病员工统一享受工伤保险待遇,再规定如用人单位有重大过错的可以认定为侵权,如劳动者享受的工伤待遇低于人身损害赔偿待遇的,可要求用人单位承担低于部分的待遇。重大过错可以以行政部门对用人单位进行过行政处罚作为依据,毕竟职业病工伤也是无过错为原则,过于苛求用人单位并不合适。工伤待遇无法覆盖实际损失且低于人身损害赔偿待遇的劳动者才得以主张权利,这样同样维护了“填平原则”,也发挥了工伤保险的作用,同时避免了用人单位负担过重,还将诉累和相关风险转移给了国家机构和用人单位,目前司法实践中的各类矛盾和问题都能得到平息。但是,社保部门不再享有对用人单位的代位求偿权,因为用人单位系按国家强制要求参加工伤保险,通过缴纳工伤保险费用转移了支付责任,社保部门此时只是按国家规定代用人单位向劳动者支付相关待遇。与此同时,针对劳务派遣用工过程中发生的职业病工伤,相关部门需要运用前述规则明确责任方和具体权利义务,使各方不再无所适从。

1996 年 8 月原劳动部颁布的《企业职工工伤保险试行办法》确定的是交通事故民事赔偿优先、工伤保险给付补充的规则,但是这一模式显然无法解决相关矛盾,所以也没有为后来的《工伤保险条例》所接受。中国人民大学法学院民商事法律科学研究中心“民法典草案建议稿”(王利明主持)第1995条倒是有类似规定:“劳动者执行职务过程中非因第三人的行为受到人身伤害,可以请求工伤保险补偿的,应当先向保险人要求补偿。再就工伤保险补偿与实际财产损失之间的差额以及精神损害,请求用人者承担侵权损害赔偿责任。”第1996条规定“劳动者执行职务过程中因第三人的行为受到人身伤害的,应当先请求工伤保险补偿,再就工伤保险补偿与实际财产损失之间的差额以及精神损害不足的部分请求行为人承担侵权损害赔偿责任。”这一建议性规定虽不完整,但亦可供参考。

此外,也有必要适当提高一些低等级职业病劳动者的待遇,对于难以安排工作的低等级职业病劳动者需要考虑发放一定比例的本人工资作为生活津贴,这使低等级职业病劳动者的工伤待遇进一步提高,以平衡与同等级人身损害赔偿待遇的差距,而且相关部门还应当明确职业病劳动者在用人单位取得的正常工资收入也属于工伤待遇范畴,避免相关分歧。由于部分工伤待遇在离职时才会发生,一方面可以考虑规定离职时才得以主张相关权利,另一方面也可以考虑直接规定可预期待遇计为比较范畴。前者的思路目前司法实践中也有人主张,这一观点在没有修订法律法规的情况下也是一种可取的平衡性措施,而且离职前相关待遇已经确实发生,更有利于全面统计相关待遇。后者也涉及待遇对比问题,目前补充模式可以参考这一思路以平衡各方利益。

为了提高用人单位预防职业病的意识和积极性,还有必要出台其他配套管理规定。可以通过《职防法》加大处罚力度,也可以规定当用人单位出现职工患职业病达到一定等级或数量时提高用人单位工伤保险缴纳比例,还可以进一步明确高等级职业病劳动者的具体治疗过程中用人单位的义务。通过综合性的系列措施,发挥用人单位主观能动性,争取最大限度消除职业病。只有这样,才能真正保护劳动者。

六、余论

人身损害赔偿涉及伤残等级问题,职业病适用的工伤保险待遇也有相同的问题。两套赔偿体制体系不同,伤残等级评定标准也不同。

工伤保险制度在设立之初即通过法定形式从普通的民事损害赔偿制度中

分离出来,有其自有的认定准则和待遇标准。《人身损害解释》第12条已明确将工伤保险待遇与人身损害赔偿区别开来。职业病工伤待遇享受的依据是《工伤保险条例》等法律法规,职业病工伤劳动者经鉴定伤残等级后根据不同的伤残等级享受相关待遇。而工伤伤残等级的鉴定,根据《工伤职工劳动能力鉴定管理办法》规定,是由劳动能力鉴定委员会依据《劳动能力鉴定职工工伤与职业病致残等级》国家标准进行鉴定。人身损害赔偿相关待遇的享受也需根据不同的伤残等级来确定,而人身损害伤残等级根据《人体损伤致残程度分级》标准进行鉴定。不同的鉴定标准会导致伤残等级结果的不同,工伤伤残等级与人身损害伤残等级标准明显存在差别。司法实践中一些法院对于职业病劳动者诉请人身损害赔偿时径直适用工伤伤残等级没有任何依据,也是不合理的,将来国家同样需要考虑统一相关等级标准。

除了等级问题外,退休员工与用人单位不再是劳动关系,如果出现职业病如何处理也有分歧。《广东省工伤保险条例》一方面规定"劳动者达到法定退休年龄或者已经依法享受基本养老保险待遇的,不适用本条例";另一方面又规定"前款规定的劳动者受聘到用人单位工作期间,因工作原因受到人身伤害的,可以要求用人单位参照本条例规定的工伤保险待遇支付有关费用。双方对损害赔偿存在争议的,可以依法通过民事诉讼方式解决。"这些规定自相矛盾,令人费解。厦门市中级人法院、厦门市劳动人事争议仲裁委员会2017年12月31日下发的《关于审理劳动争议案件若干疑难问题的解答》的规定还相对合理一些:达到法定退休年龄的人员受聘到用工单位工作期间,因工作原因受到事故伤害或患职业病,经劳动行政部门认定为工伤的,可按照《工伤保险条例》处理;未被认定为工伤的,应告知其按照人身损害赔偿相关规定进行处理,如其坚持主张工伤保险待遇的,判决驳回其诉讼请求。笔者认为,因为双方不存在劳动关系,国家无法提供工伤保险待遇作为保障,此类情形只能适用《人身损害解释》第11条相关规定处理,而不应再由用人单位承担全部工伤待遇,更不可能同时承担双重责任。人力资源社会保障部在这一问题上的态度比较微妙,其在《关于执行〈工伤保险条例〉若干问题的意见(二)》中规定:"达到或超过法定退休年龄,但未办理退休手续或者未依法享受城镇职工基本养老保险待遇,继续在原用人单位工作期间受到事故伤害或患职业病的,用人单位依法承担工伤保险责任”,“用人单位招用已经达到、超过法定退休年龄或已经领取城镇职工基本养老保险待遇的人员,在用工期间因工作原因受到事故伤害或患职业病的,如招用单位已按项目参保等方式为其缴纳工伤保险费的,应适用《工伤保险条例》。”这些规定除了以是否退休为条件外,是否在原单位工作也是重要区别。此外,要是没有按项目参保等方式缴纳工伤保险费的如何处理?人力资源社会保障部特意留白,耐人寻味。

2018－03－26

九、我国港澳台同胞住房公积金新政

《住房公积金管理条例》(以下简称《条例》)是住房公积金管理的基础性法规,但我国港澳台同胞是否适用一直以来各地各行其是,没有统一标准。

2017年12月1日,住建部、财政部、人民银行、国务院港澳办、国务院台办联合下发了《关于在内地(大陆)就业的港澳台同胞享有住房公积金待遇有关问题的意见》(建金〔2017〕237号文,以下简称《意见》),明确提出"支持港澳台同胞缴存""同等享有使用权利""做好管理服务工作",并要求"切实抓好落实"。这一新政出台,目的在于"支持更多在内地(大陆)就业的港澳台同胞通过缴存使用住房公积金实现安居",同时也说明我国港澳台同胞不像十几年前那样可以轻松面对大陆的房价了。

问题在于"就业"两字,我国港澳台同胞在大陆就业是需要获得就业许可并办理就业证的。《台湾香港澳门居民在内地就业管理规定》(以下简称《规定》)规定:在内地就业的我国台港澳人员是指与用人单位建立劳动关系的人员;在内地从事个体经营的香港、澳门人员;与境外或我国台、港、澳地区用人单位建立劳动关系并受其派遣到内地一年内(公历年1月1日起至12月31日止)在同一用人单位累计工作3个月以上的人员。这样一来,派遣就业的我国港澳台同胞是否也要缴存住房公积金就成了问题。

《条例》第13条规定:"单位录用职工的,应当自录用之日起30日内到住房公积金管理中心办理缴存登记,并持住房公积金管理中心的审核文件,到受委托银行办理职工住房公积金账户的设立或者转移手续。"也就是说,只要是职工,用人单位就有缴存住房公积金的义务;如果不是职工,就无须缴存。依此理解,派遣就业的港澳台同胞应该是无须缴存住房公积金的。可是,换个角度来看，既然国家行政法规规定了只要是职工就应当缴存住房公积金，为何还要下发《意见》来强调呢？这算新政策么？或者此前各地理解不一操作不一，所以才需要统一和强调？

《意见》第1点规定：在内地（大陆）就业的港澳台同胞，均可按照《住房公积金管理条例》和有关政策的规定缴存住房公积金。缴存基数、缴存比例、办理流程等实行与内地（大陆）缴存职工一致的政策规定。“均可”似乎还是有理解空间，是否用人单位也可以不缴呢？这样理解应该是不恰当的，一方面用语是“港澳台同胞”而不是“用人单位”，另一方面结合《条例》的规定来看，都属于“应当”也就是必需的范畴。不过我国港澳台同胞是否可以放弃又成了另外一个麻烦：虽然《条例》规定的是必须，但《意见》规定貌似我国港澳台同胞有选择权，实践中如何理解和操作可能又会有分歧了。

我国港澳台就业同胞要缴存住房公积金了，以同样方式获得就业许可的外国人还会远吗？

2017－12－20

PART 04

产假与计划生育篇

一、产假奖金如何发放?

产假待遇不只是简单发生育津贴就行了,还会有奖金问题,用人单位与员工经常因此产生纠纷,有必要对此进行研究。

《社会保险法》规定生育津贴按照职工所在用人单位上年度职工月平均工资计发,单位有没有足额缴纳所有职工工资另当别论,仅针对生育员工本人而言,也存在生育津贴高于或低于本人工资的情形,因此会产生困扰。

《广东省职工生育保险规定》规定:生育津贴高于职工原工资标准的,用人单位应当将生育津贴余额支付给职工;生育津贴低于职工原工资标准的,差额部分由用人单位补足。高了简单,员工不会有意见;低了麻烦,要补差。怎么补? 马上就涉及工资标准问题了。奖金算不算工资标准?

奖金属于工资应该没有分歧,但是,工资标准一直没有清晰的法律定义,标准工资倒是有过规定:是指按规定的工资标准计算的工资(包括实行结构工资制的基础工资、职务工资和工龄津贴)。似乎从中隐约可以将工资标准理解为基础工资、职务工资和工龄津贴这 3 类工资的标准,但实践中各地操作不一,工资标准的范围不断扩大,不少地方将每月相对固定发放的待遇都理解为工资标准范畴。奖金其实也有不同类型,如果是每月固定发放的奖金,则可归入工资标准,需要补差;如果是每月根据绩效浮动的奖金,则还有一定的空间。但是,《广东省职工生育保险规定》直接规定:原工资标准是指职工依法享受产假或者计划生育手术休假前 12 个月的月平均工资。这么一来,无论固定发放的还是浮动发放的月奖都被包括进去了,连按季度、按年发放的绩效工资也囊括在内,用人单位没有任何回旋余地了。

国家法律原来规定的产假待遇也只是保障基本工资,后来地方立法渐行渐远,基本上把所有收入都纳入产假待遇范围,所谓“基本工资”“工资标准”的概念以及范围等问题都被置诸事外。《深圳市员工工资支付条例》规定:“员工依法享受年休假、探亲假、婚假、丧假、产假、看护假、节育手术假等假期的,用人单位应当视为提供正常劳动并支付工资。”因此,员工产假期间往往要求用人单位全额发放奖金,双方很容易产生矛盾。不仅是因为前述补差因素,而且很多地方生育津贴保障期间与产假期间并不一致,更是火上浇油。《广东省职工生育保险规定》就强调,“职工依照计划生育法律、法规规定享受奖励增加的产假或者看护假期间,由用人单位按照规定发放工资,职工不享受生育津贴”。

一方面,生育津贴低于职工原工资标准的情况下用人单位在国家发放生育津贴期间要按员工本人之前的工资补差,会把员工之前的各类奖金扯进来;另一方面,国家不发放生育津贴期间要用人单位“按照规定发放工资”,又涉及现在的各类奖金。用人单位就算是按《广东省职工生育保险规定》的规定执行,员工也未必满意:因为员工生育期间浮动部分的奖金标准可能高于往年的标准。这个现象折射出了产假待遇立法的一个重要漏洞:没有区分员工类型。实践中用人单位往往内外有别,内勤员工奖金相对固定,而外勤员工浮动较大,前者按原工资标准执行差别不大,后者则可能出现很不合理的现象。外勤员工即便是处于产假期间,也可能因为之前的工作延续而获得比正常工作期间更高的绩效待遇,如果按《广东省职工生育保险规定》执行,员工岂不吃亏?相反,如果没有绩效,按之前的标准享受待遇,虽然是保护了劳动者,但又与员工实际绩效脱节,其他员工又会怎么想?用人单位又怎么管?其实产假期间就算视为提供正常劳动了,也还有劳动效果的问题,劳动者根据劳动效果享受相应的浮动奖金又有何不可?应当允许用人单位根据员工劳动效果相应调整浮动奖金,而不能简单否定。

要想避免矛盾和降低风险,用人单位最好在员工入职之时事先明确考核管理规定和绩效运用办法,而且每次调整相关制度时不仅要培训宣导,还要重新学习签署。更重要的是,要细化浮动奖金享受条件,解释清楚相关规则的合理性,引导员工理解和接受;要通过协议约定三期、病假等特殊期间也适用浮动奖金计算的相关规则,并约定具体享受条件,以保留抗辩机会。尽管这样操作并不能完全排除法律风险，但也有机会让员工认可，避免产生克扣工资的误解，得以实现管理目标，降低法律风险。

2017－07－18

二、独生子女最后的福利

独生子女政策放宽，不仅影响独生子女假，还在老年人权益保障这个层面创设了独生子女最后的福利。

《老年人权益保障法》（以下简称《保障法》）第 14 条规定：赡养人应当履行对老年人经济上供养、生活上照料和精神上慰藉的义务，照顾老年人的特殊需要。赡养人是指老年人的子女以及其他依法负有赡养义务的人。本来这一规定相对较虚，但随着社会老龄化的到来，独生子女照料老年人的负担日益加重，所以一些地方立法开始探索该权利的实体化。

2017 年 3 月 1 日生效的《福建省老年人权益保障条例》第 27 条第 2 款规定："独生子女的父母年满六十周岁，患病住院治疗期间，用人单位应当支持其子女进行护理照料，并给予每年累计不超过十天的护理时间，护理期间工资福利待遇不变。"这一规定既是《保障法》立法本意的延伸，也考虑到了实际情况。不过对于用人单位来讲，这不仅是一笔成本，还涉及管理问题。法律规定的护理时间是不超过 10 日，那给多少天合适呢？员工又应该提交哪些材料才能够享受相关待遇呢？这些恐怕还需要通过实践来进一步细化。具体所需材料除了独生子女证、父母身份证明材料以及亲属关系证明外，还应该要有住院证明。还应考虑住院时间长短，是否需要护理等因素，用人单位据此规定无护理通知的最多只能申请 5 日，有护理通知的最多可请 10 日假应该有机会被认可。

相比较而言，2017 年 11 月 1 日起施行的修订后的《广东省老年人权益保障条例》可就没有福建的实在了。该条例第 27 条第 1 款规定："独生子女父母六十周岁以上的，患病住院期间，独生子女所在单位应当对其护理照料父母给予必要照顾。”该款并没有明确具体护理时间，只是响应《保障法》号召强调了必须予以必要照顾，主动权基本上掌握在用人单位手里。

也有相反的立法例。新修订的2017年12月1日生效的《湖北省实施〈中华人民共和国老年人权益保障法〉办法》第11条第3款规定："对赡养人、扶养人照顾失能或者患病住院老年人的，用人单位应当提供便利，并给予每年累计不少于十天的护理时间；对独生子女照顾失能或者患病住院老年人的，每年护理时间应当累计不少于十五天。”这一规定不仅把独生子女的护理时间强制规定为每年累计不少于15日，而且不限于住院情形，还包括失能情形，不以60周岁为条件，非独生子女也可以享受不少于10日的护理时间。这一规定在贯彻国家精神方面算是很到位了，但对于用人单位来讲可是一笔不小的开支。不过该《办法》没有规定赡养人、扶养人护理期间工资待遇如何发放，不知是否故意留白，以平衡用人单位与员工的利益。

更有甚者，正在征求意见的《长春市老年人权益保障条例（修订草案）》第21条第3款规定："独生子女的父母患病住院治疗期间，用人单位应当给予每年累计不少于二十天的护理时间，护理期间工资福利待遇不变。”这一规定不知道能不能通过，要真的通过了，估计对当地的用人单位影响很大。

人在世间上，谁无亲父母？照顾老人天经地义，不仅是道德责任，还是法律义务。不过法律在规制过程中确实还是需要深入调研，要制定出合情合理的条款，既不要流于形式，也不要搞立法竞赛，否则都会给社会造成困扰和纷争。

2017－12－17

三、计划生育假的平衡点

国家两孩政策出台后，深圳新的计划生育政策终于浮出水面了。日前深圳市人民政府法制办公室发布了《关于公开征求〈深圳经济特区人口与计划生育条例（修订征求意见稿）〉意见的通告》，同时将《深圳经济特区人口与计划生育条例（修订征求意见稿）》（以下简称《深圳条例意见稿》）及其《起草说明》也公之于众，披露了修改的思路和动向。

原《深圳经济特区人口与计划生育条例》第35条规定："职工实行晚育并符合计划生育政策的，除按国家、广东省有关规定享受假期优待外，女方增加产假十五天。"2015年年底国家修改了《人口与计划生育法》，随后广东省人大常委会也通过了《广东省人口与计划生育条例（修订草案）》（以下简称《广东省条例》），取消了原来的晚婚晚育假，规定无论一胎还是二胎，只要符合法律、法规规定生育子女的，"女方享受三十日的奖励假"。但是深圳的规定一直没改，如此一来，深圳的女员工既可以享受广东省的"奖励假"，又可以享受深圳的"晚育假"，无论一胎还是二胎，都有143天的产假，深圳有关部门还专门进行过确认。用人单位为此叫苦不迭，尤其是女员工居多的服务行业的用人单位，更是压力山大。

此次修例，虽然取消了"晚育假"，但却又增加了产假30天。《深圳条例意见稿》第45条规定："符合规定生育子女的夫妻，除按照国家、广东省有关规定享受假期优待外，女方增加产假三十天"。如此一来，表面上是取消了"晚育假"，实质上却比此前还多了15天产假。《起草说明》解释称是为了"保证基本产假和新政前大体相当"，还列举了一些兄弟省市158天产假的立法例来证明这一方案的合理性。

但是，国家规定的"基本产假"只有98天。全国都是一样的，这其实已经增加了8天,此外的产假都是“奖励假”,不是“基本产假”,“保证基本产假和新政前大体相当”这一说法本身在逻辑上都有问题。此外,《起草说明》算了一笔账,声称“全面两孩政策实施后,《广东省条例》减少了15天晚育假、35天独生子女假,增加了30天奖励假,总数减少了20天”,所以“规定除按照国家、广东省有关规定享受假期优待外,女方增加产假三十天”。但是,这笔账不能这样算。新的规定是一胎和二胎都享受的政策,此前生育二胎是没有这些待遇的,现在生育二胎多了158天,即使只按二胎平均生育率折算,用人单位增加的成本远远不止30天,而理论上每个适龄女员工都有机会享受二胎待遇。广东省128天产假的规定应该是有所考虑的。

为了“贯彻落实中央精神,积极稳妥推进全面两孩政策”,深圳的立法者推出了新方案。但是,新方案显然没有综合考虑各方因素,也没有掌握好平衡点。现在地方劳动立法总有一种倾向:只要对劳动者有利,都是对的。学界称为“有利于劳动者原则”,所以地方规定往往在国家规定的基础上逐级加码。所谓“征求意见”,经常和“物价听证”一样,听完就涨,从不下调。我们从《起草说明》的字里行间不难发现起草者的倾向性意见,可是这样一来,用人单位更加不愿意招用没有生育过的女员工了,从长远来看,其实是损害了女员工的就业利益。如果产假工资都是国家承担,估计大家意见会小一些,可是社会保险机构只支付“基本产假”期间的生育津贴。《广东省职工生育保险规定》规定:“职工依照计划生育法律、法规规定享受奖励增加的产假或者看护假期间,由用人单位按照规定发放工资,职工不享受生育津贴”,深圳也发文执行这一规定。

如果仅从“两孩”政策来看,新方案似乎也有一定道理。可是,深圳立法者难道没注意到两会期间两位部长的对话么?难道不知道全国人大、全国政协以及相关部门正在紧锣密鼓调研修改《劳动合同法》?难道不知道为什么要修改《劳动合同法》?有消息披露,《劳动合同法》的调整重点在于提高用工灵活度,同时降低用人单位成本。如果属实,《深圳条例意见稿》岂不又与其背道而驰?

法律是道德的底线,但是立法者切不可以道德制高点来立法,如果忽略社会利益的平衡,整个社会都将为此付出代价。

2016-07-19

四、计划生育新政新假

2015 年 12 月 27 日，全国人大常委会修改了《人口与计划生育法》(以下简称《计生法》)，提倡生育二孩，不再鼓励晚婚晚育。3 天后，广东省人大常委会于 2015 年 12 月 30 日表决通过了《广东省人口与计划生育条例(修订草案)》(以下简称《广东省条例》)，于 2016 年 1 月 1 日起与《计生法》同步施行。《广东省条例》取消了原来的晚婚晚育假，改而规定"符合法律、法规规定生育子女的夫妻，女方享受三十天的奖励假，男方享受十五天的陪产假"，如何理解和执行这些新的假期规定马上成了热点。

(一)晚婚假真的没了么？

《计生法》原来规定："公民晚婚晚育，可以获得延长婚假、生育假的奖励或者其他福利待遇"，现在修改成了"符合法律、法规规定生育子女的夫妻，可以获得延长生育假的奖励或者其他福利待遇"。全国人大常委会办公厅举行新闻发布会时，相关发言人也确认"这次根据中央五中全会关于全面'两孩'政策的部署，人口与计划生育法已经取消了相关鼓励晚婚晚育的条款"。而《广东省条例》原来规定："职工实行晚婚的，增加婚假十日；实行晚育的，增加产假十五日"，新规定却删除了这些规定，所以大家都说晚婚假取消了。

从上述规定的调整变化来看，法律中所规定的晚婚假确实被取消了，但是《广东省企业职工假期待遇死亡抚恤待遇暂行规定》(粤劳薪〔1997〕115 号文，以下简称《暂行规定》)中还有相关规定："职工本人结婚，可享受婚假 3 天，晚婚者(男年满 25 周岁、女年满 23 周岁)增加 10 天。"虽然该《暂行规定》并非法律,只是原广东省劳动厅的政策性文件,但在实务中是有法依法,没法依政策,所以严格意义上讲如果这一规定没有明文废除,广东地区的晚婚假一样还是有依据的。何况《婚姻法》第 6 条也规定了"晚婚晚育应予鼓励",虽然不具体,但这也是法律依据,而且是国家层面的法律依据,各地方相关晚婚假的政策都可以援引为据,所以说晚婚假"取消"一事现在还言之过早。而北京、上海修订各自地方计生条例之前,一样还应当执行两地地方计生条例所规定的7 日晚婚假。

有人主张上位法优于下位法,《计生法》删除相关条款后各地方法规和政策关于晚婚假的规定可以不再执行。这显然不正确,要不然广东省人大岂不多此一举?而且,国家不做规定不代表地方无权规定,尤其在劳动法领域,往往会以有利于劳动者原则作为立法精神,这点在各地优于国家基本标准却又规定不一的产假待遇上可以体现。

除了地方法规和政策外,晚婚假是否仍然需要给还得看公司的规章制度是如何规定的。很多用人单位在规章制度里将原来各地的晚婚假相关规定抄了一遍,这就意味着如果不通过民主程序修订或删除这些规定,员工仍然可以根据公司的规章制度主张晚婚假,甚至有些用人单位将这些细节约定于劳动合同,更是需要双方协商一致删除相关条款,否则法院会判决公司败诉。不过要是规章制度或劳动合同留了兜底条款,则有机会无须走民主程序或与员工重新协商,但也得看具体表述。如果表述为"本制度(合同)相关规定与国家或地方法律法规有矛盾/抵触的,按相关规定执行",这就不好办了,因为在国家或地方没有规定的情况下用人单位的规定并不存在"矛盾/抵触",相关制度或约定同样会有法律效力,也就是说,就算是国家和地方法规政策将晚婚假的规定删除干净了也一样还需要根据相关制度或约定给员工享受用人单位自己规定的晚婚假。为了解决这类问题,笔者当年在深圳市劳动局工作设计劳动合同范本时,特意使用"出入"一词来替代"矛盾/抵触",当时的表述是"本合同未尽事宜或合同条款与现行劳动法律法规规定有出入的,按现行劳动法律法规执行"。这样一来,就绕开了前述风险,又能够执行新法规。好事者可以找本深圳取消"劳动合同鉴证"前的劳动合同标准版本出来核验,当年使用的就是"出入"一词。但是深圳市劳动局后来重新修订劳动合同范本时,却用回了

“抵触”一词，而广东省厅的标准版本也同样使用的是“抵触”一词，所以问题也就一直伴随至今。

如果真的就晚婚假一事打起官司来，各地仲裁员和法官很可能观点不一，结果也会五花八门，这样当然也就意味着用人单位会有风险，所以不要以为国家和地方通过修订法律删除了晚婚假的规定就万事大吉了，用人单位一样要跟进，要通过民主程序调整自己的规章制度，以降低风险。在此情况下至少应该发一个通知，宣称国家和地方相关法规已取消了晚婚假，单位自此开始统一按新规定执行，员工不再享受晚婚假待遇。虽然没有经过民主程序，但至少也算个动作，不然仲裁员和法官就是想帮你也没台阶。

（二）晚育假、奖励假、陪产假以及独生子女假

除了晚婚假外，还有晚育假的问题。通过上述分析，我们可以看到晚婚假存在理解分歧，同样的道理，晚育假一样存在理解分歧。但是，国家《计生法》的规定虽然删除了原来的晚婚晚育优待，却规定为只要符合法律、法规规定生育子女的夫妻，都可以获得延长生育假的奖励或者其他福利待遇，也就是说无论是否晚婚晚育，只要是合法生育，一胎和二胎甚至三胎，都可以获得延长生育假的奖励。正因为国家调整了计划生育政策，开始鼓励生育两孩了，所以广东省人大马上跟进，规定“符合法律、法规规定生育子女的夫妻，女方享受三十日的奖励假”。这样一来，晚育假就算是“取消”了，实际上女员工可享受的生育假却更多了，因为《暂行规定》原来也只规定了 15 天的晚育假：“实行晚育者（24 周岁后生育第一胎）增加产假 15 天。”不过深圳比较特别，《深圳经济特区人口与计划生育条例》规定“职工实行晚育并符合计划生育政策的，除按国家、广东省有关规定享受假期优待外，女方增加产假十五天”，算上这增加的 15 天晚育假，晚育假达到了 30 天，和《广东省条例》新规定持平。

服务行业的用人单位招用女职工较多，需要面对的不仅有存在理解分歧的“晚育假”，还有需要无条件执行的“奖励假”。这个“奖励假”是法定假，用人单位是不可以以单位没有规定作为对抗理由的。而在深圳的用人单位则更麻烦，因为深圳的条例现在没有修改，所以晚育假也是要给的，即使说广东省的“取消”了，自己的也还有 15 天，要是把广东省的 15 天给算上，那一样得给 30

天晚育假，再加上30天“奖励假”，2016年1月1日之后生育二胎可以享受的假期最长会多出60天来。原来用人单位还可以用二胎违反计划生育政策为由给员工施加压力甚至解除劳动合同，现在反而还得多安排假期，成本确实不低。

《广东省条例》的“奖励假”其实也不算创新，《北京市人口与计划生育条例》对晚育女职工规定“除享受国家规定的产假外，增加奖励假30天”，而且比较特别的是“奖励假”也可以由男方享受，只是《广东省条例》不需要“晚育”作为条件，一胎二胎都可以享受。根据笔者长期对地方劳动立法的观察，地方劳动立法往往相互影响，估计30天的“奖励假”会成为其他地方修改地方法规的重要参考。

陪产假和独生子女假国家没有具体规定，各地规定标准不一。《广东省条例》原来规定本省户籍独生子女父母，享受“产妇除享受国家规定的产假外，增加三十五日的产假；男方享受十日的看护假”的优待（该规定限于本省户籍独生子女父母，争议较大，但广东的《暂行规定》的规定没有限定此范围，而待遇是一样的，所以实践中往往以此作为非本省户籍独生子女父母享受相关待遇的依据）。《上海市人口与计划生育条例》则规定：“符合本条例规定生育的晚育妇女，除享受国家规定的产假外，增加晚育假三十天，其配偶享受晚育护理假三天”。现在《广东省条例》将原来10天“看护假”换了个名字，叫“陪产假”，增加到了15天，而且也没有附加条件，所以一胎二胎同样适用，更用不着领取《独生子女优待证》了。《广东省条例》确实删除了原来独生子女假的前述规定，但原来用人单位也一样要通过民主程序来修订自己的规章制度，不然也会有风险。

法不溯及既往，2016年1月1日之前生育的待遇都应该按原来的规定执行，无论请假时间、批准时间在2016年1月1日之前还是之后，因为生育发生时间在2016年1月1日之前，所以享有原来的权利。不过新的待遇实际上更优厚，员工反而可能会要求按新法享受待遇，尤其是生育二胎的员工。尽管理论上无须给予新法待遇，但由于国家提倡生育二孩，如果用人单位相关规章制度没及时修改，二胎生育的情况下有些原来的待遇还真可能会产生纠纷。

2016－01－03

五、违反计划生育还能解除劳动合同吗？

2018 年 5 月 31 日，广东省人民代表大会常务委员会再次修订了《广东省人口与计划生育条例》（以下简称《省条例》），同时也再次引发争议：用人单位能否再以员工违反计划生育为由解除劳动合同？

这次修订的起因是 2017 年王全兴等 4 位学者向全国人大建议审查广东等地方立法是否与《劳动合同法》相抵触。经过反复研究，全国人大法工委认为，“广东、云南等地人口与计划生育条例中有关企业对其超生职工给予开除或者解除聘用合同的规定，已与变化了的情况不再适应，需要进行调整”。2017 年 9 月 26 日，全国人大常委会向广东、云南等 5 省发出修订建议函，所以有了这次修订。

这次《省条例》修订的主要内容就是将原来第 40 条所规定的“国家机关和事业单位、国有企业、国有控股企业，乡镇集体企业对其超生职工应当给予开除处分或者解除聘用合同”调整成“按照法律、法规规定缴纳社会抚养费的人员，是国家工作人员的，还应当依法给予行政处分；其他人员还应当由其所在单位或者组织给予纪律处分”。这样一来，原来规定的开除和解聘没了，改成了行政处分和纪律处分，前者针对公务员，后者则针对非公务员。那么纪律处分如何理解呢？员工违反计划生育是否就不能解除劳动合同了呢？

这次修订比较微妙，一方面是全国人大要求改，但另一方面却留了余地。首先，国家《人口与计划生育法》第 42 条规定的国家人员之外的人员超生的要给予纪律处分，但是纪律处分包括哪些类型并没有做进一步规定；其次，原《企业职工奖惩条例》第 12 条规定“对职工的行政处分分为：警告，记过，记大过，降级，撤职，留用察看，开除”，可见行政处分是包括开除的；最后，2014 年的

《事业单位人事管理条例》第29条规定“处分分为警告、记过、降低岗位等级或者撤职、开除”,同样将开除列为处分类型之一。所以,从这些规定来看,这次广东省人大算是下了工夫,一方面响应了全国人大的修订要求,另一方面却没有直接确认用人单位不可以解除劳动合同,而是套用国家《人口与计划生育法》来平衡,继续给用人单位留下空间。

其实不只是广东省人大心里有数,广东省高级人民法院也有同样的共识,其在2017年8月的《关于审理劳动争议案件疑难问题的解答》中规定:“用人单位以劳动者违反让划育规定为由解除与劳动者劳动合同的,劳动者要求用人单位支付违法解除劳动合同的赔偿金,予以支持。但劳动合同、集体合同、用人单位规章制度另有约定的除外。”同样也留了空间,而这一规定其实源于2012年深圳市人社局发布的《全市劳动合同管理疑难问题研讨会会议纪要》,该纪要规定:“用人单位不得以女职工违法计划生育为由解除劳动合同。劳动合同、集体合同、规章制度另有约定的除外。”由此看来,虽然理解和分歧还会持续,但用人单位也还是有机会以员工违反计划生育为由解除劳动合同,不过需要提醒的是,一定要在劳动合同、集体合同或规章制度里对此有相关约定或规定,否则没有台阶就不能解除劳动合同了。

2018－06－04

六、我国产假与产假待遇法律问题研究

(一)我国产假及其待遇立法历史沿革

产假正常情况下是女员工生育婴儿前后依法享有的特殊保护假期,以保障母亲恢复身体并照顾婴儿。特殊保护的产假期间用人单位必须保留女员工的工作岗位,同时依法支付相关待遇。国家则通过统一的生育保险制度提供生育津贴。非正常情况下的小产女员工也可以享受相应的产假,同样也受到特殊保护。产假一般情况下由女员工专享,男职工因为妻子生育而享受的陪产假或护理假也日趋多见,国外还有父母共享或可转换的父母育儿假立法例,不过本文讨论的产假及其待遇主要是指女员工的产假。

我国产假及其待遇立法始于1951年,当年政务院公布了《劳动保险条例》(1953年1月2日政务院修正),其中规定:"女工人与女职员生育,产前产后共给假五十六日,产假期间,工资照发";同时还规定"女工人与女职员怀孕不满七个月小产时,得根据医师的意见给予三十日以内的产假,产假期间,工资照发""女工人与女职员难产或双生时,增给假期十四日,工资照发"。这些规定确定了我国产假的基本制度和基本待遇。劳动部于1953年1月26日颁布了《劳动保险条例实施细则(修正草案)》(以下简称《实施细则》),进一步对生育规定进行了补充:劳动保险条例第16条规定的产假(无论正产或小产)应包括星期日及法定假日在内,不再补假;女工人女职员怀孕不满7个月小产的产假,为30天以内,但最少应为20天;工人职员的工资按日或按月计算者,享受劳动保险待遇时,如按本人工资计算,均以该工人职员每日或每月所得工资为计算标准,等等。1955年4月26日,国务院发布了《关于女工作人员生产假期的通知》，对国家机关女工作人员生产假期统一规定为：产前产后共给假56天，难产或双生增加假期14天。怀孕不满7个月流产时，得根据医师的意见，给予30天以内的产假。产假期间（包括星期日及法定假日在内），工资照发。这些规定与《劳动保险条例》相关规定基本一致。

在此期间国际劳工组织对应的《1952年保护生育公约》（第103号公约）则规定"产假假期至少应为十二周，并应包括分娩后的强制休假期"，"分娩后的强制休假期应由国家法律或条例予以规定，但在任何情况下，应不少于六周"。相关规定明显高于我国立法，但中国并未加入该公约，所以公约相关规定并不构成中国的法律渊源。不过我国同期法律规定的产假待遇为"按本人工资计算""工资照发"，却高于《1952年保护生育公约》所规定的现金津贴不低于过去收入的2/3的标准。当时国家统计局《关于工资总额组成的暂行规定》虽然没有明确本人工资的范围，但从工资总额构成等相关规定来看，"按本人工资计算""工资照发"应指全额工资照发。

1988年7月21日，国务院发布了《女职工劳动保护规定》，其中规定：女员工产假为90天，其中产前休假15天。难产的，增加产假15天。多胞胎生育的，每多生育一个婴儿，增加产假15天。女员工怀孕流产的，其所在单位应当根据医务部门的证明，给予一定时间的产假。有不满一周岁婴儿的女员工，其所在单位应当在每班劳动时间内给予其两次哺乳（含人工喂养）时间，每次30分钟。多胞胎生育的，每多哺乳一个婴儿，每次哺乳时间增加30分钟。女员工每班劳动时间内的两次哺乳时间，可以合并使用。哺乳时间和在本单位内哺乳往返途中的时间，算作劳动时间。《女职工劳动保护规定》发布后，取代了此前1953年的规定，女员工产假均按此执行。该规定不仅增加了产假时间，而且明确了产前假和哺乳期的哺乳时间，提高了保护标准，更加有利于女员工产后恢复和照料婴儿。2012年4月18日国务院通过了《女职工劳动保护特别规定》，进一步增加了产假，女员工产假从原来的90天提升到了98天。

对于产假待遇，《女职工劳动保护规定》只是规定"不得在女职工怀孕期、产期、哺乳期降低其基本工资，或者解除劳动合同"，所以对于产假期间工资如何支付存在了理解分歧。1994年12月14日，劳动部发布了《企业职工生育保险试行办法》，将女员工的产假待遇纳入生育保险范畴，其中规定"女职工生育按照法律、法规的规定享受产假。产假期间的生育津贴按照本企业上年度职工月平均工资计发,由生育保险基金支付"。从这一立法规定来看,国家原意通过生育保险向女员工提供国家保障,同时也降低企业成本。国家2001年的《人口与计划生育法》也只是规定妇女怀孕、生育和哺乳期间,按照国家有关规定享受特殊劳动保护并可以获得帮助和补偿。但本企业上年度职工月平均工资并非本人工资,司法实践中如果本人工资高于本企业上年度职工月平均工资时,往往要求企业补差。实务中产假期间全额发放工资的倾向反过来影响了地方立法,不少地方立法也强调产假期间工资全额发放。比如《广东省女职工劳动保护实施办法》规定产假期间照发工资,不影响原有福利待遇和全勤评奖;《上海市女职工劳动保护办法》规定女员工在产假期间的工资照发;《北京市工资支付规定》规定劳动者生育或者施行计划生育手术依法享受休假期间,用人单位应当支付其工资。深圳比较特别,一方面要求企业全额发放产假期间的工资,另一方面并没有根据国家的规定设立生育保险,只是将生育期间的费用报销纳入医疗保险待遇。

2010年10月28日,全国人大通过了《社会保险法》,该法再次强调:用人单位已经缴纳生育保险费的,其职工享受生育保险待遇;生育保险待遇包括生育医疗费用和生育津贴。《社会保险法》同样规定,生育津贴按照职工所在用人单位上年度职工月平均工资计发。《社会保险法》通过国家层面的立法再次确定生育津贴,并且规定由职工享受生育津贴,从整体制度设计上来看似乎仍然意图用生育津贴取代产假工资,在保障员工利益同时减少用人企业负担。可是《女职工劳动保护特别规定》一方面规定"职工产假期间的生育津贴,对已经参加生育保险的,按照用人单位上年度职工月平均工资的标准由生育保险基金支付;对未参加生育保险的,按照女职工产假前工资的标准由用人单位支付",另一方面不再强调保护基本工资,将"不得在女职工怀孕期、产期、哺乳期降低其基本工资,或者解除劳动合同"修改成了"用人单位不得因女职工怀孕、生育、哺乳降低其工资、予以辞退、与其解除劳动或者聘用合同"。由此可见,国家通过国务院的行政法规正式确立了产假待遇是全额工资。只是支付主体有所区别而已,既可能都是国家直接支付,也可能还需要企业补差;要是用人单位没有缴纳生育保险,则由用人单位自行承担全额工资。

（二）我国产假新政及地方产假立法比较

我国的产假和产假待遇一方面随着时代的进步而有所调整，另一方面与我国的计划生育政策息息相关。

1955 年，中共中央发出了《关于控制人口问题的指示》，随后开始提倡计划生育。1978 年，计划生育上升为国策，此后陆续通过立法确认计划生育的法律地位。1982 年《宪法》明确规定："国家推行计划生育，使人口的增长同经济和社会发展计划相适应。"此后国家相关产假及其待遇也以符合计划生育为前提，比如 1988 年的《女职工劳动保护规定》规定"女职工违反国家有关计划生育规定的，其劳动保护应当按照国家有关计划生育规定办理，不适用本规定"。如果不符合计划生育政策生育的，既没有产假，也没有产假待遇。

独生子女政策解决了当时的社会矛盾，同时也产生了一些新的问题。不仅家庭结构发生了深刻的变化，而且性别比例也进一步失衡，人口素质也出现了"逆淘汰"现象。随着生育率的进一步下降，"人口红利"也逐渐消失，人口老龄化也提前到来，中国进入了"未富先老"阶段。独生子女政策在完成历史使命后面临调整，国家先推出了"双独二孩"政策，对于夫妻双方均为独生子女的，经过申请审批后可以安排再生育一个子女。2013 年 11 月 15 日，党的十八届三中全会通过《中共中央关于全面深化改革若干重大问题的决定》，正式实施"单独二孩"生育政策。但是，由于社会环境发生了很大的变化，抚养成本高、生活压力大，符合条件的单独夫妇生育意愿并不高，没有达到预期的效果。有鉴于此，2015 年 10 月 29 日，党的十八届五中全会通过了《中共中央关于制定国民经济和社会发展第十三个五年规则的建议》，全面实施一对夫妇可以生育两个孩子的政策，全面放开二孩。

计划生育政策的重大调整必然影响产假及其待遇，产假新政伴随着计划生育新政应运而生。首先是全国人大常委会在 2015 年 12 月 27 日修订了《人口与计划生育法》，通过立法明确提倡一对夫妻生育两个子女，与此同时，也删除了晚婚晚育待遇。其次各地方陆续启动修法工作，以各种形式调整产假。截至 2017 年 1 月 15 日，除新疆外，其余 30 个省市自治区均已出台新的地方人口与计划生育条例。笔者收集到的地方修法主要有：《北京市人口与计划生育条例》取消晚育假30天，增加生育奖励假30天，两相抵销，还是享受128天的产假，生育津贴也享受128天；《天津市人口与计划生育条例》规定女方所在单位增加生育假（产假）30天，不能增加生育假（产假）的，给予1个月基本工资或者实得工资的奖励，该市生育津贴享受128天；《上海市人口与计划生育条例》规定女方除享受国家规定的产假外，还可以再享受生育假30天，产假合计128天，该市生育津贴享受128天；《江苏省人口与计划生育条例》规定女方在享受国家规定产假的基础上，延长产假30天，产假合计128天，该省生育津贴享受98天；《浙江省人口与计划生育条例》规定女方法定产假期满后，享受30天的奖励假，产假合计128天，该省生育津贴享受98天；《重庆市人口与计划生育条例》增加产假30天，产假合计128天，该市生育津贴享受128天；《湖北省人口与计划生育条例》增加产假30天，产假合计128天，该省生育津贴享受天数属地管理，各地不一，武汉市为128天；《广西壮族自治区人口和计划生育条例》规定女方增加产假50天，产假合计148天，该区生育津贴享受98天；《湖南省人口与计划生育条例》规定女方除享受国家规定的产假外增加产假60天，产假合计158天，该省生育津贴享受98天；《四川省人口与计划生育条例》规定延长女方生育假60天，产假合计158天，该省生育津贴享受158天；《云南省人口与计划生育条例》规定延长女方生育假60天，产假合计158天，该省生育津贴享受158天；《江西省人口与计划生育条例》增加产假60天，产假合计158天，该省生育津贴享受90~128天；《辽宁省人口与计划生育条例》增加产假60天，产假合计158天，该省生育津贴享受98天；《内蒙古自治区人口与计划生育条例》规定女方除享受国家规定的产假外，再增加产假60天，产假合计158天，该区生育津贴享受90~98天；《宁夏回族自治区人口与计划生育条例》增加产假60天，产假合计158天，该区生育津贴享受158天；《青海省人口与计划生育条例》延长女方产假60天，产假合计158天，该省生育津贴享受98天；《山东省人口与计划生育条例》增加产假60天，产假合计158天，该省生育津贴享受98~158天；《山西省人口与计划生育条例》奖励延长产假60天，产假合计158天，该省生育津贴享受158天；《吉林省人口与计划生育条例》规定女员工凭生育情况证明增加产假60天，产假合计158天，该省生育津贴享受90~128天，该《条例》还特别规定女员工经本人申请，单位同意，可延长产假至一年，产假延长期间工资按原额的75%发放；《安徽省人口与计划生育条例》在国家规定产假基础上延长产假60天，达到158天，该省生育津贴享受158天；《贵州省人口与计划生育条例》规定女方增加产假60天，产假合计158天，该省无省级医保生育津贴，贵阳市为158天；《河北省人口与计划生育条例》延长产假60天，达到158天，该省生育津贴享受158天；《陕西省人口与计划生育条例》规定职工合法生育子女的，在法定产假的基础上增加产假60天，女员工参加孕前检查的，在法定产假的基础上增加产假10天，产假合计实际达到168天，且168天产假均享受生育津贴；《福建省人口与计划生育条例》规定女方产假延长为158~180天，该省生育津贴享受98天；《广东省人口与计划生育条例》规定女方享受80天的奖励假，加上国家规定的基本产假98天，达到178天，该省生育津贴享受98天；《黑龙江省人口与计划生育条例》规定女方享受产假180天，假期工资照发，但生育津贴享受天数各地不一，哈尔滨市为90天；《甘肃省人口与计划生育条例》规定女方享受产假180天，该省生育津贴享受天数各地不一，兰州市为180天；《海南省人口与计划生育条例》规定女员工增加产假3个月，产假合计188天，该省生育津贴享受3个月；《河南省人口与计划生育条例》规定符合法律、法规规定生育子女的，除国家规定的产假外，增加产假3个月，合计188天(修改前要求晚育的才增加产假3个月)，该省生育津贴享受天数各地不一，郑州市为90~180天。

这些地方修法无一例外增加了产假，少则30天，多则90天，其中所有直辖市都是30天，江苏、浙江、湖北也是30天，其他大部分省自治区是增加60天，特殊情况有50天的(广西)、70天的(陕西)。增加较多是海南河南，均增加了90天；黑龙江和甘肃增加82天、广东增加80天。福建相对弹性，增加60天至82天不等。但是，可享受生育津贴的天数并没有都随着产假天数增加而增加，除了部分地区所有产假可以享受生育津贴外，不少地区享受生育津贴的天数为98天或128天，把负担转嫁给了用人单位。

新疆和西藏比较特殊。新疆尚未正式修订人口与计划生育条例，基本产假是98天，晚育假是30天，生育津贴享受128天。西藏于2016年11月30日通过了《西藏自治区生育条例》，规定“凡生育子女的夫妻，女方每胎享受365天产假(含法定产假和产假期满后的当年休假)，男方每胎享受30天护理假

(不包括在年度休假内),期间夫妇双方依规享受全额工资或者生育津贴”;该区《生育保险办法》规定生育津贴享受120天,为了与《生育保险办法》不冲突,减轻全区保险基金的压力,《西藏自治区生育条例》做了上述特别规定。但是,当天晚上媒体却从国家卫计委获悉:西藏自治区人大常委会尚未通过该条例,目前只经过第一审,未到最终审议。或许是365天产假过于超前,所以国家紧急叫停了《西藏自治区生育条例》。

上述修法其实从2012年通过的《女职工劳动保护特别规定》已见端倪,《女职工劳动保护特别规定》不仅增加了8天产假,而且删除了原来《女职工劳动保护规定》所规定的要符合计划生育政策才享受相关待遇的规定,这也为后来计划生育政策调整打开了空间。只是现在立法竞赛愈演愈烈,从增加30天到增加60天到增加90天,甚至连一年产假的规定都出台了,而且地方政府基本上不愿意承担新增加产假的生育津贴,使用人单位负担更重,反过来损害了女员工的就业利益,更加无法实现国家将生育率从1.5、1.6提升至1.8的目的。总体来讲,通过这一轮以增加产假为目的的修法,国内平均产假天数基本上达到了158天的水平,远远高于目前国际平均水平。国际劳工组织的《关于修订1952年保护生育建议书》(第191号建议书)也只是提倡“将公约第4条提到的产假期限延长至至少18周”,实际上除了一些北欧福利国家(如丹麦)、西方发达国家(如英国)和一些特殊因素国家(如俄罗斯、阿尔巴尼亚、波斯尼亚和黑塞哥维那、黑山共和国)外,其他国家的产假天数基本低于中国现有的产假天数,而中国其实连《1952年保护生育公约》(第103号公约)都还没有批准加入。

(三)我国产假及其待遇变化的主要法律问题

国家调整计划生育政策并修订相关立法后,产假及其待遇也随之大幅增加。此举客观上确实提高了对生育女员工的保护水平,但同时也加剧了生育津贴与产假工资的矛盾。

如前所述,我国产假工资最早规定的是“工资照发”,由用人单位直接承担。当时政企合一,劳动保险只需要缴纳3个百分点,主要用于抚恤费、补助费与救济费等开支,产假工资都由用人单位承担。改革开放之后国家行政管理发生了很大的变化,社会保险制度也逐渐社会化,养老待遇等不再由用人单位承担,所以用人单位缴纳的社会保险比例也大幅增加。为了保障女员工的产假待遇,同时降低用人单位的负担,国家推出了生育保险制度,明确规定保障女员工三期期间的"基本工资"。生育保险制度的本意在于通过保险的形式,让女员工生育期间获得国家保护:一是保障生育费用,二是保障基本产假待遇,基本产假待遇就是生育津贴。生育津贴的标准是"本企业上年度职工月平均工资",这也是"基本保障"的体现,用人单位只要依法缴纳了生育保险,剩下的问题都交给国家处理,从而得以放下包袱,轻装上阵;而女员工也得到充分的国家保障,无论用人单位在这个过程是否出现困难甚至消亡,都无须担心。当时的立法本意即在于此。女员工的工资有高有低,低于本企业平均工资时,女员工因为收入增加而不会有意见;高于本企业平均工资而只拿到这一标准的"生育津贴"可能产生不满。不过产假期间毕竟没有实际从事工作,而且这一标准是法律规定的待遇,基本上也能接受。但是,非常遗憾的是,我们国家盛行"有利于劳动者原则",三赢的设计方案在实践中被扭曲了。地方操作中不仅未能体会上述立法的平衡本意,反而要求用人单位全额支付女员工工资:高于生育津贴部分仍由用人单位补足,甚至通过地方立法来提供法律依据。这样一来,完全改变了原来的设计思路,而且使用人单位缴纳生育保险的意义大打折扣。所以,国家计划生育政策调整而大幅增加女员工产假时,生育津贴与产假工资之间的矛盾更加突出。

深圳比较特别,由于是经济特区,而且原劳动部的规定只是部颁规章,所以当时没有实施生育津贴制度,通过特区立法明确女员工产假期间视为正常出勤,由用人单位直接发放全额产假工资。虽然这样操作避免了生育津贴与产假工资的矛盾,但因与国家制度不符而长期为人所诟病。2010 年 10 月通过的《社会保险法》属于国家法律范畴,再次对生育津贴制度进行了规范,深圳也不得不开始实施生育津贴制度,前述生育津贴与产假工资之间的矛盾在广东省人大再次大幅提升女员工产假天数后也同样凸显。

其实《1952 年保护生育公约》也没有要求全额发放产假工资,只是规定享受津贴,而且不低于过去收入的 2/3 即可。1994 年国家设立生育津贴制度时也应该考虑过此标准,由于我国并没有加入该《公约》,所以将生育津贴标准定为本企业上年度职工月平均工资并无不可。一些国家参照国际公约制定了相应的生育津贴制度，但多由社会保险承担，并没有要求用人单位支付产假工资，如澳大利亚，规定了52周产假，却只由社会保险负担18周的最低工资，用人单位无须负担产假工资，而美国除了个别州外，甚至连产假工资一说都没有，只规定了女员工有12周不带薪的产假。比较国际劳工组织近年发布的生育津贴标准发现，我国产假工资标准与社会保险缴纳比例一样，也是名列世界前茅。

不只是产假工资标准高，而且我们国家各地修例增加产假之后并没有相应地增加享受生育津贴的天数。女员工可以享受生育津贴的产假天数基本踏步不前，国家只发基本产假、难产假和多胞胎的生育津贴。除了上海等部分省市之外，其他省市女员工可以享受生育津贴的产假天数都少于实际享受的各类产假天数，甚至有些差不多只有一半天数可以享受生育津贴，其余产假期间的待遇都要由用人单位承担，更加重了用人单位的负担。

正是因为生育津贴与女员工原工资标准存在出入，所以一些地方立法规定生育津贴低于女员工原工资标准的，用人单位还应补足差额部分，即使没有地方立法支持，司法实践中也基本如此操作。而女员工原工资标准，往往是指女员工依法享受产假前12个月的月平均工资。司法实务中基本上按女员工正常出勤所得来计算，有些地方甚至将加班工资也计算在内，确实不太合理。根据业绩计算的提成是否计为产假工资更是争议焦点，一般情况下生育期间业绩会相对差些，而一些女员工以不得降低收入为由要求用人单位按此前提成待遇补差，因此产生纠纷。如此种种，都是背离生育津贴立法本意，要求用人单位在女员工产假期间全额发放工资引发的问题。

除了产假待遇之外，难产假如何计算也是其中的法律问题。《女职工劳动保护特别规定》规定难产假15天，但广东省坚持执行原来的30天的标准。1997年《广东省企业职工假期待遇死亡抚恤待遇暂行规定》只是广东省劳动厅的政策，尚不具有法律效力，广东省此前颁布的《广东省女职工劳动保护实施办法》虽然属于规章，但只是规定“可增加产假三十天”，也可以理解为非强制性规范。但是，2016年12月20日公布的《广东省实施〈女职工劳动保护特别规定〉办法》明确规定“生育时遇有难产的，增加30天产假”，该规定与上位法精神并不相悖,具有强制执行力,用人单位无法回避,只能执行。其他省市也存在类似现象,同样都是有利于劳动者原则的体现,也隐约存在相应的立法竞赛。

我国计划生育政策虽然有所调整,可是计划生育还是国策,仍然是《宪法》的重要内容,所以尽管产假和产假待遇大幅提升,但是违反计划生育的女员工是否可以享受并不明确。与此同时,用人单位是否有权解除违反计划生育员工的劳动合同也是常见的法律问题。

原《女职工劳动保护规定》规定:“女职工违反国家有关计划生育规定的,其劳动保护应当按照国家有关计划生育规定办理,不适用本规定。”但是《女职工劳动保护特别规定》将这一规定做了删除处理,所以对于违反计划生育政策生育三孩及以上女员工是否享受产假及产假待遇产生了分歧。有人认为应该享受,有人认为不可以享受,还有人认为取决于用人单位自己的决定。其实问题并不复杂,此类女员工是不享受政府发放的生育津贴的,所以自然也就谈不上产假和产假待遇了。如果政府发放此类女员工生育津贴,岂不鼓励违反计划生育?至于生产后需要休息时间,那是另外一个问题。

此前法律规定,如果非法生育二孩,属于严重违反计划生育政策,国家机关事业单位和国有企业的工作人员不仅开除党籍,而且开除公职或解除劳动合同。现在放开二孩生育了,二孩生育者不再视为违反计划生育政策,相反,还可以享受新的产假及其产假待遇,只是不再享有独生子女假和晚育假而已。但是,非法生育三孩或以上者,现行法律法规仍然规定国家机关和国有企业工作人员双开,所以此类女员工不仅不能享受产假和产假待遇,甚至会因此被解除劳动合同,丧失就业机会。

比较复杂的是民营企业或外资企业是否可以解除非法生育三孩或以上者的劳动合同?现行国家的计划生育法律法规对此是没有做明确规定的,个别地方规定支持可以解除,但更多的是没有规定。司法实践中有允许约定为劳动合同条款或规定于规章制度而支持解除的做法,也有完全否定的判例。如果允许解除,此类女员工产假及其待遇自然无从谈起;如果不允许解除,女员工势必会主张产假及其待遇。在二孩政策出台后,各地司法部门再次陷入困境。

(四)新经济模式下产假及其待遇立法再平衡

前述法律问题不仅产生了分歧,还造成了社会摩擦;不仅增加了用人单位成本,而且浪费了司法资源。需要检讨的是,这些法律问题产生的根源是什么?

由于社会发生了很大变化,中国经济高速发展的同时,生育率也大幅降低了。过低的生育率也同样会对经济产生负面影响,所以国家调整计划生育政策,并通过立法提高产假及其待遇,以鼓励生育。但是,无论是立法还是司法,都存在了明显的技术问题,使效果适得其反。

生育津贴低于本人工资的用人单位需要补差,地方立法增加的产假国家基本上不承担生育津贴,都要用人单位全额支付产假工资,一些用人单位出于成本考虑,在招聘中或许会更有性别倾向性。尽管法律规定禁止就业歧视,但由于女员工可以合法生育二孩并可以依法享受更多产假及其待遇,使用人单位招聘女员工的意愿进一步下降。从长远来看,其实是损害了女员工的利益,使女员工丧失了更多的就业机会。女员工生育子女不仅存在养育成本,还有就业歧视的压力,反过来可能会放弃生育二孩。为什么有利于女员工的立法却反过来损害了女员工的利益值得思考。

生育津贴与产假工资之间的误解体现的是一整套制度的误差,必须回归生育津贴本质,才能避免上述问题,真正做到既保护女员工,又保护用人单位。要实现这一点,国家应该全额承担生育津贴,而不能维持现有的基本产假才享受生育津贴的模式。

生育津贴制度调整只是一个方面,更重要的是要根据新经济模式重新立法,通过立法再平衡,实现国家大政方针和满足现行经济发展要求,真正实现对女员工的保护。新经济模式是互联网模式,国家总理这几年一直在给“互联网+”站台,同时大力提倡“大众创业、万众创新”,不仅希望借此增加就业机会,更希望创造新经济。“互联网时代”的来临,使每个人都有更多的机会参与到创业中来,每个人都有机会通过网络平台实现“自雇”,这不仅解决自己的就业问题,还可以为他人创造就业机会。国家近年来一直在放宽管制,不仅对公司设立登记制度做了重大调整,而且从行政审批上也大刀阔斧地减少了企业压力。在劳动法律领域,修改《劳动合同法》的呼声不绝于耳,调整用工模式的需求也迫在眉睫,这一切都是为了满足新经济模式、双创模式的需求。我国的产假和产假待遇同样需要适应新经济模式,调整原有立法思路,参照国际上一些国家的立法例,让国家承担主要责任的同时放宽管制。

现行劳动法规定明显偏紧,将妨碍员工向创业者转化的积极性。身为员工,依法享受各项法定待遇天经地义,但如果作为创业者,关注的角度自然不一样,甚至完全相反,这些法定待遇就是法定成本,尤其放开二孩生育后,产假及其待遇进一步成为用人单位重要的成本,也进一步加剧了育龄女性的就业压力。互联网的发展瞬息万变,在这一特点驱动下,新经济模式对应的用工管理也需要增加弹性和灵活度,但为了提高生育率而一再增加的产假和产假待遇越是优厚,对新的创业者来讲就越有阻力,他们要么放弃创业,要么违法经营,这都会对生产力和生产关系造成破坏。

必须通过立法再次平衡社会各方利益。首先,要由国家承担全部产假期间的生育津贴,同时明确用人单位无须另行支付产假工资。我国实行多年的独生子女费就是一个典型的负面例子。国家只负责规定,用人单位支付费用。虽然现在因为二孩政策放开而基本上不再会有独生子女费的问题了,但这一立法思维习惯却仍在延续,最明显的就是国家政策转向后,各地修订计生条例竞相增加产假而不对应调整国家负担的生育津贴。其次,调整传统产假为育儿假。对产假要有新的认识,不能停留在传统观点上认为抚养小孩都是女员工的责任。尽管各地修订条例时也适当规定了一些男性员工的陪产假,但这些陪产假实质上还只是陪护作用,没有实现进一步分担女性抚养小孩的职责。国外不少国家规定的是育儿假,而且还有一些国家强制男性休息一定天数,以分担女性的抚养责任。再次,产假与薪酬应该考虑相对脱离。一方面规定国家支付生育津贴的带薪假期间,另一方面也可以鼓励用人单位提供不带薪的产假,或者允许双方约定中止劳动关系以保障女员工有更充足的时间照顾婴儿,并保留女员工的工作机会。此外,产假与产假待遇要同时兼顾员工利益与灵活用工需求。灵活用工制度要求弹性、便利,现行的法律规定过于僵化,使用人单位成本很高,不敢用工,对育龄女员工更是顾虑重重。国家承担责任的同时,通过立法允许用人单位保留适当权利反而有助于扩大就业。不过需要注意的是，现行非全日制用工中可以随时终止用工的规定却走向另外一个极端，也一样需要修改。最后，对于违反计划生育政策生育三孩或以上者，应当允许用人单位通过劳动合同或规章制度设立处分权，以与国家现行相关规定相匹配，同时避免用人单位与员工产生纠纷。总之，希望立法者不再简单地一味增加产假和产假待遇，而是能够找到平衡点，平息矛盾，创造出适应新经济模式的和谐劳动关系。

2017－09－30

PART 05

时评篇

一、"妮妲"带来的上班与工资问题

台风"妮妲"来势凶猛,珠三角广州、深圳、佛山、珠海、东莞、中山、惠州7市集体停工、停产、停课、停市。可是,一直有企业困惑,是不是台风来了都要停工?员工是否可以不上班?如果不上班,工资怎么发?能否调休呢?

也难怪大家感到困扰,气象灾害预警信号来回改,而且国家和地方的确实不一样。2001年深圳市政府的《深圳市气象灾害预警信号发布规定》(以下简称《规定》)规定台风有白、绿、黄、红、黑5个等级,黑色级别最高。黑色等级的防御措施是"除抢险救灾、医疗及保障居民基本生活必需的公共交通、供水、供电、燃气供应等特殊行业外,全市停业",也就是说,除了特殊行业,大家都不用上班。2004年国家气象局发布了《突发气象灾害预警信号发布试行办法》(以下简称《试行办法》),其中规定"预警信号总体上分为4级(Ⅳ级Ⅲ级Ⅱ级Ⅰ级),按照灾害的严重性和紧急程度,颜色依次为蓝色、黄色、橙色和红色,同时以中英文标识,分别代表一般、较重、严重和特别严重","进入特别紧急防风状态,建议停业、停课(除特殊行业)"。"防御措施"成了"防御指南","建议停业、停课(除特殊行业)"。这意味着台风无论多大,用人单位如果不愿放假,劳动者也只能老老实实顶风冒雨去上班。

深圳2006年修改了《规定》,其中对台风分类相应做了调整(台风预警信号分为五级,分别以白色、蓝色、黄色、橙色和红色表示),将最高级别的红色风球防御措施规定为:"建议全市停业"(抢险救灾、医疗及保障居民基本生活必需的公共交通、供水、供电、燃气供应等特殊行业除外)。这样一来,上不上班要看用人单位的制度。2013年5月,深圳市突发事件应急委员会、深圳市防汛防旱防风指挥部另外下发的《深圳市台风暴雨灾害公众防御指引(试行)》,其中对最高级别的红色风球“社会公众防御指引”也规定为“考虑到员工的安全，建议用人单位停工停业（抢险救灾、医疗及保障居民基本生活必需的公共交通、供水、供电、燃气供应等特殊行业除外），并为滞留在单位的员工提供保障安全的避风场所”，也还只是“建议”，不具有强制力。

台风来时往往伴随着暴雨，国家气象局在《试行办法》中将暴雨预警信号则分为 3 级，分别以黄色、橙色、红色表示。其中红色暴雨的“防御指南”是：“已有上学学生和上班人员的学校、幼儿园以及其他有关单位应采取专门的保护措施，处于危险地带的单位应停课、停业，立即转移到安全的地方暂避”，这和台风的规定却又不相同，明确了处于危险地带的单位停课、停业，不再只是“建议”了，所以台风来时如果同时发布了红色暴雨信号，那就不用上班了。

国家气象局 2007 年又发布了《气象灾害预警信号发布与传播办法》，对《试行办法》进行了调整，其中明确规定台风橙色信号的“防御指南”是“停止室内外大型集会、停课、停业（除特殊行业外）”，台风红色信号的“防御指南”是“停止集会、停课、停业（除特殊行业外）”，不再是“建议”了。暴雨橙色信号的“防御指南”是“处于危险地带的单位应当停课、停业，采取专门措施保护已到校学生、幼儿和其他上班人员的安全”；暴雨红色信号的“防御指南”是“停止集会、停课、停业（除特殊行业外）”。《气象灾害预警信号发布与传播办法》是部颁规章，具有法律效力，所以出现上述情形时劳动者有权不上班。

2015 年深圳市政府重新公布了《规定》，该规定自 2015 年 8 月 1 日起施行。对于黄色台风预警信号和暴雨红色预警信号，该《规定》规定“除必需在岗的工作人员外，用人单位根据工作地点、工作性质、防灾避灾需要等情况安排工作人员推迟上班、提前下班或者停工，并为在岗工作人员以及因天气原因滞留单位的工作人员提供必要的避险措施”，虽然台风橙色预警信号和红色预警信号没有明确规定“停课停业”，但实际上是取消了此前《深圳市台风暴雨灾害公众防御指引（试行）》中所规定的“建议”的表述，等于确认了国家《气象灾害预警信号发布与传播办法》所规定的“停课停业”的规则。而 2015 年 3 月 1 日生效的《广东省气象灾害防御条例》第 20 条则规定：“台风黄色、橙色、红色或者暴雨红色预警信号生效期间，除必需在岗的工作人员外，用人单位应当根据工作地点、工作性质、防灾避灾需要等情况安排工作人员推迟上班、提前下班或者停工,并为在岗工作人员以及因天气原因滞留单位的工作人员提供必要的避险措施”。至此,国家和广东的地方规定终于统一了意见。

至于工资问题,现在还是主要依据用人单位的规章制度来确定。国家劳动部1995年的《工资支付暂行规定》并没有规定此情形是否需要发放工资,此后也一直没有出台具体规定,所以是否发工资也困扰着用人单位。《深圳市员工工资支付条例》也一样没明确规定这些特殊天气情况下不上班是否需要发工资。因此,虽然员工可以不上班,但是否发工资还是由用人单位来决定,毕竟台风暴雨属于不可抗力,员工基于安全原因免除了劳动的义务,用人单位也同样无须支付报酬。

不过情况可能会发生变化,《广东省工资支付条例》本来同样没有规定台风暴雨情况下如何支付工资的,同样将是否支付工资的决定权给了用人单位,但广东省人力资源和社会保障厅2015年曾下发征集《广东省工资支付条例》修订意见的通知,同时也公布了《关于修改〈广东省工资支付条例〉的决定(征求意见稿)》,该征求意见稿规定:“第二十六条后增加一条,‘台风黄色、橙色、红色或者暴雨红色预警信号生效期间,用人单位根据工作地点、工作性质、防灾避灾需要等情况安排工作人员推迟上班、提前下班或者停工的,应当支付正常工作时间工资。’理由是与《广东省气象灾害防御条例》第20条规定相衔接。”这一修订意见后来没了音讯,估计是经济形势不好,连修订工作都可能被搁置了,所以发不发工资一事还是由用人单位自行决定。不过员工因为天气原因不上班不同于正常作息时间,用人单位安排调休的做法欠妥,员工会认为本来就是法律规定的无须上班,一旦调休,就损失了加班工资,所以即使事先得知台风要来不用上班,也不宜安排“调休”。

2016-08-02

二、“最猛员工”仲裁胜诉

北京久银投资控股股份有限公司(以下简称久银控股)前员工方某某2016年1月向北京市西城区劳动人事争议仲裁委员会申请仲裁,要求撤销久银控股辞退通知,继续履行原劳动合同,并要求久银控股支付工资、加班工资、奖金以及提成等各类待遇8158万余元。据《每日经济新闻》此前报道,仲裁请求标的超过了久银控股2015年全年净利润,该员工被媒体冠以“最猛员工”的称号。

近期久银控股董事会发布公告,披露了该案仲裁裁决结果:撤销公司于2015年1月28日作出的解除劳动合同通知,公司与方德生继续履行劳动合同;公司于裁决书生效之日起7日内,支付方某某2015年2月1日至2016年3月15日工资162,102.50元;驳回方某某提出的其他仲裁请求。

从表面上看,“最猛员工”的“最猛请求”并没有得到支持,久银控股无须支付巨额赔偿费用,不用担心股价受到影响。但久银控股日前再发公告称,公司就该案已向北京市西城区人民法院提起诉讼,请求人民法院依法确认双方劳动合同于2015年1月29日解除。

由此看来,其中仍有故事。

故事之一,方某某请求的2014年4月开始的相关投资项目业绩提成为何被驳回不得而知。虽然仲裁委驳回了,但员工一样也可能起诉,法院都会受理,还得经过法院这个关口。

故事之二,虽然仲裁委只支持了方某某2015年2月1日至2016年3月15日工资162,102.50元,甚至与员工所请求的该期间工资742,000元也相距甚远,但这意味着员工可以继续主张2016年3月16日以后的所有待遇,几乎可以肯定还会因此再次仲裁。

故事之三，更要命的是，仲裁委撤销了久银控股的解除劳动合同通知，裁决继续履行原劳动合同。要是仲裁裁决生效，方某某完全可以大摇大摆地回公司要求恢复原工作，公司的解除决定被否定，管理权威也将受到严重挑战。要是方某某签的是无固定期限劳动合同，更是没完没了。

基于上述原因，久银控股不得不诉诸法院，以时间换空间。当然了，久银控股也做好了继续败诉的准备。尽管公司判断“对公司的生产经营和年度利润不会产生重大不利影响”，但仍在公告中提醒投资者“本次诉讼最终结果具有不确定性”，因为劳动争议有一个特点——仲裁输了的案件，在法院很难翻盘。

仲裁为什么会输，具体原因不得而知，但有一点可以肯定，那就是久银控股解雇方某某的事由没有被采纳。笔者没有看过卷宗没参加庭审不好评价谁是谁非，但劳动争议对用人单位压力越来越大却是不争的事实。员工被解雇后往往不再要 2 倍的赔偿金，因为基数和年限都有可能被封顶，可期待利益并不高，所以员工经常要求恢复履行劳动合同，要求逐月支付工资，这令用人单位非常困扰：难道支付 2 倍赔偿金都不能解除劳动合同吗？答案显而易见，不能，因为《劳动合同法》赋予了劳动者选择权。所以，解雇需谨慎，官司有风险。

官司的风险不仅在于案情本身，国情也决定了司法实践会更倾向于劳动者。解雇案件用人单位不仅需要承担举证责任，而且规章制度的民主程序会成为障碍，何况仲裁员和法官通常都会考虑平衡判术，多少都得判点给员工。现在的员工也学聪明了，经常利用平衡判术，在申请仲裁时故意设计多个请求，以便实现原始诉求。“最猛员工”的仲裁请求也体现了这一思路。实际上，北上广深这样的案例并不少见，没有最猛，只有更猛。这样的请求令用人单位痛苦不堪，除了解雇本身外，还不得不努力应对其他的问题，如加班工资、如奖金提成、年休假等，不一而足。如此看来，久银控股和“最猛员工”之间的纠纷还会持续下去。

2016 - 07 - 17

三、程序员之死

2017年年底,中兴通信股份有限公司全资下属公司深圳中兴网信科技有限公司一名程序员死亡。据媒体披露,中兴网信可能需要缩减编制,而该程序员所在部门以及HR希望劝退该员工,在沟通过程中未能就股份转让等事谈妥,程序员选择了最为激烈的方式抗争。

是什么原因让一名父亲放弃生命,放弃两个孩子和其他的家人呢?是用人单位过于严苛还是国家政府责任缺位?是性格因素还是社会压力?无论是什么原因,我们都必须思考:思考人生,思考社会;思考责任,思考义务;思考法律,也思考管理。

劳动就业是最大的民主,不仅事关个人收入,而且是家庭的保障,更是社会稳定的基石。事件核心其实就是就业问题,就是劳动问题。程序员号称“码农”,辛苦劳作,“钱多、话少、死得早”。钱多不多笔者不敢妄议,但死得早却是一语成谶!才40出头,也是两个孩子的父亲!怎么忍心做出这样决绝的选择呢?

难道不可以避免吗?

作为用人单位,尽管有管理需求,难道不可以考虑调岗或给予程序员其他选择吗?难道不可以采取更宽和的表达方式吗?调岗虽然会有可能需要调薪,但或许有机会促成变更。即便协商不果,用人单位的真诚,员工是能够感受得到的,就算不一定能够心怀感激,但程序员至少不至于对人生绝望。

程序员的学历和履历相当不错,能通过激烈竞争考上北航,学习一定是优秀的;能在华为待上8年,还能为中兴服务6年,显然也是有竞争力的。他担心什么呢?他又为何不愿意重新再来?是就业竞争压力大且无法再像年轻时一样拼身体，还是对自己的将来没有信心？是否缺乏沟通与引导，致使自己不能正确面对困难？我们不得而知。

国家立了法之后是否就已尽责？是否剩下的由用人单位和劳动者自行博弈了事？显然也不应该。法律不能包罗万象，但法律绝对不能置身事外。除了《劳动法》的离职补偿外，国家的就业培训以及失业待遇能否真正满足社会的需求以帮助员工降低无助感也是国家需要面对的。而游离于《劳动法》《公司法》边缘的“股权”纠纷无论是真实股份还是虚拟股份抑或是分红权，一直以来都是焦点问题，这也应该是国家层面上需要规范的制度，不能仅靠当事人双方简单约定，或许这是程序员之死的“最后一根稻草”。

悲剧更多的细节我们无从掌握，或许各有各的版本，而且也难以评价。但社会的矛盾无处不在，无时不有，需要各方多一分耐心，多一份慈悲，不仅要遵守法律，更要有人性思维。换位思考永远都不会过时，而且应该是一个有效的途径。

从任何角度看，生命都是最宝贵的！出现这样的悲剧，我们都有责任。请抚慰亡灵，也请自我剖析，以绝下例。

2017－12－17

四、得救的实习生

2017 年 7 月 21 日凌晨，沈阳城市建设学院（原沈阳建筑大学城市建设学院）在其官方微博发布了一则情况声明，就网络上曝出的“沈阳城市建设学院学生被强制到山东烟台富士康企业实习”消息进行回应，并向学生、学生家长和社会公众表示真诚道歉，同时决定立即停止学生在富士康（烟台）科技工业园的暑期教学实习，将学生从实习企业全部撤回，安排学生正常放暑假。该校学生激动不已：“我们得救了！”

沈阳城市建设学院为什么会组织学生到富士康实习我们不得而知，但从相关消息我们知道了学校为什么要道歉：“沈阳城市建设学院强制要求学生暑期到富士康（烟台）科技工业园实习，实习工厂环境差、工资低、管理混乱”，辽宁省教育厅发布声明，要求学校立即终止学生暑期教学实习活动。

要是没有政府强力介入，这些学生岂不还继续在“实习”？这些“实习”到底是怎么回事？有什么好处吗？

答案是明显的：用工困难的时候，这些“实习生”不仅可以维持生产运转，而且是廉价劳动力；同时只需要发放生活费，连社保住房公积金也都省了。因为实习不属于劳动关系。原劳动部《关于贯彻执行〈中华人民共和国劳动法〉若干问题的意见》规定：在校生利用业余时间勤工助学，不视为就业，未建立劳动关系，可以不签订劳动合同。

不签劳动合同就无须受《劳动法》约束，什么《劳动合同法》《社会保险法》《工资支付暂行规定》等一律干瞪眼，不是劳动关系。那到底是什么关系？《高等学校学生勤工助学管理办法》规定：勤工助学活动是指学生在学校的组织下利用课余时间，通过劳动取得合法报酬，用于改善学习和生活条件的社会实践活动。勤工助学是学校学生资助工作的重要组成部分,是提高学生综合素质和资助家庭经济困难学生的有效途径。勤工助学活动由学校统一组织和管理。任何单位或个人未经学校学生资助管理机构同意,不得聘用在校学生打工。学生私自在校外打工的行为,不在本办法规定之列。这些规定也没说清楚,还有利用空间,因此“实习”一事层出不穷。

2016 年国家出台了《职业学校学生实习管理规定》(以下简称《规定》),不仅希望规范职业学校学生实习,而且希望进一步引导其他大学生的实习。《规定》称职业学校学生实习是指实施全日制学历教育的中等职业学校和高等职业学校学生按照专业培养目标要求和人才培养方案安排,由职业学校安排或者经职业学校批准自行到企(事)业等单位进行专业技能培养的实践性教育教学活动,并将实习区分为认识实习、跟岗实习和顶岗实习 3 类主要形式。同时还规定,“学生经本人申请,职业学校同意,可以自行选择顶岗实习单位。对自行选择顶岗实习单位的学生,实习单位应安排专门人员指导学生实习,学生所在职业学校要安排实习指导教师跟踪了解实习情况。认识实习、跟岗实习由职业学校安排,学生不得自行选择。”这样一来,学生就成了学校的“筹码”,至于是认识学习、跟岗学习还是顶岗学习,恐怕学生们也是身不由己。虽然这些实习都是教学需要的实践性教育教学活动,既不是“勤工助学”,也不是“打工”。但是现在一些用人单位和学校往往打“擦边球”,利用所谓“实习”和原劳动部的规定来回避劳动法的责任,显而易见有利可图。介绍“实习”还成了一门专门的生意,更有甚者,为了招商引资,某省还专门下文要求学校安排学生到特定用人单位“实习”!

为避免沈阳城市建设学院强制实习类似事件再次发生,辽宁省教育厅向全省高校发出紧急通知,严禁在假期组织学生开展教学实习活动。辽宁省高校的实习生得救了,其他的实习生呢?

2017-07-24

五、"996"工作模式与工时制度

这几年我国一直在大力提倡"大众创业、万众创新",不仅希望借此增加就业机会,更希望创造新经济。"互联网时代"的来临,使各行各业都在面对迅猛的业务全球化。为了提高服务质量,增强竞争力,几乎所有的服务供应商都不得不承受工作时间的压力。

我国《劳动法》规定的标准工时工作制很简单,就是每天工作 8 小时,每周工作 5 天,每周一共工作 40 小时,超过的工作时间是加班,要么调休,要么给加班费,而且每个月加班还不能超过 36 小时,每天最多加班不能超过 3 小时。但是,这一制度日益受到挑战,"996"工作模式就是对这一制度的直接否认。

毫无疑问,在现行法律框架下,"996"工作模式是不符合标准工时制相关法律要求的,除非出现抢险救灾等特殊情况。但是,在"互联网时代"里,全球一体化,即便你在睡觉,业务也一样在持续,你的响应速度就是生命线,这又倒逼你工作。"弹性工作"自然而然就成了非常重要的一种应对方案。但是,"弹性工作"只是管理学上的概念,我国《劳动法》对此没有任何直接的规定,司法实践中对于用人单位每周工作 6 天,每周工作不超过 40 小时的操作网宽一面,算是一个平衡,不过这一平衡显然不足以支持"996"工作模式。

回到法律上来,现行法律中尚有综合计算工时工作制和不定时工作制。可是施行这两种特殊的工时制度不仅需要劳动人事部门事先审批,甚至有些地方操作中还需要员工签名同意才能被认可。更重要的是,就算通过了审批,综合计算工时工作制仍然要以标准工时工作制所规定的标准工作时间作为基准,只是允许每天加班时间突破 3 小时或每个月加班时间突破 36 小时的上限而已,超过 40 小时之外的工作时间一样属于加班时间。而不定时工作制只能适用于需要弹性工作、难以准确计算工作时间的法定特殊岗位，显然与“996”工作模式相矛盾。

尽管“58 同城网”表示并不强迫实行“996”工作模式，但这只是满足了法律所规定的员工有权拒绝加班而已，并没有解决企业内部管理需求与法律规定之间的根本矛盾。对于实行“996”工作模式的员工，要么调休要么给加班费，不然在法律层面上是过不了关的。如果一定要在标准工时工作制的框架下处理，允许员工选择“在家办公”或许是可行的方案，通过“在家办公”模糊考勤，同时也节约交通时间。一些员工对此还是很认可的，因为员工可以相对弹性地安排自己的工作时间。不过员工认可并不代表法律认可，一旦产生纠纷，用人单位要是没有不定时工作制护身，还是存在支付加班工资的法律风险。

当然了，更简单的办法就是多招人。比如“四班三运转”，也就是通常所说的“三班倒”，基本上可以做到每班 8 小时，每周工作 5 天，但这个办法并不经济，用人单位也难以接受。一些用人单位不提“996”工作模式，而采用“责任制”的模式，利用 QQ、微信把员工牢牢拴住，让你无时无刻都要面对工作。笔者也从事服务行业工作，为了给自己平衡点，索性不用 QQ 也不用微信，否则都无法睡觉了。

一方面是“互联网 +”使用人单位要面对管理压力，另一方面是法律风险确实不小，用人单位只能结合行业特点和企业实际情况在现行工时制度的法律框架下做文章。用人单位不仅要充分利用特殊工时制度，更要深入分解、细化本单位各个工作岗位的作息办法，同时注意平衡员工利益，这样或许有机会既满足管理要求，并在一定程度上降低法律风险。

2016 - 09 - 18

六、林丹讨薪

林丹讨薪事件有了初步结果:广州市越秀区劳动人事争议仲裁委员会下达了支持其讨薪主张的仲裁裁决书。林丹为此专门发表声明,除了公布相关信息外,也督促广州粤羽俱乐部与惠州起跑线公司不要再浪费诉讼资源拖延时间,尽快支付劳动报酬。

从声明中可以判断,一是林丹通过劳动仲裁程序主张自己权利并获得了支持,二是后面还可能需要面对法院的诉讼程序,三是除了粤羽俱乐部外,案件还涉及惠州起跑线公司。

林丹等 6 名羽毛球运动员的仲裁请求标的不小,据说林丹本人就主张了 400 万元,所以根据相关法律规定不可能是一裁终局的案件,各方当事人如不服仲裁裁决都可以向法院起诉。本次仲裁案林丹等运动员作为胜诉方,自然不会起诉,肯定也希望到此结束,但到法院起诉是当事人法定的权利,何况此案涉及多个主体,任何一方都有可能起诉。而劳动案件诉讼费用极低,花 10 元就有机会让 3 个法官组成合议庭再审一次,所以估计林丹等人要失望了,恐怕对方不会因为其一纸声明而放弃诉讼的念头,反正没什么成本。

更重要的是,林丹主张的 400 万元是劳动报酬吗?这才是问题的关键。

主张劳动报酬的前提是存在劳动关系,而判断劳动关系的依据主要是劳动合同。笔者没见过此前另外一份声明中提及的与广州市粤羽羽毛球俱乐部有限公司签订的合约,无法判断其是否属于劳动合同。要是相关条款模糊难以定性,可能需要参照原劳动部《关于确立劳动关系有关事项的通知》相关规定来认定双方的关系了。除此之外,或许还需要参看组织中国羽毛球俱乐部联赛的相关方有没有特别要求,如果国家主管部门没有强制性规范,那又得回到合同和实际管理上来。

林丹其实不太可能和广州市粤羽羽毛球俱乐部有限公司签订正式的劳动合同,否则岂不成了双重关系？不敢直接约定为劳动关系,这也给今天打官司留下了风险和麻烦:到底是不是劳动争议？

当年不少当红演艺人员“走穴”到一些酒吧或演艺中心挣钱,有时会签一份演艺合同,尽管主体是个人,但实践中基本认定为劳务关系,相关待遇自然也就是劳务报酬了,而劳务报酬并不属于工资性质,双方发生纠纷只能到法院起诉,无法通过劳动仲裁途径解决。要是演艺人员注册了什么“工作室”或者组建公司与第三方签约,则构成商务合同关系,发生欠费就成了经济纠纷,更不可能申请劳动仲裁。

林丹的声明耐人寻味,恐怕不只是扬眉吐气那么简单,督促对方执行仲裁裁决后面还有深刻的法律风险忧虑:万一一审法院认定不是劳动关系岂不前功尽弃？而一审法院的裁判文书原则上是要公开的,岂不更难堪？当然了,也不是没有余地,解释称系“以完成一定任务为期限的劳动合同”也有可能被采信。而且只要合同约定有效且已实际履行,就算是劳务报酬,也不会拿不回,只是可能需要作为一般民事案件重新到法院起诉一次,就当劳动仲裁是热身了。

2018－02－28

七、深圳被最低工资

2018年6月广东省政府下发了《关于调整我省企业职工最低工资标准的通知》（以下简称《通知》），直接规定深圳的最低工资为每月人民币2200元，打乱了深圳不提高最低工资标准的计划，可以理解为深圳被最低工资了。

原劳动保障部《最低工资规定》规定在劳动者提供正常劳动的情况下，用人单位应支付给劳动者的工资在剔除下列各项以后，不得低于当地最低工资标准：（一）延长工作时间工资；（二）中班、夜班、高温、低温、井下、有毒有害等特殊工作环境、条件下的津贴；（三）法律、法规和国家规定的劳动者福利待遇等。这一规定是国家关于最低工资的基础性规定，同时明确了相关逻辑关系：不属于工资的项目，也就不构成最低工资，如法定的福利；属于工资的项目不一定构成最低工资，如加班费。《广东省工资支付条例》和《深圳市员工工资支付条例》也有这些最低工资的规定，只是个别表述有所差异而已。

深圳最初还要区分特区内外来适用不同的法律，如果相关规定有矛盾，需要区分相关法律的性质和位阶，长期以来是个麻烦。后来深圳全部特区化了，这个问题的矛盾得以相对缓和，但还是没有从根本上解决。从理论上讲，虽然深圳是特区，也还是在广东省的范围内，如果不是特区立法，就需要遵从广东省人大的立法。就立法而言，《深圳市员工工资支付条例》属于地方立法，与《广东省工资支付条例》并不矛盾，问题出在最低工资标准决定权上了。

长期以来，深圳一直自行发布自己的最低工资标准，广东省也予以认可，毕竟深圳是特区，也有其特殊性，所以广东省政府每次下发调整最低工资标准的通知时，除规定"各地级以上市原则上应统一执行省确定的标准，有条件的地区可在省确定的标准上适当上调标准，并报省人力资源社会保障厅备案"

外,还会加上一句话:“深圳市按《深圳市员工工资支付条例》执行。”

本次广东省政府一纸通知直接规定深圳的最低工资标准上调至每月人民币 2200 元,还把例行的“深圳市按《深圳市员工工资支付条例》执行”删除了。深圳的用人单位还得把最低工资调上去。不过,《通知》虽然还规定了可以适当上调标准,但深圳应该不会再增加了,毕竟这次上调并非本意。

关键是来年怎么办?是继续统一由广东省政府发布深圳的最低工资标准还是由深圳市政府自行决定?用人单位也没办法。

2018 - 06 - 25

八、实习到底要不要发放报酬？

2016 年，笔者看到一些关于实习的媒体报道，标题多为“学生实习报酬不得低于试用期工资的 80%”，不由得大吃一惊：实习开始要发放报酬了吗？

细看报道，原来是教育部、财政部、人力资源社会保障部、安全监管总局、保监会 5 个部门联合下发了《职业学校学生实习管理规定》(教职成〔2016〕3 号，以下简称《规定》)。找来《规定》核实，却才发现媒体又做了“标题党”。明明只是规范“职业学校学生”的实习，却故意只写学生，让人感觉所有学生都包括似的；明明只是“顶岗实习”报酬“原则上不低于本单位相同岗位试用期工资标准的 80%”，却写成“实习报酬不低于试用期工资的 80%”，让人误解为“认识实习”和“跟岗实习”都要发放报酬。

实习期间学生与实习单位之间的法律关系决定了实习单位是否要发放报酬以及发什么报酬，但现行法律对此没有规定得太清楚，只有劳动部 1994 年在《关于贯彻执行〈中华人民共和国劳动法〉若干问题的意见》中规定：“在校生利用业余时间勤工俭学，不视为就业，未建立劳动关系，可以不签订劳动合同。”这样一来，就把实习关系与劳动关系区别对待了，也就是说，实习可以不受《劳动法》约束，自然也就可以不支付工资。不过，这一规定也一直存在争议，虽然实践中多数人认为实习关系是民事关系，但操作中对于签订劳动合同的也当作劳动关系来对待，所以为了避免风险，实习单位还是与实习生签订实习协议为宜。

既然是民事关系，是否给学生发放报酬以及发多少自然从约定，实习单位是有主动权的。但一些用人单位以实习的名义用工，既不交社保，也不付报酬，只给所谓中介机构一些管理费用就“招”了不少学生来顶岗实习，实际上是盘剥这些学生工，尤其是职业学校学生工。高等院校的学生情况相对好些，毕竟“认识实习”和“跟岗实习”的多，“顶岗实习”的少。顶岗实习是指“初步具备实践岗位独立工作能力的学生，到相应实习岗位，相对独立参与实际工作的活动”，实际上已经为实习单位提供了有价值的劳动，而且相对独立，也付出了更多的代价，所以《规定》强制要求支付顶岗实习报酬不无道理。

《规定》作为部颁规章，属于法律范畴，所以职业学校学生顶岗实习需要支付报酬的规定成为实习单位的法律责任。尽管只是针对职业学校学生，但对其他类型学生的顶岗实习也会有参考意义，将来地方立法应该会就此突破。2010 年的《广东省高等学校学生实习与毕业生就业见习条例》（以下简称《条例》）虽然规定“学生顶岗实习期间，实习单位应当按照同岗位职工工资的一定比例向学生支付实习报酬，具体比例由地级以上市人民政府根据本地实际情况予以确定”，但到目前为止笔者没有见到哪个政府确定过具体比例，《规定》出台后应该会进一步推动《条例》的落实。

说到钱的问题，还得讲讲税的问题，5 个部门包括财政部，因为《规定》涉及税务问题。《规定》第 18 条规定：“实习单位因接收学生实习所实际发生的与取得收入有关的、合理的支出，按现行税收法律规定在计算应纳税所得额时扣除。”现行税收法律规定是什么？就是《财政部国家税务总局关于企业支付学生实习报酬有关所得税政策问题的通知》，该通知规定：“凡与中等职业学校和高等院校签订三年以上期限合作协议的企业，支付给学生实习期间的报酬，准予在计算缴纳企业所得税税前扣除。具体征管办法由国家税务总局另行制定。”看来，政策运用得当，还有减税的功效。

2016－05－02

九、"万达网络"的解除劳动合同通知

2018年元旦前网络媒体暴出上海万达网络金融服务公司(以下简称"万达网络")大规模裁员的信息,大意为"万达网络"从2017年12月28日当天开始裁员,据称要从目前的6000名员工裁至300名,并且在网上晒出了《解除劳动合同通知》《辞职申请》《解除劳动合同证明》等文件。

虽然涉及人数众多,但是否构成法律意义上的裁员还不好说,毕竟裁员是有一定条件的,也要履行一系列程序,不是说裁就裁,也不是想留谁就留谁。从现在披露的文件来看,准确地说应该是"万达网络"在劝导员工按他们的要求离职。要是签了字,则构成个人原因提出的协商一致解除劳动合同,法律风险倒是基本得以消除;要是不签字,"万达网络"算通知解除劳动合同了?

如果"万达网络"满足了裁员的条件且履行了相关裁员报备程序,其《解除劳动合同通知》还应当提前通知工会。要是有工会而没有通知到位,则解除劳动合同仍会有程序上的问题。不过,从《解除劳动合同通知》内容上可以看出,设计者仍然给了"N+1"的补偿方案,而严格意义上的裁员是不需要"+1"的,或许"万达网络"根本就没打算走法律意义上的裁员这一途径。

如果不是裁员,只能理解为公司客观情况变化致使劳动者原劳动合同无法履行而解除劳动合同。在这种情况下,除了通知工会外,还多了一道程序,即与劳动者协商变更劳动合同。协商成功的,则构成协商一致变更劳动合同,双方继续履行即可;如果协商不果,则"万达网络"得以通知员工解除劳动合同。可是,这一信息并未体现在相关文件里,而且一下子要和数千名员工"协商",确实非常困难。可能"万达网络"没时间做这些动作,直接就出手了,所以有了现在网络上贴出来的"四不像":"现正式通知你,我公司同意接受你提出

解除劳动合同的要求。”

虽然逻辑上不顺，但员工要是理解并配合签字，倒也是没问题。不过据媒体披露，“万达网络”相关领导表示“不签协议也没用，公司会单方面终止合同。如果不签的话，会把合同快递到家庭地址。现在已经通知1000多名员工了”。这可不能乱开玩笑，员工都没有申请过辞职，何来同意？这样的行为会被认定为“万达网络”单方解除劳动合同，而一旦“客观情况变化”不被认可或没有证据证明“协商未果”，这一解除行为会导致严重的法律后果。员工既可能主张2N，也可以选择恢复劳动合同履行并补发工资，一旦公司败诉，所有没签字的员工都会受到影响。

法律上原本倒是有一个办法来避免风险，“万达网络”通过一定的法律程序决定“提前解散”即可，这样既无须报备，也不用协商，直接制造出了“劳动合同终止”，无须再中途解除，自然也就不需要《解除劳动合同通知》了。但是，貌似“万达网络”没打算这样做，公司领导回应称：万达对实体商业与新科技相结合的发展目标和决心没变，局部的调整是为了更快、更好、更健康地发展。这样一来，上述风险就难以回避了。

《解除劳动合同通知》还透露出另外一个风险：该通知第3条第2款居然白纸黑字写了“应你要求，你放弃了由我公司为你缴纳社会保险，而选择由我公司每个月为你报销1000元”。社保是员工能放弃的么？用人单位负有法定代缴义务，“报销”一说显然不能成立，无法推卸法律责任。此外，这1000元在上海不够用人单位社保最低缴纳标准。

2018－01－01

十、沃尔玛用工制度改革系列启示

沃尔玛的用工制度改革，从各类媒体披露的信息来看，其实不只是工时制度改革，也包括工资制度改革和用工模式改革。这些改革，无一不涉及员工切身利益，也涉及诸多劳动法律问题，因此产生了矛盾和冲突，甚至出现了不和谐现象。沃尔玛用工制度改革过程中的这些问题和现象，值得深思，对其他用人单位也有重要启示。

启示一：用人单位如何实行综合计算工时工作制？

我国有 3 种工时制度，一是标准工时工作制；二是不定时工作制；三是综合计算工时工作制。用人单位通常实行标准工时工作制，也就是大家熟悉的“朝九晚五”，每天工作 8 小时，每周工作 5 天。但是，这一标准工时工作制受限于《劳动法》所规定的加班强制性规定：每天不得超过 3 小时；每月不得超过 36 小时。这使一些用人单位，尤其是制造业中的用人单位，经常受到“查厂”的压力。为了解决这一法律问题，用人单位往往把目光投向不定时工作制和综合计算工时工作制。这两种工时制度的好处不言而喻，不仅可以回避加班时间上限，还可以节约成本。实施特殊工时制度的员工除了一些地方立法规定，法定节假日工作可以获得加班费外，实施不定时工作制的员工是不能再享受加班待遇的，而实施综合计算工时工作制的员工就算全年结算下来超过 2000 小时了，根据原劳动部的规定也只需要按 150% 支付加班费，但是它们都属于特殊工时制度，需要劳动人事行政部门事先审批，获得批准后才得以实施。而劳动人事行政部门也很小心，往往不愿意批，所以一些地方设计了一些前置条件，如要所有员工签名同意，要先签集体合同等，目的在于让用人单位知难而退，最好别来申请。因为来了批不批都有麻烦，批了担心将来用人单位出事，行政部门负责人难辞其咎；不批又可能有行政复议和行政诉讼。实践操作中基本上是不批的，除非有特别因素。而用人单位轻易也是不敢得罪劳动人事部门的，所以不批也没办法，只好转而在标准工时工作制范围内寻求一些空间，如在一定范围内实行弹性工作制度。也有些用人单位同时实行“包薪制”，先降低加班工资纠纷的风险，再想办法做好作息制度管理，控制加班时间。

其实劳动人事行政部门设计前置条件都是没有法律依据的，无论是国家层面的《劳动法》，还是原劳动部的《关于企业实行不定时工作制和综合计算工时工作制的审批办法》（以下简称《审批办法》），都没有什么要员工本人签名或者要签集体合同的规定。但这些所谓的“政策”在各地大行其道，用人单位敢怒不敢言。

为了满足劳动人事行政部门审批的前置条件，一些用人单位索性在劳动合同签订之时就在劳动合同最后一页约定关于特殊工时制度的特别条款，比如“乙方同意甲方获得劳动人事行政部门审批实行不定时工作制或综合计算工时工作制时实行不定时工作制或综合计算工时工作制，具体起始时间以劳动人事部门审批期限为准”。放在最后一页就是让员工签名与这些内容在同一页，让劳动人事行政部门的审批得以通过。如果中途让员工签名确认同意实行特殊工时工作制，不仅操作困难，而且员工真可能不签。要真有人不签，用人单位就难以为继了。即使获得了批准，法官也可能以与员工没有明确约定为由否定特殊工时工作制，所以上述约定显得更有必要。

沃尔玛敢推行综合计算工时工作制，一定是事先获得了劳动人事行政部门批准的。但是，由于沃尔玛在全国有诸多门店，总部获得批准并不代表各分支机构可以自动适用。这些问题是现行法律法规没有明确规定的，所以如果各分支机构没有获得当地劳动人事行政部门批准，是没办法推行综合计算工时工作制的。不过笔者比较好奇的是，沃尔玛是怎么说服劳动人事行政部门批准其实行综合计算工时工作制的？《审批办法》非常清楚地规定了可以实行综合计算工时工作制的行业及其适用对象：交通、铁路、邮电、水运、航空、渔业等行业中因工作性质特殊,需连续作业的职工;地质及资源勘探、建筑、制盐、制糖、旅游等受季节和自然条件限制的行业的部分职工;其他适合实行综合计算工时工作制的职工。或许“季节”是个理由吧。此外,在《〈国务院关于职工工作时间的规定〉问题解答》规定的“对于那些在市场竞争中,由于外界因素影响,生产任务不均衡的企业的部分职工也可以参照综合计算工时工作制的办法实施”也可能是个依据。

启示二:用人单位调整员工的薪酬结构是否构成劳动合同变更?

沃尔玛南昌区域的员工向媒体爆料称,2016 年 7 月沃尔玛未经协商,把勤工奖和餐补并入基本工资,擅自变更了劳动合同,于是员工选择停工维权。沃尔玛亚洲区总裁兼 CEO 贝思哲(Scott Price)2016 年 7 月 14 日接受《第一财经日报》记者专访时表示,对沃尔玛而言,既要保证顾客得到服务,也要确保员工得到发展,新推综合工时制是为了更好地灵活分配员工的工作时间,也可以提升部分员工的收入。

从媒体披露的以上信息来看,沃尔玛用工制度改革并不仅限于推行综合工时工作制,还涉及劳动报酬结构调整问题。员工不仅认为沃尔玛实施了按小时计薪,甚至以此为由“停工维权”。

《劳动合同法》第 17 条虽然规定了“劳动报酬”属于劳动合同必备条款,但对于如何约定并没有明确规定。实践中有各类表述方式,有些用人单位约定具体金额和结构;有些用人单位对基本工资予以明确,对绩效待遇则模糊化处理;有些用人单位则什么都不写,只简单表示按相关制度执行。与此同时,一些用人单位还会特别约定用人单位有权根据需要调整薪酬制度,以减少将来调整的阻力。但是,无论是否明确约定劳动报酬的金额和结构,仲裁员和法官都有自己的判断标准,基本上以实际履行作为原则,因为相关待遇会有变化,与劳动合同约定的标准并不完全一致。

劳动报酬变化的常见原因主要有以下 3 个方面:一是因为岗位调动而调整,二是因为每年例行调薪而增加,三是因为用人单位薪酬制度改革而变化。但不管哪种原因,都要注意保证员工待遇,否则无论是在管理上还是法律上都很难被认可。《广东省高级人民法院　广东省劳动人事争议仲裁委员会关于审理劳动人事争议案件若干问题的座谈会纪要》(以下简称《广东 2012 年纪要》)针对岗位调整情形还特别强调:“调整工作岗位后劳动者的工资水平与原岗位基本相当。”

沃尔玛用工制度改革的另外一个争议焦点正是劳动报酬。员工认为,以往调薪会看“基本工资”是否达到法定最低工资要求,现在将勤工奖和餐补并入“基本工资”,虽然总金额没有减少,但可能影响将来调薪机会。从法律上分析,无论是“基本工资”,还是勤工奖和餐补,只要每月固定发放的待遇,除非是特殊的法定福利,都属于最低工资的构成范围。但如果用人单位过去一直根据最低工资变化而调整“基本工资”,会被理解为交易习惯,员工因此而产生信赖利益,勤工奖和餐补并入“基本工资”确实可能会成为员工对抗的理由。

换个角度来看,薪酬结构的变化也会让员工产生顾虑。常见的薪酬结构调整是拆分“基本工资”,这一做法可能会影响加班工资的计算基数,因为司法实践中允许用人单位约定一些“奖金、津贴、补贴等项目不属于正常工作时间工资”,从而不作为计算加班工资的基数。虽然从媒体上获得的信息来看,沃尔玛此次不是拆分“基本工资”,但员工还是不满意,并主张构成劳动合同变更。

《劳动合同法》第 35 条规定:“用人单位与劳动者协商一致,可以变更劳动合同约定的内容”,这一规定经常被误读为:必须协商一致才能变更劳动合同。所以员工主张薪酬结构的变化构成劳动合同变更,并且强调需要取得员工同意。实际上,不仅员工不能胜任工作时用人单位有权单方调整工作岗位并因此调整其薪酬待遇,而且因为正常工作需要用人单位也有权在劳动合同约定的工作内容范围内适当安排工作,这一安排同样会涉及员工劳动报酬变化,但只要确属合理安排,同样有机会被认可,员工应当遵守服从。至于因用人单位用工制度改革而调整薪酬结构,如果只是简单的合并并不影响员工利益,在正常情况下不会被理解为劳动合同变更。即使是调整固定工资和绩效工资比例之类直接影响员工利益的方案,只要履行了民主程序,也同样有机会过关。但是,如果民主程序不到位,将会成为巨大的障碍。此外,如果受影响的员工较多、影响面较大,或者待遇明显降低时,即使民主程序到位了也还会有法律风险。

启示三：标准用工模式能否转换为非全日制用工模式?

针对沃尔玛员工的反应，贝思哲（Scott Price）一方面表示新推综合计算工时工作制是为了更好地灵活化员工的工作时间，也可以提升部分员工的收入，另一方面称该制度非强制执行。如果不是强制执行，则员工原来的作息制度、考勤制度和薪酬制度也应该不受影响，员工自然不会有意见，想多做一些的确实可以提升收入，不想多做的也可以维持原有待遇。

可是，对于同样类型的员工，用人单位能够同时实施两套制度吗？本来零售业利润就不高，这样运作岂不与减轻成本的目标相去甚远？如果员工所反映的薪酬按小时计薪属实，则此次沃尔玛的用工制度改革不仅是在推行综合计算工时工作制，而且是在为将来灵活用工模式打基础。

现行法律框架下的灵活用工模式既包括综合计算工时工作制，也实行非全日制用工。前者可以突破标准工时制度下每天不超过 3 小时、每月不超过 36 小时加班时间的上限，还可以降低成本，更灵活地安排员工的作息时间，"保证顾客获得更多、更好的服务"，满足市场竞争的需求。后者则更加灵活，可以不签书面劳动合同，随时终止用工关系，不支付任何经济补偿，只需缴纳工伤保险。无固定期限劳动合同、三期保护、医疗期等在这些标准用工模式下，用人单位的成本和压力统统都不会有。

当然了，非全日制用工还是有一些限制的，其特征就是以小时计酬为主，一般平均每日工作时间不超过 4 小时，每周工作时间累计不超过 24 小时。此外，"小时计酬标准不得低于用人单位所在地人民政府规定的最低小时工资标准"，"非全日制用工劳动报酬结算支付周期最长不得超过十五日"也是法定要求。支付周期不是问题，技术上不难解决，但非全日制用工小时工资系强制规范，比最低工资折算下来的小时工资要高不少。以深圳为例，深圳现在的最低工资是 2030 元，折算后的小时工资为 11.67 元（2030/21.75/8 = 11.67），但其非全日制小时工资是 18.5 元。如果沃尔玛真的将勤工奖和餐补并入基本工资，而且按小时计发待遇，员工难免不产生联想：这会不会是非全日制用工的节奏？一方面是推行综合计算工时工作制，让愿意多干的员工合法延长工作时间；另一方面招聘非全日制员工，平均每天工作时间不超过 4 小时。两种制度相互补充之后,原来标准工时工作制的员工自然要面对竞争压力,不得不考虑妥协。

从法律上看,用人单位在用工之初有权自行决定招用标准用工模式员工或非全日制员工,劳动者同样可以坚持自己的选择。但是,在劳动合同履行过程中要将标准用工模式转换为非全日制用工模式确实会有很大的困难。虽然用人单位可以通过调整自己的管理制度,引导员工趋利避害,可是毕竟存在重大利益冲突,相关的法律规定也不细致,难免出现一些问题。

沃尔玛用工制度改革反映了一系列中国式劳动关系的矛盾,而且正值讨论《劳动合同法》修订之时,或许大家从中可以得到一些启发和借鉴。希望各方能够找到平衡点,不仅平息矛盾,而且能创造出适应新形势的新型和谐劳动关系。

2016－07－27

十一、要付高管“封口费”吗？

陈某与国美“封口费”一案历时近5年，年前终于审结。北京市高级人民法院二审最终认定陈晓“违反了《协议》的承诺，向他人披露了国美的相关资料”，应当依据《协议》的约定向国美全额退还《协议》对价款1000万元，并据此驳回了陈某的上诉，维持了一审原判。陈某与国美的是是非非令人唏嘘，而且近期国美借此案胜诉进而追究陈某的赔偿责任，要求陈某在相关媒体上公开道歉3次，并赔偿经济损失4900万元。

在这系列案件中，涉及多重法律关系，其中高管“封口费”相关问题值得深思。

所谓“封口费”其实就是保密费。高管在职时，对公司负有忠诚义务，理所当然应当保密，但是，我国现行《公司法》及其他相关法律定义的高管范围较窄，而且忠诚义务的具体内容也语焉不详，所以有必要通过协议进一步明确忠诚义务主体和具体要求。此外，在职期间保密是否需要额外支付对价法律也没有明确，同样需要通过协议确认在职期间用人单位支付了在职期间待遇，无须另行支付保密费。

保密的范围则是另外一个重要的问题。商业秘密应当保密现在成了通识，商业秘密的范围法律也有明确的规定，但是，高管掌握的信息众多，有些并非商业秘密，难道就可以不保密了吗？当然不可以，仅从忠诚义务角度出发，高管也应当本着审慎原则对待，用人单位小心起见还是通过协议白纸黑字写清楚保密的范围不仅限于商业秘密为宜。

保密的期限是个伪命题，但却一直还有人不理解，甚至还有法官也认为保密应当有期限，所以更需要通过保密协议来写清楚：保密应当是持续的。其实1992年中美两国签署的《保护知识产权谅解备忘录》就明确规定了：“只要符合保护条件，商业秘密的保护应持续下去。”而1996年的《深圳经济特区企业技术秘密保护条例》（以下简称《条例》）却不知何故规定为：“企业要求员工保守企业技术秘密的，应签订书面的保密协议。没有书面协议或书面协议不明确的，员工的保密义务截至至该员工离开企业之日。”所以，为了降低风险，用人单位要与高管签订保密协议，不仅要约定商业秘密的保密应当持续，其他秘密信息同样应当约定要持续保密。

既然期限应当是持续的，那么就引申出另外一个话题，即高管离职还要另外支付“保密费”吗？从陈某与国美的案件来看，似乎得到了肯定。而且当年的《条例》还规定：“签订协议的员工离开企业后仍负保密义务的，企业应向该员工支付保密费。保密费的数额由企业与员工协商确定。”按此规定，不支付保密费岂不是让员工可以随便乱说？还好2009年修订《条例》时把这些规定都删除了。

高管离职后的保密义务属于后合同义务，也是隐蔽义务，不言而喻，甚至无需约定，否则危害太大了。当然了，从规范角度出发，还是签协议更合适。至于“封口费”，国家层面的法律并没有要求，法理上也没有依据，所以可以约定无需支付。一些用人单位为了与高管达到某种平衡而自愿支付，那就是另外一码事了。但是一定要注意避免把“封口费”与离职经济补偿和竞业限制补偿相混淆，不然会有麻烦。

陈某在“封口费”案中之所以败诉，很重要的一个原因就是他主张1000万是离职补偿而法官将举证责任配置给他了，并认定他没有进一步举证。他本人辞职是不争的事实，依据现行法律规定劳动者辞职用人单位无须支付经济补偿，所以再主张属于经济补偿难以被采信。从判决书披露的协议内容来看，这1000万元不仅是“封口费”，也还包括了离职后的竞业限制补偿。就算是被认定为“向他人披露了国美的相关资料”，根据相关协议需要退还，也还可以以协议相关条款构成“用人单位免除自己的法定责任、排除劳动者权利”为由主张无效，毕竟这一协议是基于劳动关系而产生，也是基于辞职而签订，仍然需要适用《劳动合同法》。该案没有走劳动仲裁程序，直接以民事案由起诉到中院，或许就是国美当初设定的策略，以避开这一致命弱点。

2017－03－29

十二、一定要签实习协议

《2017 年深圳劳动争议仲裁立案工作会议纪要》(以下简称《纪要》)第 1 条规定:“达到法定就业年龄的在校生,可以作为劳动争议的当事人。”这一条表面上只是程序的完善,但实质上是对原劳动部相关规定的突破。

原劳动部 1995 年《关于贯彻执行〈中华人民共和国劳动法〉若干问题的意见》(以下简称《意见》)第 12 条规定:“在校生利用业余时间勤工俭学,不视为就业,未建立劳动关系,可以不签订劳动合同。”该规定一直以来被视为在校生不构成劳动关系的直接依据,用人单位借此得以规避相关法律风险。但是,这一规定其实是有条件的,一是必须是“在校生”,二是只能是“利用业余时间勤工俭学”。在校生容易判断,有学生证即可,但是什么是业余时间,什么是勤工俭学就有分歧了。

《意见》一方面说“在校生利用业余时间勤工俭学,不视为就业”,另一方面却说“可以不签订劳动合同”,这其实本身就存在逻辑矛盾。既然不视为就业,就应当不是劳动关系。可以不签订劳动合同的表述也意味着可以签劳动合同。可是,签了劳动合同又算什么？这也是近年司法实践一直困惑的问题。

2012 年江苏省发布了《2012 年度江苏劳动争议十大典型案例》,其中第六个案例涉及在校生是否能建立劳动关系的问题。在该案例中,裁判要旨如下:即将毕业的大专院校在校学生以就业为目的与用人单位签订劳动合同,且接受用人单位管理,按合同付出劳动;用人单位在明知求职者系在校学生的情况下,仍与之订立劳动合同并向其发放劳动报酬的,该劳动合同合法有效,应当认定双方之间形成了劳动合同关系。如此一来,原劳动部的规定自然而然被突破了。

其实2016年的《职业学校学生实习管理规定》对此间接地做了暗示。该规定虽然只适用于职业学校学生，但却规范了实习类型：认识实习、跟岗实习和顶岗实习等形式，只字未提“勤工俭学”。而教育部财政部2007年《高等学校学生勤工助学管理办法》第4条规定：勤工助学活动是指学生在学校的组织下利用课余时间，通过劳动取得合法报酬，用于改善学习和生活条件的社会实践活动。该规定第6条规定：勤工助学活动由学校统一组织和管理。任何单位或个人未经学校学生资助管理机构同意，不得聘用在校学生打工。学生私自在校外打工的行为，不在本办法规定之列。按照这些规定，非学校组织的在校生实习几乎都被排除在《意见》的适用范围之外了。高等学校的在校生，年龄基本上都有16周岁，达到了法定就业年龄，根据《纪要》的规定，可以作为劳动争议当事人。也就是说，在校生实习期间与用人单位之间的关系并不一定都按《意见》“不视为就业”来理解。

《纪要》第1条确认了在校生具备与用人单位建立劳动关系的主体资格，对用人单位影响较大。如果用人单位与在校生之间签订了劳动合同，那么双方将被认定为建立了劳动关系。据说，如果用人单位与在校生签订了实习协议，基本上还是会按照实习关系处理，而不会轻易认定为劳动关系。如果双方没有签订任何协议或者合同，则需要根据实际情况并结合原劳社部发《关于确立劳动关系有关事项的通知》(〔2005〕12号文)来判断双方是否构成劳动关系，要是没有签订实习协议，有可能会被认定为事实劳动关系。所以，无论是否经过学校组织，大学生实习一定要签实习协议，否则会有很大风险。

无独有偶，2018年1月1日生效的《天津法院劳动争议案件审理指南》第8条也规定：在校学生为完成学习任务到用人单位提供劳动的，双方不构成劳动关系或者劳务关系；在校学生为勤工俭学到用人单位提供劳动的，双方构成劳务关系。这一规定与深圳的《纪要》相互呼应，进一步印证了大学生实习的法律风险。

2017－12－24

PART 06

反思篇

一、背景调查的刑事责任风险

侵犯个人信息的现象日益增加,个人信息保护已经成为社会关注焦点。《刑法》第 253 条规定了侵犯公民个人信息罪,为个人信息保护提供了有力的法律武器,但一直以来实务中对于如何认定和适用却有不同理解。最高人民法院与最高人民检察院分别于 2017 年 3 月 20 日最高人民法院审判委员会第 1712 次会议、2017 年 4 月 26 日最高人民检察院第十二届检察委员会第 63 次会议通过了《最高人民法院、最高人民检察院关于办理侵犯公民个人信息刑事案件适用法律若干问题的解释》(以下简称《解释》),并将于自 2017 年 6 月 1 日起施行。《解释》对实务中重要的问题进一步做了规范,其中一些规定涉及劳动用工管理,影响用人单位,需要格外关注。

用人单位在招用劳动者时,往往让劳动者提供各类信息,这既是判断劳动者是否符合用工需求的需要,也是内部管理需要,劳动者正常情况下都会配合。为了进一步核实相关信息,用人单位会通过各类渠道进行背景调查,有时甚至是超出核实需要扩大范围进行背景调查,殊不知这一背景调查其实是存在刑事法律风险的。《解释》明确规定:违反国家有关规定,通过购买、收受、交换等方式获取公民个人信息,或者在履行职责、提供服务过程中收集公民个人信息的,属于《刑法》第 253 条第 3 款规定的"以其他方法非法获取公民个人信息"。《劳动合同法》虽然规定了"用人单位有权了解劳动者与劳动合同直接相关的基本情况,劳动者应当如实说明",但用人单位了解的个人信息是否与劳动合同直接相关是存在理解分歧的,小心起见,还是在入职登记表等各类信息采取文件中明确劳动者本人同意提供相关信息为宜。

除了信息采集之外,背景调查一事还涉及信息披露,因为劳动者流动后新用人单位还会向原用人单位询问相关信息，原用人单位也得注意其中的法律风险。《解释》规定：向特定人提供公民个人信息，以及通过信息网络或者其他途径发布公民个人信息的，应当认定为《刑法》第253条规定的“提供公民个人信息”。未经被收集者同意，将合法收集的公民个人信息向他人提供的，属于《刑法》第253条规定的“提供公民个人信息”，但是经过处理无法识别特定个人且不能复原的除外。所以，即使只是向新用人单位提供公民个人信息，也会有风险；即使披露的是原来合法收集的信息，要是没有被收集者同意，同样有麻烦。用人单位务必在劳动者入职前除了让其签名明确同意提供个人信息和授权同意进行背景调查外，还需要同意用人单位在其离职后将此前采集的信息和履行劳动合同过程中形成的信息提供给做背景调查的用人单位。

劳动者在原用人单位如果存在违纪或其他违规行为，肯定是不愿意原用人单位披露这类信息的。《解释》出台后如果没有采取合适的措施来防范风险的话，员工众多的用人单位一不小心就可能被筐进去了，要是真的被认定为单位犯罪，后果非常严重。要知道劳动用工不仅可能会涉及拒不支付劳动报酬罪，还可能因为侵犯公民个人信息而被追究刑事责任。

其实2013年的《山东省劳动合同条例》就个人信息保护的问题也有过立法：“用人单位应当对劳动者的个人信息予以保密，除依法应当公开的内容外，未经劳动者同意，不得公开或者利用其个人信息”，所以劳动用工日常管理也要注意保护劳动者个人信息，什么“违纪内部通报”甚至上网之类的事尽量慎重，如果一定要操作，也得考虑“隐姓埋名”才行。

2017－05－12

二、患病员工合同期满应对方案

劳动合同期满,正常情况下用人单位是可以终止合同的,按年资给补偿就行了。但是,如果员工合同期满时患病,问题就来了:用人单位不能终止劳动合同了,后续如何处理成了大麻烦。

《劳动合同法》第45条规定:劳动合同期满,有本法第42条规定情形之一的,劳动合同应当续延至相应的情形消失时终止。而《劳动合同法》第42条规定的情形包括劳动者患病在规定的医疗期内的在内,也就是说,只要员工患病且还在规定的医疗期内,劳动合同就要续延。如何续延?法律并未明文规定。

第一个方案就是和员工沟通,商量一个固定的延长期限,变更原劳动合同期限或签订一份补充协议。但是,这个期限未必能计满医疗期。医疗期是累计计算的(如3个月医疗期按6个月内累计病休时间计算),只要员工不是连续请病假,规定的医疗期要是无法达到,员工就会一直处于"在规定的医疗期内"而无法终止劳动合同。如果把延长的期限定得比较长,则会掉到另外一个坑里:延长的合同会被当作第二次固定期限劳动合同,这样一来更被动。《深圳经济特区和谐劳动关系促进条例》就规定:"用人单位与劳动者协商延长劳动合同期限累计超过六个月的,视为续订劳动合同。"其他地方也有类似判例,所以好心未必会有好报,协商延期的方案未必可行。有些用人单位还与员工直接约定延长的期限属于医疗期,甚至允许员工不再提交病假单且在家休息养病,但这也有风险。根据相关规定,医疗期是指企业职工因患病或非因工负伤停止工作治病休息不得解除劳动合同的时限,员工完全可以主张是用人单位让回家的,医院没有病假单,并不需要停止工作。这样抠字眼还真是没办法,再加上患病同情因素,打起官司来也是凶多吉少。

此外，变更期限或签过补充协议后员工也可能不再生病了，医疗期就悬在空中了，更加不可能计满。新的期限届满时员工也还可以主张“在规定的医疗期内”，甚至再拿一张病假单出来表明自己在“新的医疗期”了，再次陷入不能终止的恶性循环里了。要破解这一难题，需要考虑采用第二个方案。

第二个方案是根据上述法律规定直接通知员工依法续延劳动合同，而且照抄《劳动合同法》的规定：续延至相应的情形消失时终止。这样处理既没有任何法律漏洞，又把球踢出去了，同时保留了变化余地。既然法律没规定清楚后续如何处理，用人单位也可以借此见招拆招。

如果员工持续请假，则问题得以简化，一直请下去总会有计满医疗期的时候，到那时候也就可以“终止”了，既满足了法律规定的义务，还照顾了员工。到时如果员工鉴定丧失了劳动能力，可以根据原劳动部相关批复适当支付一些医疗补助，以便促成员工顺利办理离职手续或签订《终止劳动合同协议》，彻底终结双方劳动关系并消除法律风险。

如果员工没有连续请假，则需要在最后一个假期期满时主张“相应的情形消失”，要求员工办理离职手续，并以最后一个假期期满日作为劳动合同终止日。最大的挑战来自于劳动者隔了几天又提交病假单，员工可能主张仍在“规定的医疗期内”，因为医疗期是累计计算的，现在还在法定的累计计算周期内，所以用人单位终止劳动合同违法，应当恢复劳动关系并继续支付医疗期待遇。但用人单位没有退让余地，否则又会回到第一方案，建议仍然主张劳动合同已告终止，此后提交的病假单与用人单位无关。尽管存在风险，但如果不这样操作，就会陷入医疗期永无止境的“怪圈”里，永远无法终止劳动合同。这样处理，也能够给员工施加一定压力，再佐以适当待遇，或许有机会签订协商解决相关问题的协议。沟通过程中可以主张累计计算医疗期的规定只适用于劳动合同正常履行期间，劳动合同期满为特殊情形，如劳动者连续患病则依法续延至相应情形消失，否则就以最后一个假期期满日终止劳动合同。这一主张有一定的理据，同时又与现行相关规定并不矛盾，至少能够自圆其说。所以尽管第二个方案可能会有理解分歧和操作风险，但还是值得考虑，因为第一个方案确实非常被动。

原劳动部办公厅 1996 年在《关于因病或非因工负伤医疗期管理等若干问题的请示的复函》中对原广州市劳动局请示的问题函复称：“职工临近劳动合

同期满才发病，累计医疗期未满而劳动合同期已满，且需停工休息治疗的，根据劳部发〔1995〕309 号文件第 34 条的规定，劳动合同的期限应自动延续至医疗期期满为止；在医疗期内医疗终结的，医疗终结之日即可终止劳动合同；对其中经劳动鉴定委员会鉴定为完全丧失劳动能力的，可办理因病或非因工负伤退休、退职手续。不需停工休息治疗者，只要合同期满，便可终止劳动合同。”这一复函也可以作为一个处理患病员工合同期满相关问题的依据，而且最后一句话非常玄妙，结合前面的表述，可以理解为虽然员工临近劳动合同期满才发病，但只要疾病“不需停工休息治疗”的，就可以终止劳动合同，似乎也肯定了上述第二个方案。当然了，复函也有理解分歧，有人可能会强调“劳动合同期已满且需停工休息治疗的”就应当自动延续至医疗期期满为止，而不能随意终止，因此产生了第三个方案。

第三个方案相对温和一些：一方面书面通知员工劳动合同依法续延至相应情形消失时终止，另一方面对员工此后陆续提交假单中存在一定间隔的情形不采取激烈动作，不马上让员工办理离职手续，仍然陆续准假并累计医疗期。对没有病假单的期间提示要按用人单位规定补齐手续，相当于给员工机会，也保留主张违纪的余地。如果员工补上假单，则转换成第二方案员工连续请假情形；如果员工没有补上假单，则再视情况做后续处理。员工有时虽然没有补上假单，但陆续请的假累计下来满足了医疗期满情形，则用人单位得以根据上述复函意见按终止处理。不过事情往往没那么简单，员工也可能故意不再请病假，反而请各类其他假期，让医疗期无法期满，甚至也可能制造出在法定的计算周期内永远无法累计期满情形，这些情形都让用人单位无所适从。更麻烦的是，用人单位错过了第二方案中强硬终止的机会，后面再以此为由主张终止就前后矛盾了，难以自洽；用人单位如果以员工没有按照单位规定请假按违纪处理，考虑到员工患病因素，以此为由解除风险非常大。要是员工那几天没有缺勤，而是“带病坚持工作”，更让用人单位没有任何借口，又成了无解的循环：既难以解除，又无法终止。所以用人单位是采取第二方案还是第三方案都需要事先谨慎研究，既要评估后续风险，也要综合考虑员工病情轻重、家庭情况以及具体诉求等实际情况后再做决策。

2017 - 06 - 26

三、绩效改进计划的法律问题

绩效改进计划是很多外资企业使用的管理措施,该措施比较具体,很有针对性,而且也比较人性化。但是,绩效改进计划实施运用过程中涉及不少法律问题,不少用人单位对其有所误解,以致产生纠纷时仍陷于困境。

第一是适用范围和定性的问题。绩效改进计划主要是针对不能胜任工作员工的管理措施,并不针对违纪员工,其性质并非惩罚办法,而是改进方案。虽然用人单位考核办法众多,维度不一,有些员工也可能因为属于行为需改善而适用绩效改进计划,但整体上该计划的性质不是惩戒,而是帮助员工提升能力,以期达到更好的效果。

第二是培训的问题。很多用人单位的绩效改进计划非常详尽,甚至与员工共同沟通确定具体的办法和措施,但往往忽略了培训这一重要的法定环节,有人甚至误解为绩效改进计划就是培训。《劳动合同法》针对不能胜任工作的员工规定了培训或调岗的处理办法,所以培训或调岗是用人单位的法定义务,绩效改进计划虽然运用效果不错,员工也容易接受,但该计划不等于培训,一旦产生纠纷,用人单位仅凭此无法解除劳动合同。所以必须在绩效改进计划中镶入培训内容,以满足法律程序的要求。至于培训的内容,法律没有规定,只要是与专业相关、对员工能力提升有帮助的,都属于合理范围,甚至用人单位指定“导师”具体指导的措施,也可以考虑以培训的名义安排。

第三是考核及考核周期的问题。一般情况下用人单位判断是否胜任工作,往往以考核为依据,并根据考核结果来确定是否针对不能胜任员工实施绩效改进计划。法律针对不能胜任工作的员工特别规定“经过培训或者调整工作岗位,仍不能胜任工作”的才得以解除劳动合同,因此产生了一个重要问题:

绩效改进计划结束后如何考核？考核周期是否需要按公司日常管理办法来执行？法律对此没有明确规定。有人理解为绩效改进计划结束时考核不合格就是“仍不能胜任工作”，这其实是存在风险的。一般情况下，应该考虑培训后再工作一段时间，到下一个考核周期结束时进行考核。一些用人单位等不了那么久，那就需要通过民主程序规定适用绩效改进计划员工的特别的考核周期和考核办法。如果没办法针对此类情形制定专门的规章制度，则建议在实施绩效改进计划时让员工确认该计划期满（一般是 3 个月）的考核办法，同时确认计划期满考核结果如果不合格，则构成“仍不能胜任工作”，这样就有机会避免计划结束后再额外进行一个周期的考核。尽管绩效改进计划员工的考核办法与公司日常管理办法不一致，也因员工确认同意可以理解为协商一致而有机会说服司法机构，员工本人也容易接受。

第四是签名的问题。不少 **HR** 主管误认为绩效改进计划有员工签名就代表员工同意了，其实不然，签名正常情况下只代表收到，不代表确认，所以相关表述一定要明确。绩效改进计划不仅需要员工签名同意实施，还需要利用签名来固定此前考核的结果。考核结果签名通常也只代表收到，并非确认用人单位所主张的存在不能胜任工作的相关事实。如果可能，可以考虑在绩效改进计划文件里让员工签名确认此前的考核结果以及考核中重要的事实依据，这些事实依据一般情况下会列在绩效改进计划中作为实施该计划的原因。对于绩效改进计划中涉及特别的考核办法和考核结果运用，更是需要员工事先签名确认，以绕开制定规章制度的民主程序的问题。此外，培训也务必要员工签名，就算只是签到也要做，这样“留痕”才能有效固定证据。录音录像固然是个办法，但确实麻烦也不好保管，员工心里还不舒服。

绩效改进计划既有助于用人单位管理，也是员工很好的学习机会，如果能够在实施运用时同时注意上述法律问题并以适当的办法处理，可以进一步降低法律风险，增强效果。

2017 - 02 - 23

四、劳动争议的举证期限

《劳动争议调解仲裁法》(以下简称《劳动争议调仲法》)第30条第2款中规定:被申请人收到仲裁申请书副本后,应当在10天内向劳动争议仲裁委员会提交答辩书。该款只是规定提交答辩书的期限是10天,并没有规定具体的举证期限,整部《劳动争议调仲法》也没有规定。《劳动人事争议仲裁办案规则》(以下简称《办案规则》)第19条进一步规定:承担举证责任的当事人应当在仲裁委员会指定的期限内提供有关证据。当事人在指定期限内不提供的,应当承担不利后果。所以,举证期限需要由仲裁委员会来指定。

实务中仲裁委员会常见的做法有两种:一是指定10天内举证,和提交答辩书的期限一致;二是在开庭前3天前举证,相对宽松一些。另外也有允许当庭举证的。这3种做法各有特色,但都有一定的弊端。10天内举证对于被申请人来讲压力是非常大的,因为很多被申请人并没有专业的内部法律顾问,不了解法律实体和程序问题,经常手忙脚乱,有时为了聘请专业律师还需要招投标,还需要逐层请示,一会儿期限就满了,笔者有时不得不面对只剩一天举证期限的尴尬局面,甚至拿到材料时就过了举证期限,非常不利。要是集体争议或几个案件并案审理,即使给足了10天举证期限,也非常匆忙。而开庭前3天举证则可能被一方当事人利用来“突击”,就在开庭前第4天提交证据,让仲裁委员会难以送达,就算是送达了,对方也没有充分的时间来寻找回应的证据,这样其实不利于查明案件事实,有时还让庭审过程混乱不堪。当庭提交更是如此,对方代理律师甚至根本没有掌握相关信息,审理难以为续。虽然《办案规则》第22条还规定了“争议处理中涉及证据形式、证据提交、证据交换、证据质证、证据认定等事项,本规则未规定的,参照民事诉讼证据规则的有关规定执行”,但毕竟只是“参照”。仲裁委员会为了赶在45日内结案,往往不愿意“参照”民事诉讼证据规则再给举证期限,所以非常考验代理律师,既需要庭前尽可能充分掌握信息,也需要当庭迅即应对,甚至需要提前预判形势并全面组织好相关证据。

理论上举证期限对双方当事人都是一样的,但实际上主要针对的是用人单位。因为申请人多是员工,而其申请仲裁的期限原则上是1年,也就是说可以有1年的准备时间。所以用人单位在可能发生劳动争议前就需要预先收集整理一些基本材料,否则很容易顾此失彼,仲裁结果也就可想而知了。

虽然说劳动争议是“一裁两审”,仲裁之后还有一审、二审,在法院诉讼阶段还会有一个举证期限,原来没交的证据还可以再交。但千万要注意,不是所有的劳动争议输了都可以去法院,《劳动争议调仲法》规定了追索劳动报酬、工伤医疗费、经济补偿或者赔偿金,不超过当地月最低工资标准12个月金额的争议和因执行国家的劳动标准在工作时间、休息休假、社会保险等方面发生的争议是一裁终局的,而且只是对用人单位一裁终局,用人单位是没有权利去法院起诉的。而且,即使是可以起诉的案件,法院为了维持与仲裁的关系,同时为了减少劳动争议到法院来,经常维持仲裁裁决,很难翻案。

一审法院审理劳动争议时举证期限规范一些。组成合议庭审理的,有30日的举证期限,独任庭审理的,也有15日。但是,法院对于劳动者还是更为宽待,《深圳市中级人民法院关于劳动争议案件审理流程管理规程》就明确规定:“对于举证能力较弱的劳动者应当加强诉讼指导,并可对劳动者的举证期限酌定从宽。法院在必要时应依职权调查收集证据,不得轻易以劳动者证据不足或举证期限届满而驳回其诉讼请求。”这是明显重实体轻程序的表现,劳动者几乎是可以随时提交证据,无论是在一审阶段还是在二审阶段,也无论是否构成法律意义上的“新证据”,用人单位却没有这样的待遇了,且经常要面对“举证不能”的后果。

2016-02-18

五、企业重大事件员工安置法律实务问题研究

公司法不仅规定了公司的设立和组织机构，而且对股权转让、合并分立、解散清算等事项进行了规范，这些事项不只是公司法的重要事项，同时也是劳动法视野下的企业重大事件。从劳动法角度来看，企业重大事件还包括重大资产或业务处理以及生产经营地点搬迁。企业一旦出现这些重大事件，往往涉及员工安置的问题，而员工安置既包括劳动关系的处理，也包括劳动合同的履行和经济补偿。要是员工不能得到很好的安置，企业无法维系正常的生产运营，也可能触发劳资矛盾，甚至引发群体事件，所以需要对此相关的法律问题进行研究。

(一)企业收购与劳动合同的解除

企业收购分为股权收购和资产收购，股权收购是通过股东之间股权交易的方式来实现对目标公司的控制，而资产收购是受让企业出资购买转让企业经营性资产的交易。两者性质完全不同，前者涉及股权转让，后者则是资产买卖。

股权转让经常发生，尤其是上市公司。上市公司的股权每天都可能产生交易，但是这些交易一般情况下不会构成重大影响，如果达到法定条件，则需要按公司法相关规则处理。无论是否上市公司，收购方只要通过合法途径获得了股权，即具有股东地位并享有股东权利，甚至在控股之后可以进一步通过股东会或董事会等机构对目标公司进行管理。虽然为了保护劳动者，《劳动合同法》第33条特别强调了用人单位变更投资人不影响劳动合同的履行，这可

以理解为对员工的安置,而且是法定安置,劳动合同需要继续履行,并不存在任何劳动合同解除的问题,但目标公司的员工还是不得不考虑将来的出路问题,毕竟新的股东出现后目标公司将来具体经营方式或经营目标都有可能发生变化。

从保护劳动者的角度出发,《劳动合同法》相关规定无疑是有积极意义的。但是,现在越来越多的员工提出了新的挑战:这样安置是否就足够了?是否允许员工有选择权?一些员工希望能够在股权转让时离职,因为员工对将来的股东和管理都没有信心。本来在劳动法领域里这也没有问题,因为《劳动合同法》明确赋予了劳动者提前30日通知即可解除劳动合同的辞职权,员工直接辞职就可以实现选择。但是,员工在离职的时候都希望企业能够支付解除劳动合同的经济补偿,问题也就随之而来:员工在企业股权转让时是否有权主动解除劳动合同并获得经济补偿?

从现行法律的规定来看,答案是否定的。原因非常简单,合同继续履行的制度设计对就业的稳定是最大化的保护,既然继续履行劳动合同了,也就不可能发生劳动合同解除行为,更不会有因解除劳动合同而带来的支付经济补偿的问题。如果允许选择且可以获得经济补偿,会鼓励员工离职,既不利于企业持续发展,也不利于社会稳定。但是,如果绝大多数员工强烈要求企业"兑现"经济补偿,作为股权转让方和受让方,不仅需要在成本上考虑这个问题,更需要从集体谈判的角度上来看待这个问题。现行法律虽然不直接支持员工的请求,但员工完全可以通过集体协商这一合法途径来寻求答案,甚至不排除一方面协商一致解除劳动合同而另一方面重新签订新的劳动合同来平衡双方利益的可能性。此前"国企改制"其实就是这一模式,而且国家和地方都为此专门出台了一些法规政策来指引各方妥善安置员工。

企业资产买卖同样无须员工同意,毕竟是企业依法行使权利,但资产买卖的结果往往不只是资产转移,还经常伴随业务转移。企业的客观情况将发生重大变化,员工劳动合同赖以存在的基础将发生变化。《劳动法》和《劳动合同法》都规定劳动合同订立时所依据的客观情况发生重大变化,致使劳动合同无法履行,经用人单位与劳动者协商,未能就变更劳动合同内容达成一致的,用人单位可以解除劳动合同。而原劳动部在《关于〈中华人民共和国劳动法〉若干条文的说明》特别规定:“客观情况”是指发生不可抗力或出现致使劳动合同全部或部分条款无法履行的其他情况,如企业迁移、被兼并、企业资产转移等,明确了企业资产转移构成客观情况重大变化,所以员工劳动合同的履行会受到影响。

虽然赋予了用人单位解除劳动合同的权利,但为了保护劳动者,企业在法定客观情况发生重大变化并致使劳动合同无法履行时,仍然需要履行对劳动者的安置义务。安置义务既包括在用人单位内部创造条件就变更劳动合同进行协商,也包括在协商未果时依法通知或支付代通知金,同时支付解除劳动合同的经济补偿金。不过客观情况发生重大变化未必会导致劳动合同无法履行,判断是否导致劳动合同无法履行需要结合实际情况综合判断。

一些企业为了避免产生风险,并不愿意行使单方解除权,而是与员工协商解除,在协商未果的情况下,企业参照停工的办法支付员工待遇并无不可,毕竟对员工而言得到了更多的时间缓冲。但是并非所有的员工都欢迎这一做法,因为员工认为企业在此期间可以利用劳动合同期满来终止劳动合同从而减少经济补偿成本,甚至在员工获得其他公司的就业机会时促使员工主动辞职而损害员工利益。

如果企业提供关联公司的就业机会来安置员工,只要双方协商一致,可以按照“劳动关系转移”的思路处理各方关系和相关利益。《劳动合同法实施条例》第10条给这一操作提供了法律依据,原用人单位甚至可能因此而避免支付解除劳动合同的经济补偿。

(二)企业合并分立与劳动合同的履行

企业的合并包括吸收合并和新设合并,一家企业吸收其他企业为吸收合并,被吸收的企业解散;两家以上企业合并设立一家新的企业为新设合并,合并各方解散。企业的分立则包括派生分立和新设分立,派生分立是一家企业分拆成两家企业,原来的企业继续存续,新派生的企业依法办理工商手续后得以注册成立;新设分立则是同时在分拆后原来的企业法人格消灭,产生两个或者两个以上新的法人人格。

《公司法》还规定了合并与分立的法律要求。公司合并,应当由合并各方签订合并协议,通知债权人并公告,债权人也有权要求公司清偿债务或者提供相应的担保。公司分立,也应当通知债权人并公告。员工的工资对于企业来讲是债务,所以员工在一定程度上也可以被理解为企业的债权人,所以企业合并或分立是需要通知员工的。而员工对劳动合同,尤其是无固定期限劳动合同的期待利益作为特殊的权益,在企业合并和分立过程中同样也可以理解为特殊债权,企业合并或分立过程中需要予以考虑和照顾。

为了保护劳动者,《劳动合同法》第 34 条规定:用人单位发生合并或者分立等情况,原劳动合同继续有效,劳动合同由承继其权利和义务的用人单位继续履行。这条规定同样清晰地表明了企业对员工的安置义务,劳动合同需要继续履行,只是履行主体可能发生变化了而已。如果员工同意,企业也可以安排“劳动合同换签”,用新的用人单位的名称与劳动者重新签订劳动合同,以增强员工的安定感;如果员工不愿意,则原劳动合同也无须“换签”,继续履行即可。有些员工对“换签”可能存在误解,认为涉及劳动合同解除,所以也可能提出补偿要求。虽然法律对“换签”并没有任何规定,但从上述公司法和劳动法的规定来看,合并分立并不涉及劳动合同解除,自然也不会有经济补偿,“换签”只是一种管理手段而已,也不影响法律关系和相关权利义务。不过同样的道理,员工也可能通过集体谈判来寻求突破,以谋取正常劳动合同履行之外的群体权益。

此外,企业的合并分立虽然是股东会依法决定的事项,但《公司法》同时也规定了企业重大事件的程序要求:“企业、事业单位研究经营管理和发展的重大问题应当听取工会的意见”;《工会法》也做了同样的规定。两者虽然并非一回事,但在劳动法的角度来看,确实引发了员工在安置过程中权利范围的讨论。

《公司法》规定公司依照宪法和有关法律的规定,通过职工代表大会或者其他形式,实行民主管理;公司研究决定改制以及经营方面的重大问题、制定重要的规章制度时,应当听取公司工会的意见,并通过职工代表大会或者其他形式听取职工的意见和建议。这些内容都比较原则。工会的《企业民主管理规定》则明确规定:国有企业和国有控股企业职工代表大会行使审议通过企业合并、分立、改制、解散、破产实施方案中职工的裁减、分流和安置方案的职权,但也仅限于国有企业的职工代表大会,毕竟只有国有企业的职工代表大会是权力机构。如果是国有企业,则还需要根据《全民所有制工业企业职工代表大会条例》以及《企业工会工作条例(试行)》相关规定执行,职工代表大会或职工大会有权审议通过企业改制职工安置方案、审查同意或否决涉及职工切身利益的重要事项和企业规章制度。非国有企业在合并分立过程中,则难以直接引用这些规定作为安置员工的依据,企业根据《公司法》《工会法》履行相关程序性要求即可。

(三)企业搬迁与工作地点的变更

工作地点属于劳动合同的必备条款,企业的搬迁往往导致工作地点发生变更,这一变更有人理解为属于劳动合同变更,也有人认为不一定构成劳动合同变更,要看劳动合同如何约定。是否构成变更影响劳动合同履行,也涉及员工如何安置的问题,在企业搬迁过程中意义重大。

《劳动合同法》及其《实施条例》对劳动合同如何约定工作地点没有具体的规定,所以实践中有约定住所地或经营地的,也有泛泛约定所在城市的,还有以点带面约定某个特定区域的。再加上企业工作搬迁距离远近不一,对劳动者的影响也各不相同,如此一来,企业搬迁尽管客观上的地理位置发生了变化,但对是否变更了劳动合同的理解确实不尽相同。如果劳动合同约定的工作地点模糊不具体,则工作地点在劳动合同约定的相对宽泛的行政区域范围内的调整可以理解为劳动合同只是正常履行,没有变更;如果劳动合同约定了清晰而具体的工作地点,则任何变更都可能被当作劳动合同的变更。

对于劳动合同的变更,同样存在理解误区。《劳动合同法》第35条规定:用人单位与劳动者协商一致,可以变更劳动合同约定的内容。这一条规定经常被解读为企业不能擅自变更劳动合同,必须与员工协商一致才得以变更劳动合同。所以在企业搬迁过程中,除了员工知情权之外,员工同时会主张协商权,如果员工同意搬迁,则双方构成协商一致而变更劳动合同;如果搬迁未经过员工同意,则不同意的员工的劳动合同系因企业原因致使无法履行,有的员工进而主张企业需要支付经济补偿乃至双倍赔偿。

无论劳动合同如何约定,企业搬迁对劳动合同的履行确实会产生影响,对员工的影响则不仅限于工作地点,也可能影响其家庭生活。如果只是在原来工作地点附近区域搬迁,则影响较小,甚至可以忽略不计,员工也能够理解和接受,既不会主张劳动合同变更,也不会涉及经济补偿。但如果搬迁有一定距离,甚至搬迁到其他城市,对员工影响较大,不仅增加了交通时间,甚至可能是全方位的影响,这时有必要讨论劳动合同继续履行的可能性。

企业为了促成员工接受此类搬迁,会采取一系列措施来引导员工克服困难,比如提供交通津贴、班车和宿舍,也有提供一次性过渡奖金或直接提高随迁员工工资的。尽管这些企业鼓励员工到新工作地点办公的措施有助于保障劳动合同得以继续履行,但是如果路途较远,与员工最初入职或随后签订劳动合同时的条件相差较大,员工应该有权就此做出选择,选择是否继续履行劳动合同。即使员工没有签订劳动合同或签订了劳动合同没有约定工作地点,工作地点作为劳动关系维持的重要维点,与劳动纪律一样应该构成双方权利义务的隐蔽条款,在企业搬迁且造成较大影响时员工有权选择是否继续维持劳动关系。

可是怎么判断影响大小呢?每个员工的住址不一样,家庭条件也不一样,甚至每个人的认识观也不一样,所以影响大小是没办法按每个人自己的标准来逐一衡量的,只能根据常识作普遍性的判断。如果用人单位采取了合理的措施来帮助员工解决搬迁带来的实际困难,也可以作为判断的参考依据之一。尽管影响较大时员工可以选择是否继续履行劳动合同,但从社会利益最大化的角度来看,仍然应该鼓励企业提供更多的方案以促成员工选择继续履行劳动合同,这不仅是对员工的安置,也是对和谐劳动关系、和谐社会的贡献。

如果搬迁影响较大,员工不愿意随迁,选择不再履行劳动合同,就会涉及劳动合同终结的问题,与之关联的经济补偿问题也就成了焦点。现行法律对此没有任何规定,有人理解为企业不再提供劳动条件致使劳动合同无法履行,所以员工可以主动解除劳动合同并获得经济补偿;也有人认为虽然员工有权选择不再履行劳动合同,但只是特定环境下赋予了劳动者类似辞职权的特定解除权,在这种情况下允许员工选择只是无须承担违约责任而已,不能支持员工支付经济补偿的要求,否则更加鼓励员工离职,不利于对员工的安置。这些员工离职后一样还需要就业,给政府、社会和员工本人都会带来成本和压力。

此外，还有人认为，企业搬迁自有其经济上的考量，也是其依法行使经营管理权利的体现，即使给员工造成一定影响，只要企业提供了合适的措施以降低相关影响，原则上不应该以此否定劳动合同能够继续履行。

一些企业搬迁过程中同时存在其他生产运营因素的考虑，所以在搬迁过程中并不一定愿安置员工，也不希望员工随迁，相反，他们可能利用搬迁的机会减少冗员并解决历史包袱。因此问题也就随之而来，如果员工不愿意搬迁，企业应该如何安置？要是员工自己辞职，问题当然也就解决了。实践中一些员工也故意选择不随迁，意图让企业主动解除劳动合同而获得补偿机会。虽然原劳动部认定企业迁移属于“客观情况重大变化”，双方协商变更劳动合同未果时，企业可以解除劳动合同，但企业搬迁如果距离非常近，完全不会有任何影响，就不能套用情势变迁的模式处理，应该考虑按不服从正常工作安排处理，否则反而不利于对其他愿意随迁的员工的安置。

企业异地城市搬迁在实务中基本上被理解为原劳动合同工作地点构成重大变更，不仅员工有权选择不随迁，而且员工也有权要求企业支付经济补偿，毕竟通常都会认为此类搬迁对员工影响重大，这一实践标准是对企业和员工在搬迁问题上的平衡。此外，如果搬迁到异地城市，从公司法的角度来看是可以通过工商行政部门办理相关手续来实现的，但如果是另外注册一家新公司，而不是通过变更工商手续来完成真正意义上的搬迁，除非三方达成协议，按“劳动关系转移”模式处理，否则到新单位工作不仅是劳动合同变更的问题了，更是涉及劳动合同解除，支付补偿是应有之义。

特别需要一提的是，“三来一补”企业根据政府“腾笼换鸟”的要求注册为企业法人时也涉及搬迁等问题。实际上无论是否搬迁，原来“三来一补”企业与新注册的企业法人在公司法上都是独立的主体，如果想避免补偿，只能套用“劳动关系转移”模式。实践中为了平衡各方利益，对“原地不停产转型”情形按新企业权利义务承续来理解，但对于搬迁情形则留下了空间。

（四）业务外包与客观情况重大变化

随着市场经济的深化发展，社会分工越来越细，业务外包越来越多，除了传统的保安清洁、物业管理、交通运输、软件开发等业务外，其他各类专业性的业务外包也层出不穷，迅猛发展。国家对于专业性的外包一直持肯定态度，还专门制定了相关政策积极扶持发展。

业务外包的优势是显而易见的，不仅能提供专业服务，而且还可以减员增效、降低成本，所以企业在经营过程中经常采用业务外包。而一旦外包，原有员工的工作将不复存在，如何安置这些员工是业务外包时企业需要重点考虑的问题，双方也经常因此产生纠纷。

企业实行业务外包同样是企业依法自主经营的体现，但业务外包在劳动法的角度来看属于什么性质则存在理解分歧。《劳动法》与《劳动合同法》都规定了客观情况发生重大变化且协商变更劳动合同未果的情况下用人单位可以解除劳动合同，但原劳动部认为“客观情况”是指发生不可抗力或出现致使劳动合同全部或部分条款无法履行的其他情况，如企业迁移、被兼并、企业资产转移等，并没有明确指出业务外包属于客观情况重大变化情形。有人认为业务外包属于企业主观决策的结果，不能够归于客观情况之类，而且原劳动部在解释“客观情况”时特别强调了“排除本法第二十七条所列的客观情况”，“本法”是指《劳动法》，第27条是“裁员条款”：用人单位濒临破产进行法定整顿期间或者生产经营状况发生严重困难，确需裁减人员的，应当提前30日向工会或者全体职工说明情况，听取工会或者职工的意见，经向劳动行政部门报告后，可以裁减人员。《劳动合同法》则进一步明确了裁员的条件还包括“企业转产、重大技术革新或者经营方式调整”以及“其他因劳动合同订立时所依据的客观经济情况发生重大变化，致使劳动合同无法履行”的情形。

从上述规定来看，业务外包在劳动法里没有明确的法律定性，到底是“客观情况”还是“客观经济情况”？似乎没说清楚。如果一定要套，或许可以归于“经营方式调整”这一范畴吧。但是，如此理解的话，业务外包成了“裁员”的依据，企业采用业务外包时，除了协商变更劳动合同安置员工外，只能通过“裁员”的途径来解决双方的劳动关系。实际上业务外包未必是因为“经营方式调整”所致，企业实行业务外包的内在原因往往是复杂多样的，尽管是主观决策的结果，但确实客观上导致了业务不复存在，员工无法再履行劳动合同，所以实务部门在司法实践中反而经常将业务外包往“客观情况”上靠，只要企业能够证明业务外包这一客观事实存在，履行了法定的协商变更程序，因此而解除劳动合同时往往予以支持。

但是，通过解除劳动合同支付经济补偿来安置受业务外包影响的员工并非最佳方案，法律也规定了需要协商变更劳动合同，所以业务外包过程中，企业应该在力所能及的范围内提供相关岗位与员工协商，以尽力安置员工。除此之外，另外一个途径就是通过与外包单位沟通，争取外包单位提供相应的工作机会给到受影响的员工来安置他们，如果员工选择到新的工作单位，不仅有利于业务衔接，而且有利于劳动关系的稳定。至于经济补偿，如果员工接受，可以以"劳动关系转移"模式处理；如果员工要求补偿，企业一次性支付经济补偿也是可以考虑的，毕竟平稳过渡完成转型才能实现业务外包的目的。

需要注意的是，业务外包必须是真外包，不能是假外包。一些劳务派遣单位和用工单位为了规避劳务派遣相关规定的要求，以所谓"岗位外包""工作外包""人力资源外包"等概念包装劳务派遣。真正的业务外包，需要以自己企业的资金、技术、资质、人员、设备、管理来完成相应的外包任务，以工作成果作为交付对象，按质论价，而非计人头收费。如果企业假外包真派遣，就算是"安置"员工到了"外包单位"，将来派遣的法律风险也一样不可避免。

（五）企业提前解散与劳动合同终止

企业提前解散也是企业重大事件，根据公司法相关规定，企业股东会或董事会有权依法做出提前解散的决议。一旦决议生效，企业就需要办理相关注销手续，也就需要面临员工安置的问题。

《劳动合同法》规定，用人单位被吊销营业执照、责令关闭、撤销或者用人单位决定提前解散的，劳动合同终止。因为此类情形构成劳动合同一方主体消亡，无法继续履行，只能终止。企业提前解散而终止劳动合同是法定条件成就而终止，不以一方意志为转移，无须约定，也不可约定。这与固定期限劳动合同期满而终止不一样，固定期限劳动合同期满终止还可区分主动情形与被动情形，也涉及不同的法律责任。

企业提前解散致使劳动合同终止时企业对员工的安置比较特殊，无法再与员工协商变更劳动合同，因为任何岗位都不复存在，清算组也只是清算而已，任务完成后也一样要解散，所以企业提前解散致使劳动合同终止时对员工的安置只是依法支付员工经济补偿待遇了。与企业提前解散类似的情形还包括前述企业被吊销营业执照、责令关闭、撤销，这些情形都会导致劳动合同终止，也都无法与员工协商变更劳动合同。除此之外，企业营业期限届满也需要依法办理注销手续，也会导致主体消亡，但《劳动合同法》显然是遗漏了这一情形，现在司法实践只能依靠有关部门的扩张解释来弥补漏洞。

在安置员工支付补偿时，何时“终止”劳动合同就成了一个重要的法律问题。从《劳动合同法》的表述来看，“用人单位决定提前解散的”“劳动合同终止”，也无法判断时间。而企业自己其实是没有办法决定提前解散的，只能是企业的股东会或董事会根据公司法和公司章程的规定来决定。实务操作中也只能在股东会或董事会做出提前解散的决议后，企业据此通告员工，并根据业务需要合理安排先后离职。

员工离职时间涉及员工切身利益，有人希望早离职，有人希望晚离职，企业一方面要结合业务需要来决定次序，另一方面也需要考虑员工实际情况来酌情处理，妥善安排，以免产生纠纷。在离职过程中最好通过协议的方式明确员工同意离职，并结算相关经济补偿等待遇，这是在企业要提前解散的背景下的协商一致解除劳动合同，只要员工签署了相关协议，时间及次序的风险就得以消除。但是，有些员工不愿意签订此类协议，甚至利用企业的顾虑而主张更高的补偿方案，所以这个过程还是会有法律风险，因为企业即使符合了“用人单位决定提前解散”的法定条件，也还会顾虑大规模解除劳动合同而产生负面影响，所以一些企业即使是做足了准备，依法终止条件成就了，也还需要考虑提供一些额外待遇促成员工签订相关协议。

企业提前解散的情况下提供的待遇主要是经济补偿，但这类情形下劳动合同终止的经济补偿如何计算也有理解分歧。《劳动合同法》第 97 条第 3 款规定，“本法施行之日存续的劳动合同在本法施行后解除或者终止，依照本法第四十六条规定应当支付经济补偿的，经济补偿年限自本法施行之日起计算；本法施行前按照当时有关规定，用人单位应当向劳动者支付经济补偿的，按照当时有关规定执行”，这使终止补偿是否需要自入职之日起计算还是需要分段计算，还是只从 2008 年 1 月 1 日起计算众说纷纭。决定提前解散的企业为了避免纠纷，往往从优按入职之日计算补偿期限，以促成员工按企业要求签订协议并办理离职手续。

除了经济补偿外，决定提前解散的企业对于本企业特殊情况的员工还需要根据实际情况特别考虑额外的待遇。特殊情况的员工既包括工伤员工，也包括三期女工和患病员工，无论是否成立了清算组，这类员工离职时，都需要另行支付相应的工伤待遇、三期待遇或医疗补助费等。对于签订了无固定期限劳动合同或距退休年龄较近的员工，企业在力所能及的范围内，也需要考虑予以优待，这也是对员工的安置。

结　语

企业出现重大事件时，往往同时会涉及历史遗留的社会保险、住房公积金以及加班待遇等问题，要是无法妥善安置员工，可能会导致严重后果，员工在此过程中经常以群体模式争取相关利益，所以企业一方面在日常管理中要依法管理，避免形成历史矛盾；另一方面在出现重大事件时也要遵照相关法律规定，履行安置义务，同时还应当注意相关程序要求，加强沟通协调。

企业重大事件也不只于本文论及的几种情形，公司法对这类事件的规制更侧重于市场规范的角度，而从劳动法的角度出发，会更关注此类重大事件对劳动关系的影响，并规定企业出现重大事件时对员工的安置义务。但是，任何法律都不可能是非常完善的，实践中更需要企业根据立法精神并结合实际情况发挥能动性和创造性来妥善安置员工，以期顺利化解矛盾和纠纷，实现劳动关系的和谐和企业的健康发展。

2016 - 12 - 01

六、再谈“五四”放假

“五四”青年节放不放假是个问题，如何放假也是个问题。

《全国年节及纪念日放假办法》(以下简称《办法》)规定：青年节(5 月 4 日)，14 周岁以上的青年放假半日。由此可见，“五四”青年节是部分公民放假的节日。虽然只是部分公民的假，依法也得放，只是这个部分公民到底是指哪个部分却成了问题。

《办法》只规定了 14 周岁的下限，上限是多少岁却没说清楚。到底多少岁才算青年？这事要搞清楚，因为不仅涉及管理制度，也还涉及法律适用。

查了一遍，也没能在我们国家的法律体系里找到青年范围的明确规定。《中国共产主义青年团章程》倒是有一个规定：“年龄在十四周岁以上，二十八周岁以下的中国青年，承认团的章程，愿意参加团的一个组织并在其中积极工作、执行团的决议和按期交纳团费的，可以申请加入中国共产主义青年团”，“团员年满二十八周岁，如果没有担任团内职务，应该办理离团手续”，或许这就是大家公认的 14 ~ 28 周岁属于青年的来历。国内青年节放假大多也依此放到 28 周岁。

联合国将年龄介于 15 ~ 24 岁(含 15 ~ 24 岁)的人定义为青年，并依此统计相关数据和信息，且不说联合国的定义也只是一个参考，上限为 24 周岁似乎也确实低了些。

近日中共中央、国务院印发了《中长期青年发展规划(2016 ~ 2025 年)》(以下简称《规则》)，将青年的年龄上限放宽到了 35 周岁：本规划所指的青年，年龄范围是 14 ~ 35 周岁(规划中涉及婚姻、就业、未成年人保护等领域时，年龄界限依据有关法律法规的规定)。虽然《规则》也不是法律，但至少是中央层面的规定,而且怎么说也是国务院发的文,总比团章更具有说服力,如此一来,《办法》的适用对象也需要放宽到35周岁才合适。巧合的是,深圳近期也刚好公布了《深圳经济特区人才工作条例(草案)》征求意见,其中规定青年人才“是指年龄在40周岁以下的人才”。

“五四”放假还有一个问题:“五四”青年节当天要是上班的话算不算加班半天?怎么说也是法定休假日。《劳动法》明确规定法定休假日安排劳动者工作的,支付不低于工资的300%的工资报酬,这一规定并没有附条件,没有规定只适用于全体公民的法定休假日。部分公民放假有一定的特殊性,如果适逢星期六、星期日就不存在加班半天的问题了,因为这种情况下无须补假,这点和全体公民的法定休假日有所不同。

对于是否构成加班的问题,原劳动和社会保障部2000年给了上海市劳动局一个答复:在部分公民放假的节日期间,对参加社会或单位组织庆祝活动和照常工作的职工,单位应支付工资报酬,但不支付加班工资。如果该节日恰逢星期六、星期日,单位安排职工加班工作,则应当依法支付休息日的加班工资。这一答复还是没解释清楚,“照常工作的职工”是指谁。或许有关部门是故意这样表述的,这样各方都可以找到对自己有利的解读。不过结合《办法》和《劳动法》来看,恐怕还是理解为“五四”青年节期间要正常工作的非“五四”青年才合适。此外,无论如何理解,答复中对于“五四”恰逢休息日且加班的只支付休息日加班工资肯定是有问题的,法定休假日加班费标准是300%不是规定得很清楚?怎么在这里就变成了200%了?

2017-04-21

七、重构我国无固定期限劳动合同制度

早在20世纪80年代,我国就开始试行有别于“固定工”的“合同工”制度。顾名思义,“合同工”就是签订劳动合同的员工,既包括有固定期限、无固定期限,也包括以完成一项工作为期限的劳动合同。而“固定工”制度就是“铁饭碗”“大锅饭”,也可以说是“终身雇用制”。

为了适应市场经济发展的要求,1993年深圳率先实行“全员劳动合同制”,随后劳动部转发深圳相关文件,在全国范围内全面推行劳动合同制。1994年《劳动法》颁布,正式在国家法律层面上确定了劳动合同制。

“全员劳动合同制”无疑是个巨大的进步,实现了劳动者从身份到契约的转变,打破了原有的用工桎梏,激发了用工积极性,极大地促进了生产力的解放与发展。但是,该制度在实施过程中出现了劳动合同短期化的现象,不利于保障劳动者就业稳定权,所以2007年起草的《劳动合同法》强化了对无固定期限劳动合同的规制。不过令人遗憾的是,立法者头痛医头脚痛医脚,并没有同时解决劳动合同解除制度存在的缺陷。因此,《劳动合同法》实施后,《劳动法》时代里遗留的劳动合同解除制度矛盾日益突出,再加上经济下行,修法呼声日涨。

确实需要修法了。现在不仅劳动用工制度又出现了僵化的现象,而且劳动争议层出不穷,制造了无数社会纠纷,严重浪费了社会资源。更重要的是,现行的无固定期限劳动合同制度与“互联网+”时代格格不入。

“互联网+”时代的特点就是“大众创业、万众创新”。无论是创业还是创新,都要求灵活的劳动关系和劳动用工制度。在网络时代里,每个人可能昨天还是就业者,明天就成了创业者,而现行的无固定期限劳动合同制度显然滞后了。

时过境迁，我国无固定期限劳动合同的功能确实需要重新定位了，无固定期限劳动合同制度也应该需要调整了。笔者结合我国司法实践、国外立法例和相关理论，就重构我国无固定期限劳动合同制度建议如下：

1. 承认口头劳动合同与事实劳动关系的合法性，不签书面劳动合同即视为构成无固定期限劳动合同关系；

2. 限制签订固定期限劳动合同的适用条件和范围，签订固定期限劳动合同达到一定期限强制转化为无固定期限劳动合同；

3. 劳动者服务年限达到10年以上的均构成无固定期限劳动合同；

4. 新的无固定期限劳动合同按劳动者服务年限不同设置不同的解除制度：服务不满3年的双方均可无因解除，根据服务期限不同设定不同的通知期即可；服务满3年以上不满10年的，沿用现有解除制度，但在一定条件下允许当事人以支付赔偿方式解除劳动合同；服务满10年以上的，除沿用现有解除制度外，适当限制当事人恢复履行的救济方式，同时设置“无效解雇”保护制度，允许特殊情况下当事人恢复履行原劳动合同；

5. 固定期限劳动合同于约定的期限内限制双方解除的权利，允许双方约定违约金，并建立惩罚性赔偿制度；

6. 取消“推定解雇”补偿制度，推行用人单位长期服务激励计划；

7. 明确用人单位机构设置权与用工调岗权适用条件；

8. 允许无固定期限劳动合同设定岗位期限，实行“岗聘分行”；

9. 总经理等高管实行委任制度，不适用《劳动法》与《劳动合同法》。

通过上述重构，不仅可以消灭现有的事实劳动关系以及应签而未签无固定期限劳动合同的双倍工资的纠纷，而且与国际接轨，扩大无固定期限劳动合同适用范围，还能维持现有劳动法律体系，满足新常态下的经济发展要求，也可以避免“推定解雇”的负面影响，从而实现用人单位与劳动者新的利益平衡，营造和谐劳动关系。

2016－12－06

附录：地方纪要

一、《2017年度深圳市劳动争议仲裁立案工作会议纪要》

为妥善解决《劳动人事争议仲裁办案规则》和《广东省劳动人事争议处理办法》实施后在劳动争议仲裁立案方面出现的新问题,统一全市立案工作标准,深圳市劳动人事争议仲裁院于2017年10月27日牵头召开了全市劳动争议仲裁立案工作会议。会议就当事人主体、案件受理范围、管辖和送达等方面存在的问题进行研讨并形成若干统一意见。现将会议意见纪要如下:

一、达到法定就业年龄的在校生,可以作为劳动争议的当事人。

二、用人单位垫付了依法应由劳动者缴纳的社会保险费用后,请求劳动者返还的,作为劳动争议处理,但双方已约定劳动者依法应缴纳的社会保险费由用人单位承担的除外。

三、从事接触职业病危害工作的劳动者要求用人单位进行离职前职业健康检查的,不作为劳动争议处理。

四、受送达人无法联系,或者以其他方式无法送达的,适用《广东省劳动人事争议处理办法》规定,在人力资源行政部门门户网站和受送达人住所地公告送达的,自发出公告之日起经过三十日即视为送达;适用《民事诉讼法》规定,通过报纸等媒体公告送达的,自发出公告之日起经过六十日即视为送达。

五、取得法律职业资格C证的律师跨区域代理劳动争议案件的,仲裁机构应当准许。

六、基层法律服务工作者代理劳动人事争议案件的,应当同时提交:(一)基层法律服务工作者执业证;(二)基层法律服务所出具的介绍信;(三)当事人一方位于其执业的基层法律服务所所在区行政区划辖区内的证明材料。无法提供上述材料的,仲裁机构不予准许其代理。

七、仲裁机构已按撤回仲裁申请处理的案件,申请人增加新的仲裁请求后再次申请仲裁,新增请求符合仲裁机构受理范围的,仲裁机构应予受理。

八、涉及多个被申请人的案件,仲裁机构按第一被申请人确定管辖。

劳动者应将与其有明确劳动关系的用人单位列为第一被申请人。经仲裁机构告知,劳动者仍不变更被申请人顺序,仲裁机构经审查确定第一被申请人不属其管辖范围的,应出具管辖告知书。

劳动者与多个被申请人均有劳动关系证据或劳动关系不明确的,由劳动者自行确定被申请人的顺序。劳动者仅能提供与第一被申请人存在劳动关系的证据材料,但无法证明被申请人之间存在关联关系的,仲裁机构应当按第一被申请人确定管辖。

九、民办非企业单位注册地在福田、罗湖、南山、盐田区内,开办资金为人民币 1000 万元或以上的,由市仲裁机构管辖;开办资金在人民币 1000 万元以下(含无注册资金)的,由注册地所在区仲裁机构管辖。宝安区、龙岗区、龙华区、坪山区、光明新区、大鹏新区仲裁机构负责注册地址位于本行政区域内的民办非企业单位与劳动者发生的劳动争议。

十、商事主体登记及备案信息资料同时载明了用人单位注册地址与实际经营地址的,仲裁机构应根据用人单位实际经营地址确定管辖。

二、《2017 年深圳市劳动人事争议疑难问题研讨会会议纪要》

为保证《劳动人事争议仲裁办案规则》(2017 年修订)、《广东省劳动人事争议处理办法》的顺利实施,进一步统一劳动争议案件相关法律适用问题的理解和认识,深圳市两级劳动人事争议仲裁机构于 2017 年 8 月 2 日召开了 2017 年劳动人事争议疑难问题研讨会。深圳市市、区仲裁机构、深圳市中级人民法院等单位相关负责人和业务骨干围绕近期我市劳动争议案件处理过程中出现的新问题和疑难问题进行了研讨,形成了若干统一的意见,现将研讨会意见纪要如下:

一、用人单位的法定代表人申请仲裁,争议属于《劳动争议调解仲裁法》第二条规定范围的,仲裁委员会应当受理,并通知当事人于庭审前更换法定代表人。当事人逾期未变更的,仲裁委员会应当根据《劳动人事争议仲裁办案规则》第三十二条规定撤销案件,但用人单位股东会或董事会委派其他人员参加仲裁活动的除外。

二、申请人申请仲裁,仅要求确认客观事实(如入职时间、工作岗位、工资标准等)的,不属于《劳动人事争议仲裁办案规则》第二条规定的受案范围,仲裁委员会不予受理。

三、根据《劳动人事争议仲裁办案规则》第三十条规定,仲裁委员会不主动审查仲裁时效,但当事人提出时效抗辩的除外。

四、仲裁庭裁决案件时,裁决内容同时涉及终局裁决和非终局裁决事项的,应当分别制作裁决书,并告知当事人相应的救济权利。但终局裁决和非终局裁决事项存在密切关联性,分别制作裁决书可能影响当事人实体权利的除外。

分别制作裁决书的，应采用“一案双文号”的模式：即同一案件出具内容相同的两份裁决书（裁决结果应将终局裁决与非终局裁决事项及相应救济权利分项列明），并以不同文号区分终局裁决与非终局裁决（例如：深劳人仲终裁［2017］×××号为终局裁决，深劳人仲裁［2017］×××号为非终局裁决）。

五、对用人单位无法直接送达的10人以上集体争议案件，仲裁委员会可以适用《广东省劳动人事争议处理办法》第五十八条第四款规定，在有关基层组织见证下，在用人单位住所地或者生产经营场所张贴有关文书，并采用拍照、录像等方式记录，自张贴之次日起视为送达；也可以适用《劳动人事争议仲裁办案规则》第二十条第二款规定，通过在用人单位住所地留置、张贴仲裁文书，并采用拍照、录像等方式记录，自留置、张贴之日起经过三日视为送达。

六、在10人以上集体争议案件适用《广东省劳动人事争议处理办法》第五十八条第四款规定完成结案文书送达前，同一用人单位的其他劳动者申请仲裁，人数不足10人的，仲裁委员会可以适用相同的方式送达仲裁文书。

七、集体争议案件代表人数发生变化，除全部代表人均撤回本人申请、按撤回仲裁申请处理或与用人单位达成调解协议的，原推举行为继续有效，无需另行推举代表人。

八、案件需要二次开庭的，仲裁庭应当根据《劳动争议调解仲裁法》第三十五条规定，在开庭五日前将开庭日期、地点书面通知双方当事人。但已在首次开庭的庭审笔录中明确二次开庭的时间、地点，当事人未提出异议的除外。

九、仲裁委员会受理案件后，发现不应当受理的，应根据《劳动人事争议仲裁办案规则》第三十二条规定撤销案件，并自决定撤销案件后五日内，以决定书的形式通知当事人。但符合《劳动人事争议仲裁办案规则》第九条第一款规定情形的除外。

十、劳动者以用人单位未及时足额支付停工留薪期工资为由，提出被迫解除劳动合同并要求经济补偿的，应予支持。

十一、劳动者在竞业限制期间违反竞业限制协议约定，用人单位主张劳动者返还违反约定期间已支付的竞业限制补偿的，应予支持。

劳动者已支付违约金，用人单位要求继续履行竞业限制协议的，劳动者应当继续履行。劳动者继续违反竞业限制协议约定，用人单位再次主张劳动者支付继续违反约定期间违约金的，应予支持。

三、《北京市高级人民法院　北京市劳动人事争议仲裁委员会关于审理劳动争议案件法律适用问题的解答》(2017)

1.《最高人民法院关于审理工伤保险行政案件若干问题的规定》(法释〔2014〕9号)第三条第一款第四项中“用工单位”、“不具备用工主体资格的组织或者自然人”,第五项中“被挂靠单位”、“个人”与“因工伤亡职工(人员)”之间产生争议,如何处理?

“用工单位”、“被挂靠单位”与“因工伤亡职工(人员)”之间不是劳动关系或雇佣关系。“用工单位”、“被挂靠单位”仅是承担工伤保险责任的单位。

“不具备用工主体资格的组织或者自然人”、“个人”与“因工伤亡职工(人员)”之间不是劳动关系,而是雇佣关系。

社会保险行政部门以“用工单位”、“被挂靠单位”与“因工伤亡职工(人员)”之间无劳动关系为由,作出不予受理工伤认定申请或者决定不予认定工伤产生的纠纷,属于行政争议。

承担工伤保险责任的单位承担赔偿责任或者社会保险经办机构从工伤保险基金支付工伤保险待遇后,向“不具备用工主体资格的组织或者自然人”、“个人”追偿产生的纠纷,不属于劳动争议。

2.发包单位将业务发包给有用人主体资格的用人单位(包括有用人主体资格的组织、个体经营者),从事该发包业务的劳动者与上述主体发生争议的,如何处理?

应当认定劳动者与承包的有用人主体资格的用人单位存在劳动关系,但发包单位与劳动者存在劳动关系的除外。

3. 农民专业合作社与其聘用参与日常生产经营活动的社员产生争议，如何认定？

结合农民合作社的生产经营性质和用工特点等因素，区分情况予以严格判定。对符合原劳动和社会保障部《关于确认劳动关系有关事项的通知》规定精神的，应依法确认参与农民合作社日常生产经营活动的社员与该合作社存在劳动关系。

4. 仲裁裁决不存在劳动关系的情况下，当事人以双方存在劳动关系为由提起诉讼，经审查发现双方之间存在劳务关系或其他法律关系，经释明后当事人不变更诉讼请求的，如何处理？

在此种情况下，只要符合《民事诉讼法》第一百一十九条的规定，应予受理并判决驳回当事人的诉讼请求。

5. 用人单位调整劳动者工作岗位的，如何处理？

用人单位与劳动者约定可根据生产经营情况调整劳动者工作岗位的，经审查用人单位证明生产经营情况已经发生变化，调岗属于合理范畴，应支持用人单位调整劳动者工作岗位。

用人单位与劳动者在劳动合同中未约定工作岗位或约定不明的，用人单位有正当理由，根据生产经营需要，合理地调整劳动者工作岗位属于用人单位自主用工行为。判断合理性应参考以下因素：用人单位经营必要性、目的正当性，调整后的岗位为劳动者所能胜任、工资待遇等劳动条件无不利变更。

用人单位与劳动者签订的劳动合同中明确约定工作岗位但未约定如何调岗的，在不符合《劳动合同法》第四十条所列情形时，用人单位自行调整劳动者工作岗位的属于违约行为，给劳动者造成损失的，用人单位应予以赔偿，参照原岗位工资标准补发差额。对于劳动者主张恢复原工作岗位的，根据实际情况进行处理。经审查难以恢复原工作岗位的，可释明劳动者另行主张权利，释明后劳动者仍坚持要求恢复原工作岗位，可驳回请求。

用人单位在调整岗位的同时调整工资，劳动者接受调整岗位但不接受同时调整工资的，由用人单位说明调整理由。应根据用人单位实际情况、劳动者调整后的工作岗位性质、双方合同约定等内容综合判断是否侵犯劳动者合法权益。

6. 用人单位与劳动者在劳动合同中宽泛地约定工作地点是“全国”、“北京”等，用人单位在履行劳动合同过程中调整劳动者的工作地点，劳动者不同意，用人单位依据规章制度作出解除劳动合同决定是否支持？

用人单位与劳动者在劳动合同中宽泛地约定工作地点是“全国”、“北京”等，如无对用人单位经营模式、劳动者工作岗位特性等特别提示，属于对工作地点约定不明。劳动者在签订劳动合同后，已经在实际履行地点工作的，视为双方确定具体的工作地点。用人单位不得仅以工作地点约定为“全国”、“北京”为由，无正当理由变更劳动者的工作地点。

用人单位与劳动者在劳动合同中明确约定用人单位可以单方变更工作地点的，仍应对工作地点的变更进行合理性审查。具体审查时，除考虑对劳动者的生活影响外，还应考虑用人单位是否采取了合理的弥补措施（如提供交通补助、班车）等。

7. 劳动者按变更后的工作地点实际履行合同，又以未采用书面形式为由主张劳动合同变更无效的是否支持？

劳动者已经按变更后的工作地点实际履行合同，又以未采用书面形式为由主张劳动合同变更无效的，适用《最高人民法院关于审理劳动争议案件适用法律若干问题的解释（四）》第十一条的规定处理。

8. 用人单位违法解除或终止劳动合同，劳动者要求继续履行劳动合同的，如何处理？

劳动者要求继续履行劳动合同的，一般应予以支持。

在仲裁中发现确实无法继续履行劳动合同的，应做好释明工作，告知劳动者将要求继续履行劳动合同的请求变更为要求用人单位支付违法解除劳动合同赔偿金等请求。如经充分释明，劳动者仍坚持要求继续履行劳动合同的，应尊重劳动者的诉权，驳回劳动者的请求，告知其可另行向用人单位主张违法解除劳动合同赔偿金等。如经释明后，劳动者的请求变更为要求用人单位支付违法解除劳动合同赔偿金等的，应当继续处理。

在诉讼中发现确实无法继续履行劳动合同的，驳回劳动者的诉讼请求，告知其可另行向用人单位主张违法解除劳动合同赔偿金等。

9. 用人单位违法解除或终止劳动合同后,劳动者要求继续履行劳动合同,哪些情形可以认定为"劳动合同确实无法继续履行"?

劳动合同确实无法继续履行主要有以下情形:(1)用人单位被依法宣告破产、吊销营业执照、责令关闭、撤销,或者用人单位决定提前解散的;(2)劳动者在仲裁或者诉讼过程中达到法定退休年龄的;(3)劳动合同在仲裁或者诉讼过程中到期终止且不存在《劳动合同法》第十四条规定应当订立无固定期限劳动合同情形的;(4)劳动者原岗位对用人单位的正常业务开展具有较强的不可替代性和唯一性(如总经理、财务负责人等),且劳动者原岗位已被他人替代,双方不能就新岗位达成一致意见的;(5)劳动者已入职新单位的;(6)仲裁或诉讼过程中,用人单位向劳动者送达复工通知,要求劳动者继续工作,但劳动者拒绝的;(7)其他明显不具备继续履行劳动合同条件的。

劳动者原岗位已被他人替代的,用人单位仅以此为由进行抗辩,不宜认定为"劳动合同确实无法继续履行的"情形。

10. 劳动者与用人单位因劳动合同是否为违法解除发生争议,劳动者要求继续履行劳动合同的情况下,原单位提交了其他单位为劳动者缴纳社会保险的凭证,并以此主张劳动者与新单位之间已经形成劳动关系,此时社会保险缴纳记录能否作为认定劳动者与新单位形成劳动关系的依据?并由此导致劳动者与用人单位"劳动合同已经不能继续履行"?

不能仅以社会保险缴纳记录作为认定劳动者与新单位形成劳动关系的依据。但此时举证责任转移,由劳动者证明其与新用人单位之间不是劳动关系。若劳动者不能提出反证,则依据其与新用人单位之间的社保缴费记录确认劳动者与原用人单位"劳动合同确实无法继续履行"。新用人单位不是案件当事人的,劳动者与新用人单位之间的社保缴费记录仅为"劳动合同确实无法继续履行"的裁判理由,不应径行裁判劳动者与新用人单位之间是否形成劳动关系。

11. 用人单位依据《劳动合同法》第三十九条第一项的规定解除劳动合同的,如何处理?

用人单位在录用劳动者时应当向劳动者明确告知录用条件,用人单位在解除劳动合同时应当向劳动者说明理由及法律依据。

用人单位证明已向劳动者明确告知录用条件，并且提供证据证明劳动者在试用期间不符合录用条件的，可依照《劳动合同法》第三十九条第一项的规定解除劳动合同。

就劳动者是否符合录用条件的认定，在试用期的认定标准可适当低于试用期届满后的认定标准。劳动者不符合录用条件的情况主要有以下情形：(1)劳动者违反诚实信用原则对影响劳动合同履行的自身基本情况有隐瞒或虚构事实的，包括提供虚假学历证书、假身份证、假护照等个人重要证件；对履历、知识、技能、业绩、健康等个人情况说明与事实有重大出入的；(2)在试用期间存在工作失误的，对工作失误的认定以劳动法相关规定、用人单位规章制度以及双方合同约定内容为判断标准；(3)双方约定属于用人单位考核劳动者试用期不符合录用条件的其他情况。

12. 哪些情形属于《劳动合同法》第四十条第三项规定的"劳动合同订立时所依据的客观情况发生重大变化"？

"劳动合同订立时所依据的客观情况发生重大变化"是指劳动合同订立后发生了用人单位和劳动者订立合同时无法预见的变化，致使双方订立的劳动合同全部或者主要条款无法履行，或者若继续履行将出现成本过高等显失公平的状况，致使劳动合同目的难以实现。

下列情形一般属于"劳动合同订立时所依据的客观情况发生重大变化"：(1)地震、火灾、水灾等自然灾害形成的不可抗力；(2)受法律、法规、政策变化导致用人单位迁移、资产转移或者停产、转产、转(改)制等重大变化的；(3)特许经营性质的用人单位经营范围等发生变化的。

13. 在规章制度未作出明确规定、劳动合同亦未明确约定的情况下，劳动者严重违反劳动纪律和职业道德的，用人单位是否可以解除劳动合同？

《劳动法》第三条第二款中规定："劳动者应当遵守劳动纪律和职业道德"。上述规定是对劳动者的基本要求，即便在规章制度未作出明确规定、劳动合同亦未明确约定的情况下，如劳动者存在严重违反劳动纪律或职业道德的行为，用人单位可以依据《劳动法》第三条第二款的规定与劳动者解除劳动合同。

14. 在不属于《劳动合同法》第三十八条规定的情况下，劳动者违反劳动合同约定的期限提前解除合同，用人单位拒绝继续履行约定的正常劳动报酬、福利外的经济方面的特殊待遇，或者要求劳动者返还正常劳动报酬、福利外的经济方面的特殊待遇，如何处理？

用人单位除向劳动者支付正常劳动报酬外，还特别给予劳动者如汽车、房屋、住房补贴等经济方面特殊待遇，双方对特殊待遇与约定工作期限的关联性有明确约定的按约定；虽无明确约定，但能够认定用人单位系基于劳动者的工作期限给予劳动者特殊待遇的，由于劳动者未完全履行合同，用人单位可以就劳动者未履行合同对应部分拒绝给付特殊待遇，对已经预先给付的，可以按照相应比例要求返还。

15. 劳动者与用人单位实际建立了全日制劳动关系，但双方订立的是非全日制劳动合同，用人单位是否需要向劳动者支付未订立劳动合同二倍工资差额？

劳动者已经与用人单位订立合同的情况下，劳动者主张未订立劳动合同二倍工资差额不予支持。在审理中注意全日制劳动关系与非全日制劳动关系的区分，充分保障劳动者实际权利。

16. 二次固定期限劳动合同到期后，用人单位发出终止劳动合同通知，劳动者主张用人单位支付违法终止劳动合同的赔偿金，是否支持？

在劳动者不符合《劳动合同法》第三十九条和第四十条第一项、第二项规定情形时，用人单位在二次固定期限劳动合同到期后直接发出终止劳动合同（关系）通知，不符合《劳动合同法》第十四条第二款第三项之规定，应认定为违法终止劳动合同（关系）。劳动者主张用人单位支付违法终止劳动合同的赔偿金，应予支持。

17. 劳动者依照《劳动合同法》规定符合与用人单位签订无固定期限劳动合同条件，但已与用人单位签订了固定期限劳动合同的，现劳动者要求将其固定期限合同变更为无固定期限合同的，如何处理？

劳动者与用人单位签订了固定期限劳动合同后，劳动者要求变更为无固定期限劳动合同的，不予支持，但有证据证明用人单位存在欺诈、胁迫、乘人之危等情形的除外。

18. 如何计算劳动者享受带薪年休假的时间?

《职工带薪年休假条例》中规定职工累计已满1年不满10年的,年休假5天;已满10年不满20年的,年休假10天;已满20年的,年休假15天。其中"累计"应指工作时间的相加,其中中断工作时间予以扣除。对于参加工作第1年的时间的"累计",应按《企业职工带薪年休假实施办法》"连续工作满12个月"的规定执行。"连续工作满12个月",指劳动者在参加工作后曾经在同一或两个以上用人单位连续不中断工作满12个月。

劳动者在符合参加工作后曾经"连续工作满12个月"条件后,此后年休假时间以当年度在用人单位已工作时间计算。

用人单位未安排职工休满应休年休假的,应当按照职工当年已工作时间折算应休未休年休假天数并支付未休年休假工资报酬,但折算后不足1整天的部分不支付未休年休假工资报酬。未休年休假折算方法为:当年度在本单位已过日历天数÷365天×职工本人全年应当享受的年休假天数-当年度已安排年休假天数。

19. 劳动者要求用人单位支付未休带薪年休假工资的,如何处理?

对劳动者应休未休的年休假天数,单位应当按照该职工日工资收入的300%支付年休假工资报酬。劳动者要求用人单位支付其未休带薪年休假工资中法定补偿(200%福利部分)诉请的仲裁时效期间应适用《劳动争议调解仲裁法》第二十七条第一款规定,即劳动争议申请仲裁的时效期间为一年。仲裁时效期间从当事人知道或者应当知道其权利被侵害之日起计算。考虑年休假可以集中、分段和跨年度安排的特点,故劳动者每年未休带薪年休假应获得年休假工资报酬的时间从第二年的12月31日起算。

20. 劳动者因用人单位不支付未休年休假工资,而依据《劳动合同法》第三十八条"未及时足额支付劳动报酬"的规定要求解除劳动合同并支付经济补偿,如何处理?

劳动者未休年休假,根据《职工带薪年休假条例》第五条规定,用人单位按职工日工资收入300%支付年休假工资报酬。支付未休年休假的工资报酬与正常劳动工资报酬、加班工资报酬的性质不同,其中包含用人单位支付职工正常工作期间的工资收入(100%部分)及法定补偿(200%部分)。《职工带薪年休假条例》在于维护劳动者休息休假权利，劳动者以用人单位未支付其未休带薪年休假工资中法定补偿(仅200%部分)而提出解除劳动合同时，不宜认定属于用人单位“未及时足额支付劳动报酬”的情形。

21. 用人单位给付劳动者的工资标准计算基数按哪些原则确定？

(1)劳动者每月应得工资与实得工资的主要差别在于各类扣款和费用，应得工资包括个人应当承担的社会保险金、税费等。对于社会保险金、税费，用人单位承担的仅是代缴义务，劳动者的纳税由税务机关负责，社会保险金缴纳由社会保险机构负责，审理中一般按照劳动者应得工资确定工资标准。

(2)用人单位与劳动者在劳动合同中约定了工资标准的，以该约定为准。劳动合同没有约定的，按照集体合同约定的工资标准确定。劳动合同、集体合同均未约定的，按照劳动者本人正常劳动实际发放的工资标准工资确定。依照本款确定的工资标准不得低于本市规定的最低工资标准。

(3)计算“二倍工资”的工资标准时，因基本工资、岗位工资、职务工资、工龄工资、级别工资等按月支付的工资组成项目具有连续性、稳定性特征，金额相对固定，属于劳动者正常劳动的应得工资，应作为未订立劳动合同二倍工资差额的计算基数，不固定发放的提成工资、奖金等一般不作为未订立劳动合同二倍工资差额的计算基数。

(4)在计算劳动者解除劳动合同前十二个月平均工资时，应当包括计时工资或者计件工资以及奖金、津贴和补贴等货币性收入。其中包括正常工作时间的工资，还包括劳动者延长工作时间的加班费。劳动者应得的年终奖或年终双薪，计入工资基数时应按每年十二个月平均分摊。《劳动合同法》第四十七条规定的计算经济补偿的月工资标准应依照《劳动合同法实施条例》第二十七条规定予以确定；《劳动合同法实施条例》第二十七条中的“应得工资”包含由个人缴纳的社会保险和住房公积金以及所得税。

(5)劳动者所得实际工资扣除该月加班费后的数额低于本市规定的最低工资标准的，按照本市规定的最低工资标准执行。

22. 如何确定劳动者加班费计算基数？

劳动者加班费计算基数，应当按照法定工作时间内劳动者提供正常劳动应得工资确定，劳动者每月加班费不计到下月加班费计算基数中。具体情况如下：

(1)用人单位与劳动者在劳动合同中约定了加班费计算基数的，以该约定为准；双方同时又约定以本市规定的最低工资标准或低于劳动合同约定的工资标准作为加班费计算基数，劳动者主张以劳动合同约定的工资标准作为加班费计算基数的，应予支持。

(2)劳动者正常提供劳动的情况下，双方实际发放的工资标准高于原约定工资标准的，可以视为双方变更了合同约定的工资标准，以实际发放的工资标准作为计算加班费计算基数。实际发放的工资标准低于合同约定的工资标准，能够认定为双方变更了合同约定的工资标准的，以实际发放的工资标准作为计算加班费的计算基数。

(3)劳动合同没有明确约定工资数额，或者合同约定不明确时，应当以实际发放的工资作为计算基数。用人单位按月直接支付给职工的工资、奖金、津贴、补贴等都属于实际发放的工资，具体包括国家统计局《〈关于工资总额组成的规定〉若干具体范围的解释》中规定"工资总额"的几个组成部分。加班费计算基数应包括"基本工资"、"岗位津贴"等所有工资项目。不能以"基本工资"、"岗位工资"或"职务工资"单独一项作为计算基数。在以实际发放的工资作为加班费计算基数时，加班费(前月)、伙食补助等应当扣除，不能列入计算基数范围。国家相关部门对工资组成规定有调整的，按调整的规定执行。

(4)劳动者的当月奖金具有"劳动者正常工作时间工资报酬"性质的，属于工资组成部分。劳动者的当月工资与当月奖金发放日期不一致的，应将这两部分合计作为加班费计算基数。用人单位不按月、按季发放的奖金，根据实际情况判断可以不作为加班费计算基数。

(5)在确定职工日平均工资和小时平均工资时，应当按照原劳动和社会保障部《关于职工全年月平均工作时间和工资折算问题的通知》规定，以每月工作时间为 21.75 天和 174 小时进行折算。

(6)实行综合计算工时工作制的用人单位，当综合计算周期为季度或年度时，应将综合周期内的月平均工资作为加班费计算基数。

23. 劳动者先后曾在几家用人单位工作，其中的一家用人单位没有为其缴纳过养老保险，但是劳动者在其他单位的累计缴费年限已经符合办理退休的条件。劳动者达到法定退休年龄时被告知无法补缴养老保险，劳动者起诉要求赔偿养老金差额能否支持？

由于劳动者符合办理退休的条件，只是因其中的一家或几家用人单位未为其缴纳养老保险影响了其养老金水平，不属于无法享受养老保险待遇的情形，不符合《民事诉讼法》第一百一十九条第四项的规定，应裁定驳回劳动者的起诉。

24. 劳动者以用人单位未依法为其缴纳社会保险为由提出解除劳动合同，要求用人单位支付经济补偿的，如何处理？

劳动者提出解除劳动合同前一年内，存在因用人单位过错未为劳动者建立社保账户或虽建立了社保账户但缴纳险种不全情形的，劳动者依据《劳动合同法》第三十八条的规定以用人单位未依法为其缴纳社会保险为由提出解除劳动合同并主张经济补偿的，一般应予支持。

用人单位已为劳动者建立社保账户且险种齐全，但存在缴纳年限不足、缴费基数低等问题的，劳动者的社保权益可通过用人单位补缴或社保管理部门强制征缴的方式实现，在此情形下，劳动者以此为由主张解除劳动合同经济补偿的，一般不予支持。

25. 劳动者要求用人单位不缴纳社会保险，后又以用人单位未缴纳社会保险为由提出解除劳动合同并主张经济补偿的，应否支持？

依法缴纳社会保险是《劳动法》规定的用人单位与劳动者的法定义务，即便是因劳动者要求用人单位不为其缴纳社会保险，劳动者按照《劳动合同法》第三十八条的规定主张经济补偿的，仍应予支持。

26. 哪些近亲属可以享受《工伤保险条例》第三十九条规定中劳动者的工亡赔偿待遇？近亲属间如何分配劳动者的工亡赔偿待遇？

《工伤保险条例》规定的近亲属的范围不同于《继承法》的继承人范围。《工伤保险条例》规定的近亲属应包括配偶、父母、子女、兄弟姐妹、祖父母、外祖父母、孙子女、外孙子女和其他具有扶养、赡养关系的亲属。

依据《工伤保险条例》第三十九条规定“供养亲属抚恤金按照职工本人工

资的一定比例发给由因工死亡职工生前提供主要生活来源、无劳动能力的亲属”。“供养亲属的具体范围由国务院社会保险行政部门规定”,具体认定可按原劳动和社会保障部《因工死亡职工供养亲属范围规定》执行。

除供养亲属抚恤金外,其他享受劳动者的工亡赔偿待遇的近亲属范围的顺位可参照《继承法》中法定继承顺位考虑。

四、《广东省高级人民法院　广东省劳动人事争议仲裁委员会关于劳动人事争议仲裁与诉讼衔接若干意见》(2018)

为统一劳动人事争议裁审法律适用标准，规范裁审程序衔接，根据《中华人民共和国劳动法》《中华人民共和国劳动合同法》（以下简称《劳动合同法》）、《中华人民共和国劳动争议调解仲裁法》以及《人力资源社会保障部最高人民法院关于加强劳动人事争议仲裁与诉讼衔接机制建设的意见》的有关规定，结合我省实际，制定本意见。

一、出租汽车（巡游车和网约车）驾驶员与经营者订立劳动合同并按劳动合同履行的，认定为劳动关系；双方订立承包、租赁、联营等合同，并建立营运风险共担、利益共享分配机制的，按双方约定执行。实际履行与约定不一致或双方未约定的，以实际履行情况认定。

二、网络平台经营者与相关从业人员之间的用工关系性质，原则上按约定处理。如双方属于自负盈亏的承包关系或已订立经营合同、投资合同等，建立了风险共担、利益共享的分配机制的，不应认定双方存在劳动关系。实际履行与约定不一致或双方未约定的，以实际履行情况认定。

三、村民委员会、居民委员会、农村集体经济组织与其对外聘用人员发生的用工关系，符合劳动关系特征的，应认定为劳动关系。

四、用人单位和劳动者均不能对工资数额举证的，由仲裁机构、人民法院参照本单位同岗位平均工资或者根据用人单位经济类型，参照当地城镇非私营单位就业人员年平均工资或当地城镇私营单位就业人员年平均工资确定。

如按照上述标准确定的工资与该行业（或岗位）的普遍工资收入明显不符的，参照政府职能部门公布的人力资源市场工资指导价位等因素综合确定。

五、非因劳动者原因致用人单位生产经营陷入严重困境，有丧失清偿能力的可能并致用人单位停产、限产，用人单位可以根据《劳动合同法》第四十条第三项的规定解除劳动合同并支付经济补偿，也可以与劳动者协商约定停工限产期限。停工限产未超过一个工资支付周期，用人单位按照正常工作时间支付工资，超过一个工资支付周期，用人单位根据《广东省工资支付条例》第三十九条的规定向劳动者支付工资或生活费。停工限产超过合理期限或约定期限，劳动者根据《劳动合同法》第三十八条第一款第一项的规定提出解除劳动合同并主张经济补偿的，应予支持。

六、女职工按照《女职工劳动保护特别规定》第七条的规定休产假的，原工资标准按照《广东省实施〈女职工劳动保护特别规定〉办法》第十三条第二款的规定确定。根据《广东省人口与计划生育条例》第三十条的规定，符合法律、法规规定生育子女的，女方享受八十日的奖励假，男方享受十五日的陪产假，在规定假期内照发工资，不影响福利待遇和全勤评奖。奖励假和陪产假期间的工资应按职工正常出勤情况下的应得工资计算，但加班工资、高温津贴、支付周期超过一个月或未确定支付周期的劳动报酬除外。

七、在工伤停工留薪期内，劳动者的原工资福利待遇不变，由所在单位按月支付。工伤停工留薪期工资应按劳动者工伤前十二个月的平均工资（包括加班工资）支付。

八、劳动者与用人单位虽未签订名称为劳动合同的书面协议，但双方签订的包含工资、岗位、工作时间、劳动期限等内容的书面协议，具备劳动合同本质特征的，应当认定双方已经订立书面劳动合同。

九、用人单位违反《劳动合同法》第十四条第二款的规定，未与劳动者订立无固定期限劳动合同的，用人单位应根据《劳动合同法》第八十二条第二款的规定，从依法应订立无固定期限劳动合同之日满一个月的次日起向劳动者每月支付二倍工资。

十、原劳动部《违反和解除劳动合同的经济补偿办法》废止后，经济补偿月数上限、工作年限不满六个月经济补偿计发月数、经济补偿的计发基数问题统一适用《劳动合同法》第四十七条的规定。

根据《劳动合同法》第九十七条第三款的规定,《劳动合同法》施行之日存续的劳动合同在该法施行后解除或终止的,依照《劳动合同法》第四十六条规定用人单位应当支付经济补偿的,补偿年限从该法施行之日起计算。在《劳动合同法》施行前,按照当时的规定用人单位应当支付经济补偿的,仍适用当时规定。

十一、劳动者患病、非因工负伤医疗期满后,经劳动能力鉴定委员会鉴定为完全丧失劳动能力或大部分丧失劳动能力,不能从事原工作、也不能从事由用人单位另行安排的工作而解除劳动合同的,用人单位应按规定支付经济补偿并支付不低于六个月工资的医疗补助费。

十二、劳动者申请仲裁或起诉时请求违法解除或违法终止劳动合同的赔偿金,但仲裁机构或人民法院经过审理后认为应支持劳动者解除或终止劳动合同的经济补偿的,可直接裁判用人单位向劳动者支付经济补偿。劳动者申请仲裁或起诉时请求解除或终止劳动合同的经济补偿,但仲裁机构或人民法院经过审理后认为应支持违法解除或终止劳动合同的赔偿金的,可在劳动者请求的金额范围内予以支持。

十三、用人单位以劳动者违反计划生育政策为由解除劳动合同的,应承担违法解除劳动合同的法律责任。

十四、建设单位、施工总承包单位或者具有用人单位资格的专业分包或劳务分包单位违反法律、法规规定将承包业务转包给不具备用人单位资格的组织或者自然人,社会保险行政部门认定建设单位、施工总承包单位或者具有用人单位资格的专业分包单位承担工伤保险责任,建设单位、施工总承包单位或者具有用人主体资格的专业分包单位以其与劳动者不存在劳动关系为由抗辩的,不予支持。劳动者依据工伤认定结论主张停工留薪期工资的,应予支持。

十五、按建设项目参加工伤保险的,根据社会保险行政部门作出的工伤认定结论,由所列的工伤保险责任单位作为工伤待遇支付主体。若工伤认定结论仅列建筑工程项目部,未明确工伤保险责任单位的,劳动者以不具备用人单位资格的项目部作为被申请人提起劳动仲裁的,不予受理。劳动者可以请求社会保险行政部门重新作出结论。

十六、劳动者达到法定退休年龄或者已经享受基本养老保险待遇的，劳动关系终止。劳动者所受伤害如被社会保险行政部门认定为工伤，劳动者要求用工单位参照《广东省工伤保险条例》规定的工伤保险待遇支付有关费用的，应予支持，但不包括一次性就业补助金。

十七、符合《劳动合同法》第十四条第二款、第三款规定的情形的，劳务派遣单位应依法与被派遣的劳动者订立无固定期限劳动合同。

十八、用工单位违反《劳务派遣暂行规定》第三条、第四条规定的劳务派遣用工范围和用工比例的，由人力资源社会保障行政部门依法处理，不影响劳务派遣合同的效力。

十九、根据《劳动合同法》第五十七条的规定，劳务派遣单位未取得经营劳务派遣业务行政许可的，劳务派遣协议无效。因劳务派遣协议无效给劳动者造成损害的，劳务派遣单位与用工单位承担连带责任，但用工单位能证明其已尽审查义务的除外。

二十、职业病诊断、鉴定过程中，在确认劳动者职业史、职业病危害接触史时，当事人对劳动关系、工种、工作岗位或者在岗时间有争议的，可以向劳动人事争议仲裁委员会申请仲裁。劳动者对仲裁裁决不服的，可以依法向人民法院提起诉讼。

用人单位对仲裁裁决不服的，可以在职业病诊断、鉴定程序结束之日起十五日内依法向人民法院提起诉讼；诉讼期间，劳动者的治疗费用按照职业病待遇规定的途径支付。

二十一、对仲裁裁决主文或仲裁调解书中的文字、计算错误以及仲裁机构已经认定但在裁决主文中遗漏的事项，可以补正或说明的，人民法院应当告知仲裁机构补正或说明，或向仲裁机构调卷查明。仲裁机构不补正也不说明，且人民法院调卷后执行内容仍然不明确无法执行的，可以裁定驳回执行申请。如仲裁机构通过监督程序对案件重新作出处理，原裁决书或调解书已经执行的，被执行人依据生效的法律文书可向人民法院申请执行回转。仲裁裁决被人民法院裁定不予执行的，当事人可以向人民法院起诉。

生效仲裁裁决书或调解书，申请人应向被执行人住所地或被执行财产所在地基层人民法院申请执行。

二十二、仲裁过程中，用人单位可能出现逃匿、转移财产等情形的，劳动者应当通过仲裁机构向人民法院申请财产保全，仲裁机构在接到劳动者提交的申请后48小时内向被申请人住所地或被申请保全的财产所在地的基层人民法院移交保全申请书、财产线索清单、用人单位情况说明等相关材料。人民法院裁定采取保全措施或者裁定驳回申请的，应当将裁定书送达当事人，并通知仲裁机构。

人民法院经审查认为劳动者经济确有困难，或有证据证明用人单位存在欠薪逃匿可能的，可以减轻或免除劳动者提供担保的义务，及时采取保全措施。

二十三、申请人的仲裁请求同时涉及终局裁决事项和非终局裁决事项的，仲裁机构在同一份裁决书中分别列明终局裁决事项和非终局裁决事项，并分别告知权利救济途径，视为已分别制作仲裁裁决书。

二十四、仲裁机构可以根据案件审理需要，申请基层人民法院签发调查令，由仲裁机构向有关单位和个人调查取证。调查取证的事项包括银行代发工资情况及相关单位、个人保存的证据材料等。

人民法院可以根据案件审理需要，要求仲裁机构就仲裁阶段的案件处理情况作出说明，或委托仲裁机构向劳动监察、社会保险经办机构等调取、核实相关材料。

二十五、当事人在仲裁阶段办理委托代理手续时，可同时明确诉讼和执行阶段的委托代理人及委托权限。对当事人已明确诉讼和执行阶段委托代理人及委托权限的，仲裁机构可依据当事人申请提供有关授权委托材料。

二十六、当事人对仲裁裁决认定的事实无异议的，人民法院可直接采信。当事人在仲裁阶段承认的对己方不利的事实或认可的证据，人民法院可以予以确认，但当事人反悔并有相反证据足以推翻的除外。对当事人服裁部分，人民法院可在说理部分直接确认，并形成相应判项。

二十七、根据《广东省劳动人事争议处理办法》第五十八条第三款的规定，受送达人无法联系，或者以直接送达、委托送达、邮寄送达、留置送达等方式无法送达的，可在人力资源社会保障行政部门的门户网站公告和在受送达人住所地张贴公告，自发出公告之日起，经过30日即视为送达。根据《广东省劳动人事争议处理办法》第五十八条第四款的规定，劳动者人数在 10 人以上的集体争议，仲裁机构以直接送达方式无法送达用人单位的，可以在有关基层组织见证下，在用人单位住所地或者生产经营场所张贴有关文书，并采用拍照、录像等方式记录，自张贴之日起即视为送达。

二十八、根据《劳动人事争议仲裁办案规则》第三十条的规定，仲裁机构受理案件时不再主动审查仲裁时效。案件受理后，当事人未就仲裁时效进行抗辩的，仲裁机构不主动审查，但案件涉及虚假仲裁，恶意串通损害国家、集体或第三人合法权益的除外。当事人在仲裁阶段未提出时效抗辩，在诉讼阶段又主张时效抗辩的，人民法院不予支持，但其基于新的证据能够证明对方当事人的仲裁请求权已过时效期间的情形除外。

《劳动人事争议仲裁办案规则》实施前，申请人的仲裁请求已超过仲裁时效，申请人在《劳动人事争议仲裁办案规则》实施后申请仲裁不受前款关于仲裁机构不主动审查时效规定的限制。

二十九、鼓励有条件的地区建立劳动人事争议一体化处理工作机制，尝试构建裁审一体化处理网络平台，促进仲裁机构和人民法院立案、保全、证据调查、裁判文书等案件信息共享，实现劳动人事争议公正高效处理。

三十、本意见从下发之日起供全省各级人民法院、仲裁机构参照执行。本意见下发之前的会议纪要、指导意见与本意见不一致的，按本意见处理。法律法规、司法解释有新规定的，按法律法规、司法解释的规定执行。

五、《广东省高级人民法院关于审理劳动争议案件疑难问题的解答》(2017)

为统一劳动争议案件的审理标准,根据《中华人民共和国劳动法》《中华人民共和国劳动合同法》等相关法律以及最高人民法院关于审理劳动争议案件相关司法解释的规定,结合我省法院审判工作实际,提出如下解答意见:

1. 个人承包、挂靠、借用他人营业执照经营情形下的用工关系如何确定

个人承包、挂靠他人经营或借用他人营业执照经营的,承包人、挂靠人或借用人自行招用的劳动者不受发包人、被挂靠人或被借用人管理和支配,劳动者的工资也并非由发包人、被挂靠人或被借用人支付,双方之间的关系不符合劳动关系的特征,因此,被招用的劳动者主张与具有用工主体资格的发包人、被挂靠人或被借用人存在劳动关系的,一般不予支持。发包人、被挂靠人或被借用人须承担相应责任的,可结合具体的案情并参照《广东省高级人民法院、广东省劳动人事争议仲裁委员会关于审理劳动人事争议案件若干问题的座谈会纪要》第十三条规定处理。

2. 快递、送水等从业人员与其用工单位之间的关系如何认定

快递等相关行业中,用工单位可与快递人员等建立多种形式的用工关系,快递等人员与其用工单位之间的关系,应按双方的约定认定。但如果用工单位依法制定的各项劳动规章制度适用于该劳动者,该劳动者亦受用工单位的劳动管理,从事用工单位安排的有报酬的劳动,且该劳动者提供的劳动是用工单位业务的组成部分,应认定双方存在劳动关系。

3. 出租车公司与出租车司机的用工关系如何认定

国务院办公厅《关于进一步规范出租汽车行业管理有关问题的通知》及广

东省人民政府《广东省出租汽车管理办法》均规定出租汽车企业须依法与驾驶员签订劳动合同和参加社会保险，因此，以承包、租赁等方式经营的出租车司机主张与出租车公司存在劳动关系的，予以支持。但出租车司机自行招用的代班司机系出租车司机自行招用，不受出租车公司管理和支配，不宜认定代班司机与出租车公司存在劳动关系。

4. 村委会等基层自治组织聘用人员关系如何认定

村民委员会、居民委员会与其对外招聘人员发生的用工关系符合劳动关系特征的，应按劳动关系处理。

5. 因劳动者过错造成用人单位损失，用人单位能否在劳动合同解除后要求劳动者承担赔偿责任

劳动者在劳动关系存续期间因故意或重大过失造成用人单位直接经济损失，用人单位在双方劳动合同解除后要求劳动者一次性赔偿的，予以支持。劳动者应承担赔偿数额根据劳动者的过错程度等具体情况酌情确定，且不得把属于用人单位应承担的经营风险扩大由劳动者承担。

6. 劳务派遣中，劳动者请求用人单位和用工单位连带支付加班费的，应否支持

根据《中华人民共和国劳动合同法》第六十二条的规定，加班费、绩效奖金应由用工单位负责支付。但实践中并不容易将劳动者的正常上班时间、工资与劳动者的加班时间、加班费进行明确区分，为维护劳动者的合法权益，在劳务派遣争议纠纷案件中，涉及追索劳动报酬的，如不能明确区分基本工资与加班费，劳动者请求由用工单位与劳务派遣单位连带支付劳动报酬的，予以支持。

7. 用人单位以劳动者违反计划生育规定为由解除劳动合同，劳动者能否要求用人单位支付违法解除劳动合同的赔偿金

用人单位以劳动者违反让划育规定为由解除与劳动者劳动合同的，劳动者要求用人单位支付违法解除劳动合同的赔偿金，予以支持。但劳动合同、集体合同、用人单位规章制度另有约定的除外。

8. 劳动者以用人单位存在《中华人民共和国劳动合同法》第三十八条第一款情形为由主张被迫解除劳动合同是否应在离职时明确提出

劳动者以用人单位存在《中华人民共和国劳动合同法》第三十八条第一

款情形为由主张被迫解除劳动合同,应当在离职时明确提出,劳动者在离职时未以用人单位存在《中华人民共和国劳动合同法》第三十八条第一款情形为由主张被迫解除劳动合同,其之后以用人单位存在《中华人民共和国劳动合同法》第三十八条第一款情形主张被迫解除劳动合同经济补偿金的,一般不予支持。

9. 因企业搬迁引起的劳动合同履行问题如何处理

企业因自身发展规划进行的搬迁,属于劳动合同订立时所依据的客观情况发生重大变化,用人单位应与劳动者协商变更劳动合同内容。未能就变更劳动合同内容达成协议的,劳动者要求解除劳动合同以及用人单位支付解除劳动合同的经济补偿金的,予以支持。但如企业搬迁未对劳动者造成明显的影响,且用人单位采取了合理的弥补措施(如提供班车、交通补贴等),劳动者解除劳动合同理由不充分的,用人单位无须支付解除劳动合同的经济补偿金。

10. 职工因病或者非因工死亡,其遗属能否主张一次性救济金(或供养直系亲属生活补助费)

职工因病或者非因工死亡,其遗属依据《广东省企业职工假期待遇死亡抚恤待遇暂行规定》主张丧葬补助费、供养直系亲属一次性救济金(或供养直系亲属生活补助费)、一次性抚恤金的,予以支持。

11. 非法用工单位伤亡人员能否直接向人民法院起诉要求用工单位支付一次性赔偿

非法用工单位伤亡人员(含死亡职工的近亲属)依据相关行政部门出具的非法用工处理意见要求单位支付一次性赔偿的,予以支持。非法用工单位伤亡人员不能提供相关行政部门出具的非法用工处理意见,人民法院可以根据查明的事实及《非法用工单位伤亡人员一次性赔偿办法》的规定认定非法用工关系是否成立,并据此认定非法用工单位应承担的赔偿责任。

12. 工伤保险条例中的上年度如何认定?

计算职工工伤保险待遇时,如需要参照“统筹地区上年度职工平均工资”“统筹地区上年度职工月平均工资”计算,按工伤职工发生事故时已公布的上年度职工平均工资认定。

13. 达到法定退休年龄人员受聘到用工单位工作期间因工作原因受到事故伤害的处理原则

达到法定退休年龄的人员受聘到用工单位工作期间，因工作原因受到事故伤害或患职业病，经劳动行政部门认定为工伤的，可参照《工伤保险条例》处理；未被认定为工伤的，人民法院应告知其按照人身损害赔偿相关规定进行处理，如其坚持主张工伤保险待遇的，判决驳回其诉讼请求。

14. 因生产安全事故发生工伤或患职业病的劳动者或其近亲属在劳动争议案件中能否一并主张精神损害赔偿

为减少当事人讼累，因生产安全事故发生工伤或患职业病的劳动者或其近亲属在劳动争议纠纷案件中一并主张精神损害赔偿的，人民法院可一并处理，并根据工伤职工的工伤或职业病情况酌情确定精神损害赔偿数额。

15. 因生产安全事故受到伤害的从业人员及职业病患者主张工伤保险待遇后，又请求人身损害赔偿的，如何处理

劳动者因安全生产事故或患职业病获得工伤保险待遇后，以人身损害赔偿为由请求用人单位承担赔偿责任的，如人身损害赔偿项目与劳动者已获得的工伤保险待遇项目本质上相同，应当在人身损害赔偿项目中扣除相应项目的工伤保险待遇数额，若相应项目的工伤保险待遇数额高于人身损害赔偿项目数额，则不再支持劳动者相应人身损害赔偿项目请求。

工伤保险待遇与人身损害赔偿本质上相同的项目表：

工伤保险待遇项目	人身损害赔偿项目
住院治疗的伙食补助费	住院伙食补助费
停工留薪期工资	误工费
一次性伤残补助金、伤残津贴	残疾赔偿金
丧葬补助金	丧葬费
供养亲属抚恤金	被扶养人生活费
一次性工亡补助金	死亡赔偿金
安装假肢等辅助器具费	残疾辅助器具费

16. 劳动争议案件中涉及补缴社保费的该如何处理

劳动者请求用人单位补缴其在职期间社会保险费的，不属劳动争议处理范围，不予处理。劳动者自行向社保部门补缴社会保险费后，要求用人单位赔偿其自行补缴部分的，予以支持，但支持的范围仅限于用人单位应缴纳部分。

17. 法院查明不存在劳动关系后如何处理

仲裁机构以双方之间不存在劳动关系为由做出不予受理裁决，当事人不服向人民法院起诉的，人民法院审查后发现双方之间不存在劳动关系，可向劳动者释明转换适合程序，劳动者不同意转换为适合程序进行审理的，应当裁定驳回当事人的起诉。

18. 对于终局裁决案件，如劳动者已向人民法院提起诉讼，用人单位能否依据《中华人民共和国劳动争议调解仲裁法》第四十九条规定提出抗辩

劳动者依据《中华人民共和国劳动争议调解仲裁法》第四十八条规定向基层人民法院提起诉讼，用人单位依据该法第四十九条规定向劳动人事争议仲裁委员会所在地的中级人民法院申请撤销仲裁裁决的，中级人民法院应不予受理；已经受理的，应当裁定驳回申请。但基层人民法院审理案件时，对用人单位的抗辩应一并处理。用人单位的抗辩，除属于针对劳动者的诉讼请求提出的抗辩外，不得超出用人单位申请撤销的理由及《中华人民共和国劳动争议调解仲裁法》第四十九条规定的范围。

19. 劳动者在仲裁时仅主张解除劳动合同的经济补偿金，后在诉讼中主张赔偿金如何处理

解除劳动合同的经济补偿金和违法解除劳动合同的赔偿金均系基于解除劳动合同这一事实产生，当事人在申请劳动仲裁时主张解除劳动合同的经济补偿金，后在诉讼中变更为主张违法解除劳动合同的赔偿金的，可认定该诉讼请求与讼争劳动争议具有不可分性，应予合并审理。

20. 退休人员就调休前的事宜发生劳动争议的，仲裁时效何时起计

根据《广东省高级人民法院、广东省劳动人事争议仲裁委员会关于审理劳动人事争议案件若干问题的座谈会纪要》第十一条的规定，达到退休年龄人员与用工单位之间的关系为劳务关系。劳动者达到退休年龄还继续在用人单位工作，后双方就退休前的事宜发生劳动争议的，仲裁时效从该劳动者达到退休年龄之日起计算。

21. 劳动者能否要求用人单位支付违约金

《中华人民共和国劳动合同法》第二十五条只是对用人单位要求劳动者支付违约金作出限制，并未禁止劳动者主张违约金。因此，在法律法规未对违反劳动合同的违约金性质和适用条件作出具体规定的情况下，劳动者可以同时主张违约金、经济补偿金，劳动者依据劳动合同的约定要求用人单位支付解除劳动合同的违约金的，予以支持。

22. 劳动争议案件能否适用一审终审

根据《广东省高级人民法院关于适用小额诉讼程序审理民事案件的操作指引》第 1 条的规定，对于劳动关系清楚，仅在劳动报酬、工伤医疗费、经济补偿金或赔偿金等给付数额、时间上存在争议的劳动合同纠纷案件，如当事人请求的单项数额均符合《中华人民共和国民事诉讼法》第一百六十二条"基层人民法院和它派出的法庭审理符合本法第一百五十七条第一款规定的简单的民事案件，标的额为各省、自治区、直辖市上年度就业人员年平均工资百分之三十以下的，实行一审终审"规定条件的，法院可适用小额诉讼程序审理。

23. 用人单位和劳动者在诉前达成调解协议的，能否申请法院进行司法确认

根据《广东省高级人民法院、广东省人力资源和社会保障厅、广东省总工会、广东省工商业联合会、广东省企业联合会关于进一步加强调裁诉衔接多元化解劳资纠纷的意见》及《广东省高级人民法院关于非诉讼调解协议司法确认的指导意见》的规定，劳动争议纠纷在非诉讼调解组织主持下达成调解协议后，当事人可向有管辖权的人民法院申请确认调解协议效力，人民法院依法审查后对符合条件的可出具民事调解书予以确认。

六、《江苏省劳动人事争议疑难问题研讨会纪要》(2017)

一、确认劳动关系问题

(一)涉及互联网平台的劳动关系确认问题。

在涉及互联网平台企业有关劳动关系确认问题中,仲裁机构应注意把握保护劳动者权益与促进劳动力市场灵活性的平衡关系,综合考量用人单位网络平台的运营形式、劳动者从业状况、网络平台对劳动者的管理程度、劳动者收入分配方式及劳动者是否独立承担经营分险等因素,依法区分劳动关系和劳务关系。

对于发挥联系中介作用的网络平台,劳动者通过网络平台与企业建立工作联系关系,企业通过网络平台提供服务信息,并通过网络平台收取管理费或信息费用的,双方不宜作为劳动关系处理。

如果劳动者未与互联网平台企业订立劳动合同,而是签订了承包合同、委托协议等,一般应从其约定来认定双方的法律关系。如果双方关系符合原劳动和社会保障部《关于确立劳动关系有关事项的通知》(劳社部发〔2005〕12号)的要求,应认定双方存在劳动关系。

(二)达到或超过法定退休年龄,但不符合享受基本养老保险待遇劳动者的用工关系问题。

用人单位与其招用的已经依法享受基本养老保险待遇或领取退休金的人员发生的用工争议,按劳务关系处理。

用人单位与其招用的已达到或超过法定退休年龄但未享受基本养老保险待遇或领取退休金的人员发生用工争议,双方之间用工情形符合劳动关系特征的,应按劳动关系特殊情形处理。劳动者请求享受《劳动法》《劳动合同法》规定的劳动报酬、劳动保护、劳动条件、工作时间、休息休假、职业危害防护、福利待遇的应予支持。但劳动者请求签订无固定期限劳动合同、支付二倍工资、经济补偿、赔偿金及社会保险待遇的不予支持(其中社会保险待遇争议不包括本意见第十二条规定的情形)。双方另有约定的除外。

二、劳动合同履行、解除和终止问题

(三)用人单位与符合签订无固定期限劳动合同条件的劳动者签订了固定期限劳动合同,劳动者要求支付应当订立无固定期限劳动合同之日起的二倍工资,仲裁机构应当如何处理?

劳动者符合签订无固定期限劳动合同条件,但与用人单位签订了固定期限劳动合同而引发劳动争议时,如劳动者有证据证明用人单位存在《劳动合同法》第二十六条规定情形的,仲裁机构应当认定固定期限劳动合同无效,双方应当签订无固定期限劳动合同、并支付二倍工资。反之,则应当认定双方签订的固定期限合同有效,不支持二倍工资的请求。

(四)用人单位与劳动者签订竞业限制协议,但劳动者在职期间与他人经营同类业务,用人单位要求劳动者支付违约金的请求能否支持?对于违约金数额应当如何把握?

劳动者在职期间遵守竞业限制是劳动者法定义务,劳动者在职期间违反竞业限制规定与他人经营同类业务的,用人单位追究劳动者的违约责任应予支持。双方对违约金有约定的,劳动者应当按照约定向用人单位支付违约金;双方对违约金没有约定的,违约金数额可参照竞业限制约定的标准,并结合劳动者侵权行为的持续时间、造成的后果和实际损失的情况进行综合判定。

(五)劳动者以用人单位未依法支付停工留薪期工资,要求解除劳动合同并支付经济补偿金,是否符合《劳动合同法》第三十八条第一款第二项的规定?

停工留薪期是工伤职工暂停工作接受工伤医疗的期间,在停工留薪期内,工伤职工原工资福利待遇不变的规定是保障工伤职工日常生活不受影响的重要措施,工伤职工停工留薪期工资按照工伤职工因工作遭受事故伤害前12个月的平均工资计算,即包括工伤职工所有的工资报酬。工伤职工以用人单位未依法支付停工留薪期工资为由,要求解除劳动合同并支付经济补偿金,符合《劳动合同法》第三十八条第一款第二项的规定精神。

(六)劳动者以用人单位未依法缴纳社会保险费为由,依据《劳动合同法》第三十八条第一款第三项规定与用人单位解除劳动合同,要求支付经济补偿,仲裁机构应当如何处理?

用人单位依法为劳动者缴纳社会保险费用,是用人单位的法定义务。但是社会保险费的申报、审核和征缴在实际操作中往往比较复杂。《劳动合同法》第三十八条规定的目的是要促使用人单位诚信履行其基本义务,对于用人单位存在有悖诚信,并由此导致劳动者被迫辞职的行为,才属于立法所要规制的对象。因此,用人单位因主观恶意未为劳动者建立社保账户,未履行缴纳社会保险费义务的,劳动者依据《劳动合同法》第三十八条第一款第三项的规定以用人单位未依法缴纳社会保险费为由提出解除劳动合同并主张经济补偿的,应予支持。

其他非因用人单位单方原因导致社会保险缴费年限不足,或者未足额缴纳,或者未参加单项险种等,劳动者可以向社保经办机构或劳动行政部门投诉举报维护社保权益。在此情形下劳动者以此为由解除劳动合同并主张支付经济补偿的,一般不予支持。

(七)仲裁机构在适用《劳动合同法》第四十八条规定时,应当注意哪些问题?

在劳动合同可以继续履行的情况下,仲裁机构应依法撤销用人单位的违法解除劳动合同决定,劳动者主张用人单位支付解除劳动合同决定作出后至仲裁期间的原工资待遇的,裁决时应根据公平合理、过错分担的原则对赔偿责任进行合理裁定。

对于劳动合同不能继续履行的审查,应当基于用人单位的抗辩而启动。审查时既要考量用人单位主观不愿继续履行的意思表示,还要审查劳动合同不能继续履行的客观情形。

仲裁机构在确认劳动合同已无法继续履行,应当向劳动者进行释明,告知其可以变更仲裁请求为要求用人单位支付违法解除劳动合同的赔偿金。如果劳动者坚持不变更,则应当驳回继续履行劳动合同的请求,并告知可以另行主张违法解除劳动合同的赔偿金。

(八)企业停产放长假人员、未达到法定退休年龄的离岗休养人员以及其他协商保留劳动关系的不在岗人员的劳动合同对经济补偿作出例外约定,如果用人单位违法解除或终止上述人员的劳动合同,是否应当支付赔偿金?

《江苏省劳动合同条例》第十四条规定,对于企业停产放长假人员、未达到法定退休年龄的离岗休养人员以及其他协商保留劳动关系的不在岗人员到新的用人单位工作,双方可以在劳动合同中对支付经济补偿作出例外约定。如双方有例外约定的,用人单位依照法定情形解除或终止劳动合同,可以不支付经济补偿;但若用人单位系违法解除或终止劳动合同,其违法赔偿责任并不能以此为由免除,劳动者主张用人单位支付赔偿金的,应予支持。

(九)劳动者要求用人单位支付解除或终止劳动合同赔偿金,但经过仲裁庭审,查明用人单位不存在违法解除或终止劳动合同情形,不应支付赔偿金,但符合支付经济补偿情形的,仲裁机构应当如何处理?

仲裁机构应当向劳动者释明,告知劳动者可以变更仲裁请求为支付经济补偿。如果劳动者坚持不变更仲裁请求,为减少诉累,节约仲裁资源,提高工作效率,仲裁机构可以直接裁决支付经济补偿。

(十)经济补偿的月工资是指劳动者在劳动合同解除或终止前十二个月的平均工资,是否包含加班工资、年终奖或季度奖?

劳动者在解除或终止劳动合同前十二个月内的加班工资、年终奖、季度奖应当作为计算平均工资内容。但年终奖、季度奖应当分摊计算至相应的月份,分摊计算后,如果不在劳动合同解除或终止前十二个月内的,不宜作为计发数额。

(十一)劳动合同中止期间是否计入符合签订无固定期限劳动合同的时间或者计发经济补偿的年限?

符合《江苏省劳动合同条例》第三十条规定劳动合同中止情形的,劳动合同中止期间不计算为劳动者在用人单位的工作年限,不计入《劳动合同法》第十四条第一项规定的"连续工作满十年"可以签订无固定期限劳动合同的期间,也不计算为支付劳动者经济补偿的年限。

三、工伤及其他问题

(十二)仲裁机构是否受理达到或超过法定退休年龄工伤职工的工伤待遇争议？如何处理？

工伤待遇是基于劳动者与用人单位存在工伤保险关系而产生的,达到或超过法定退休年龄的劳动者经人社部门认定工伤后,要求依照《工伤保险条例》等规定享受工伤待遇,由此与用人单位发生争议的,仲裁机构应当受理。对于劳动者基于工伤保险关系而主张的一次性伤残补助金、医疗费、交通费、住院伙食补助费、护理费、停工留薪期工资等请求,应予支持。但达到或超过法定退休年龄的劳动者,依据《江苏省实施〈工伤保险条例〉办法》第二十八条第一款规定,不能享受一次性伤残就业补助金和一次性工伤医疗补助金。对于请求签订无固定期限劳动合同、支付二倍工资、经济补偿、赔偿金及其他社会保险待遇不予支持。

(十三)用人单位依照《劳动合同法》第三十六条或第三十九条规定解除五至十级工伤职工劳动合同,是否应当支付一次性工伤医疗补助金和一次性伤残就业补助金？

一次性伤残就业补助金和一次性工伤医疗补助金是工伤职工劳动合同解除或终止时应当享受的一次性工伤保险待遇,是法律基于工伤职工因职业伤害导致劳动能力丧失而要求用人单位应当承担的就业和医疗方面的经济补偿责任,该责任的承担与劳动合同解除或终止的原因无关。用人单位依据《劳动合同法》第三十六条或第三十九条规定依法解除与工伤职工劳动合同的,不影响工伤职工享受一次性伤残就业补助金和一次性工伤医疗补助金的工伤待遇。

如果劳动合同解除或终止的原因符合《劳动合同法》第四十六条规定的用人单位应当支付经济补偿情形,劳动者主张用人单位支付经济补偿的,应予支持。

(十四)未参保职工因第三人侵权构成工伤的,停工留薪期工资与误工费能否重复享受？

用人单位未依法缴纳工伤保险费,劳动者因第三人侵权造成人身损害并构成工伤，侵权人已经赔偿的，劳动者有权请求用人单位支付除工伤医疗费用之外的工伤保险待遇。用人单位先行支付工伤保险待遇的，可以就工伤医疗费用在第三人应承担的赔偿责任范围内向其追偿。工伤医疗费用指工伤职工因治疗工伤而发生的医疗费、护理费、营养费、交通食宿费、住院伙食补助费、残疾辅助器具费等实际支出费用。停工留薪期工资不属于工伤医疗费用范畴，即使工伤职工在获得第三人支付的误工费后，用人单位也应当支付停工留薪期工资。

（十五）1～4 级农民工工伤职工的伤残长期待遇能否按照原劳动部《关于农民工参加工伤保险有关问题的通知》（劳社部发〔2004〕18 号）规定一次性支付？如何支付？

跨省流动的 1～4 级未参保农民工工伤职工可以依据原劳动部《关于农民工参加工伤保险有关问题的通知》（劳社部发〔2004〕18 号）规定，自愿选择与用人单位解除或者终止劳动合同，并由用人单位一次性支付工伤保险长期待遇。

支付标准可参照以下标准执行：1. 按月享受的伤残津贴一次性支付至男 60 周岁、女 55 周岁，最短不少于 5 年，最长 20 年。2. 按月享受的护理费一次性支付至所在地人口预期寿命，最短不少于 5 年，最长 20 年。3. 按月享受的供养亲属抚恤金，未成年子女一次性支付至 18 周岁。配偶、完全丧失劳动能力的成年子女和父母一次性支付至所在地人口预期寿命，最短不少于 5 年，最长不超过 20 年。所在地人口预期寿命以当年度工伤发生所在地统计局公布的人口预期寿命为准。

（十六）工亡职工保险待遇赔偿争议中，工亡职工近亲属作为申请人应当注意哪些问题？

工亡待遇是工伤职工因工发生工伤死亡事故后对其直系亲属的一种补救和赔偿，其作用是使工亡职工遗属的基本生活得到保障，而非工亡职工的遗产。在工亡职工保险待遇赔偿争议中，仲裁机构应当将工亡职工近亲属，即配偶、父母、子女列为仲裁案件申请人。

（十七）对于微信、支付宝等电子证据的证明力，仲裁机构在审查效力时应当如何把握？

《民事诉讼法》和《江苏省劳动人事争议仲裁证据暂行规则》均已把电子

证据列入证据范围,电子证据包括电子邮件、QQ聊天记录、微博私信、博客、微博客、手机短信、电子签名、域名等存储在电子介质中的信息。

仲裁机构在审查此类证据时应围绕电子证据的关联性、真实性、合法性三方面进行。如果电子证据未经有权部门确认,不能单独作为认定案件事实依据。对于微信或QQ等虚拟聊天记录还要确认对方主体的真实性,聊天记录是否是原始的完整的。电子证据除对方完全确认或经有权部门已确认外,当事人必须提供其他证据予以佐证形成有效证据链,如果不能形成证据链,是孤立单一的证据,不能认定为有效证据。

七、《深圳市中级人民法院关于审理劳动争议案件的裁判指引》(2015)

为及时解决劳动争议案件新型疑难问题，统一全市劳动争议案件裁判标准，提高劳动争议案件审判质量，根据《中华人民共和国劳动法》、《中华人民共和国劳动合同法》、《中华人民共和国劳动争议调解仲裁法》等法律法规及相关司法解释，结合我市劳动争议审判实际，制定本裁判指引。

一、政府有关部门主导的国有企业改制，因企业职工下岗、整体拖欠职工工资引发的纠纷，应由政府有关部门按照企业改制的政策规定统筹解决，人民法院不予受理。

二、劳动者与用人单位因住房公积金发生的争议，不作劳动争议处理。

三、劳动者依据《人口与计划生育法》第二十七条、《广东省人口与计划生育条例》第三十八条、第三十九条，要求用人单位按月支付的独生子女保健费和奖励金以及在退休时一次性支付的上年度职工平均工资的30%待遇而产生的争议，不作劳动争议处理。

四、筹办单位发起人是自然人，筹办未成功的，在筹办期间发生的争议不作为劳动争议处理。

五、职工履行职务在单位借款挂账发生的纠纷，一方以劳动争议或以其他理由向人民法院起诉的，裁定不予受理；已受理的，裁定驳回起诉。

六、当事人已签收劳动争议仲裁委员会对劳动争议作出的调解书，事后反悔向人民法院起诉的，人民法院应裁定不予受理；已受理的，应裁定驳回起诉。但裁定书应说明调解书已生效，双方按原调解书执行。

七、因订立或履行企业年金方案发生的争议，根据《企业年金试行办法》的规定,按国家有关集体合同争议处理规定执行。

八、当事人为减少劳动争议的处理环节,将具有给付内容的劳动争议案件改变案由向人民法院直接起诉,如劳动报酬纠纷改为债务纠纷,工伤事故纠纷改为损害赔偿纠纷,人民法院应依据《劳动法》第七十九条的规定不予受理,告知当事人先向劳动争议仲裁委员会申请仲裁。

劳动者与用人单位对双方的劳动争议达成了明确赔偿或补偿协议,后因款项的支付发生纠纷,劳动者以债务纠纷向人民法院起诉的;或劳动者以用人单位的工资欠条为证据直接向人民法院起诉,诉讼请求不涉及劳动关系其他争议的,可按照普通民事纠纷受理。

九、劳动者违反保守商业秘密或竞业限制协议,用人单位要求追究劳动者违约责任的,应作为劳动争议处理。

用人单位以劳动者泄露商业秘密要求其承担侵权责任的,不作劳动争议处理。

十、劳动者要求对用人单位的规章制度予以纠正的,不作劳动争议处理;劳动者以用人单位的规章制度违反法律法规,给其造成损害为由,要求用人单位承担赔偿责任的,应作为劳动争议处理。

十一、劳动者在向行政部门寻求救济后,再申请劳动仲裁的,其未在行政部门提出的请求,应作为劳动争议受理;其在行政部门已提出过的请求不予受理。

十二、劳动者因用人单位代扣代缴个人所得税产生的争议,用人单位已举证证明代扣代缴的税款已缴交给税务机关,劳动者对代扣代缴的税款金额有异议的,不作劳动争议处理;用人单位不能证明代扣代缴的税款已缴交给税务机关的,应作为劳动争议处理。

十三、"三来一补"企业,因其不具备对外独立承担民事权利义务的条件,在诉讼中应将"三来一补"企业和外方投资者一并列为当事人,共同承担责任。

向外方投资者送达法律文书时,可将法律文书送达给"三来一补"企业代收。

十四、个人独资企业与劳动者发生劳动争议,应以个人独资企业为当事人,但应同时注明投资人的基本信息。

十五、劳动者与起有字号的个体工商户发生劳动争议，应当以营业执照上登记的字号为当事人，但应同时注明该字号经营者的基本信息。

按上述原则，营业执照上登记的经营者与实际经营者不一致的，以字号和实际经营者为共同当事人。

十六、非法人单位与劳动者产生争议的，可将其上级法人单位列为共同诉讼主体参与诉讼，上级法人单位承担补充清偿责任。

十七、法人单位在开办新单位过程中，以新单位名义招用劳动者发生争议，后未开办成功的，以该法人单位为当事人；开办成功的，以该新单位为当事人。

十八、用人单位合并或分立后的民事诉讼主体，可按民事诉讼法中主体合并与分立的处理原则确定。用人单位合并前发生的争议，以合并后的用人单位作为一方当事人；用人单位分立前的争议，分立后分担分立前单位权利义务明确的，由承受权利义务的单位作为一方当事人；不明确的，将分立后的各单位共同列为当事人。

十九、企业自动歇业、视为自动歇业、被撤销或吊销营业执照的，应以该企业为当事人。如成立清算组清理债权债务的，以清算组的负责人为诉讼代表人；没有清算组的，以清算义务人为诉讼代表人。

用人单位未依法清算即注销的，以清算组成员或清算义务人或在公司登记机关办理注销登记时承诺对公司债务承担责任的第三人为当事人。

前两款规定的清算义务人按企业的不同性质分别确定，即国有企业为其主管部门；非公司制的集体企业为其开办者或出资者；法人型联营企业、中外合资企业法人和外商独资企业法人为其出资者；有限责任公司为其股东；股份有限公司为其控股股东。

二十、因招用尚未与原用人单位解除劳动合同的劳动者致原用人单位对劳动者、现用人单位提起诉讼的，应根据原用人单位的请求确定被告。原用人单位只请求解决与解除劳动合同有关问题的，可只以劳动者为被告；原用人单位向劳动者和现用人单位提出经济损失索赔请求的，应以劳动者和现用人单位为共同被告。

二十一、劳动者主张与用人单位存在劳动关系或者主张劳动法上的有关权利,用人单位否认双方之间存在劳动关系并主张劳动者是由不具备用工主体资格的承包人、挂靠人或营业执照借用人聘用的,应当将承包人、挂靠人或营业执照借用人追为当事人参加诉讼。

二十二、原告向人民法院提起劳动争议诉讼时应当提交下列证据材料:

(1)原告、被告双方基本情况的证据材料,自然人的应证明姓名、出生年月日、民族、工作单位、户籍所在地、现居住地、身份证号码;企业、个体经济组织、国家机关、事业单位、社会团体的应证明其工商登记情况或法人登记情况及其组织机构代码;

(2)劳动仲裁申诉人向劳动仲裁委员会提交的"申诉书";

(3)劳动仲裁委员会作出的仲裁裁决书或不予受理的书面裁定、决定、通知;

(4)原告收到仲裁裁决、决定或通知的时间的相关证据材料;

(5)当事人以劳动仲裁委员会逾期未作出受理决定而直接向人民法院提起诉讼的,应提交劳动仲裁委员会出具的已接受其申请材料的凭证及尚未受理的证明。

(6)当事人以劳动争议仲裁委员会逾期未作出仲裁裁决而直接向人民法院提起诉讼的,应提交劳动争议仲裁委员会出具的《受理通知书》及尚未裁决的证明。

二十三、劳动争议中,当事人对是否存在劳动关系发生争议时,举证责任如下分配:

(1)主张劳动关系成立的一方应当提交相应的劳动合同或就工资领取、社会保险、福利待遇及工作管理提供相关证据材料。

(2)劳动者已举证证明在用人单位劳动,但用人单位主张不存在劳动关系的,用人单位应当提交反证。

二十四、用人单位未与劳动者签订劳动合同,认定双方存在劳动关系时可参考下列凭证:

(1)工资支付凭证或记录(职工工资发放花名册),缴纳各项社会保险费的记录;

(2)用人单位向劳动者发放的"工作证"、"服务证"等能够证明身份的证件；

(3)劳动者填写的用人单位招聘“登记表”、“报名表”等招用记录；

(4)考勤记录；

(5)其他劳动者的证言等。

其中(1)、(3)、(4)项的有关凭证由用人单位负举证责任。

二十五、当事人因工资支付发生争议的，举证责任如下分配：

(1)用人单位应就劳动者已领取工资的情况进行举证。

(2)用人单位延期支付工资，劳动者主张用人单位系无故拖欠工资的，用人单位应就延期支付工资的原因进行举证。

(3)劳动者主张工资标准高于劳动合同约定或已实际领取的工资数额的，劳动者应就其主张的工资标准举证。

(4)因用人单位减少劳动报酬发生争议，由用人单位负举证责任。

(5)劳动者与用人单位约定业务提成在货款收回后才支付的，对货款收回的举证责任由劳动者负担。

(6)劳动者主张加班工资，用人单位否认有加班的，劳动者应就其存在加班事实或用人单位掌握加班事实存在证据承担举证责任；劳动者已举证证明其存在加班事实或用人单位掌握加班事实存在证据的，用人单位应就劳动者申请劳动仲裁之日前两年内的工作时间承担举证责任；

用人单位考勤记录虽无劳动者签名，但有其他证据(如经劳动者确认的工资支付凭证等)相佐证的，可作为认定劳动者工作时间的证据。

(7)劳动者主张用人单位拖欠劳动报酬的，用人单位应对劳动者申请劳动仲裁之日前两年内的工资支付情况承担举证责任，但劳动者有证据证明其在申请劳动仲裁前已向用人单位主张过权利的，用人单位应对劳动者首次主张权利之日前两年内的工资支付情况承担举证责任。

上款所称的工资支付情况应包括《深圳市员工工资支付条例》第十五条第二款所规定的相关内容。

二十六、当事人因劳动合同的订立与解除发生争议的，举证责任如下分配：

(1)当事人主张订立无固定期限劳动合同的，应就订立无固定期限劳动合同条件成立举证；

（2）当事人主张存在解除劳动合同或存在解除事实劳动关系事实的，应就此主张举证；

（3）用人单位解除劳动关系的，应就其解除原因举证；

（4）用人单位主张劳动者严重违反劳动纪律或企业规章制度的，应就劳动者存在严重违反劳动纪律或企业规章制度的事实以及企业规章制度经过民主程序制定并已向劳动者公示的事实举证。

二十七、当事人在劳动争议仲裁阶段向仲裁庭提交过的证据材料仍然应当按举证责任在人民法院指定的举证期限内向人民法院提交。

二十八、当事人因劳动人事争议仲裁委员会逾期未作出受理决定或逾期未作出仲裁裁决向人民法院起诉，人民法院决定予以受理的，应在受理之日起五日内书面通知劳动争议仲裁委员会终结有关案件的仲裁。

二十九、当事人不服劳动争议仲裁委员会不予受理裁定、决定或通知，应当自收到裁定、决定或通知之日起十五日内向人民法院起诉。当事人逾期向人民法院起诉的，可比照《劳动争议调解仲裁法》第五十条的规定，裁定不予受理；已受理的，裁定驳回起诉。

三十、当事人对劳动争议仲裁委员会作出准许撤回申诉或按撤回申诉处理的决定不服，向人民法院起诉的，裁定不予受理；已受理的，裁定驳回起诉。

三十一、当事人不服劳动争议仲裁委员会作出的仲裁裁决或不予受理决定、通知，向人民法院起诉，人民法院依法作出准许其撤诉或按撤诉处理的裁定，并已送达给双方当事人，当事人又提起诉讼的，人民法院不予受理。

三十二、双方当事人均不服劳动争议仲裁委员会对不属于终局裁决的劳动争议案件的同一裁决，向同一人民法院起诉的，人民法院应当并案审理，双方当事人互为原告和被告。在诉讼过程中，一方当事人撤诉的，人民法院应当根据另一方当事人的诉讼请求继续审理。

一方当事人起诉后，另一方当事人在收到劳动争议仲裁裁决书十五日后提出起诉或反诉的，人民法院不予受理。

《劳动争议调解仲裁法》第四十八条、第四十九条和第五十条分别规定十五日、三十日，均应从当事人收到仲裁裁决书的次日起算。

三十三、双方当事人之间不存在劳动关系,但一方当事人以劳动争议为由申请劳动仲裁,劳动争议仲裁委员会以双方争议不属于劳动法调整范围为由作出不予受理的书面裁定、决定或者通知,当事人不服,向人民法院起诉的,经审查,双方确实不存在劳动关系的,以主体不适格为由裁定驳回起诉。

三十四、劳动争议仲裁当事人一方或双方为二人以上的,人民法院应视案件需要将未向人民法院提起诉讼的当事人列为被告或第三人。

三十五、劳动争议仲裁机构就申诉人的请求作出某一具体裁决项后,当事人未就该具体裁决项依法提起诉讼,视为其对该具体裁决项的认可。

三十六、当事人在诉讼过程中增加关于工资的25%经济补偿金及解除劳动合同经济补偿的50%额外经济补偿金请求的,可认定为该诉讼请求与讼争劳动争议具有不可分性。但当事人就同一请求增加数额的,不予支持。

三十七、《劳动争议调解仲裁法》第四十九条第一款第(三)项规定的“违反法定程序”是指劳动仲裁裁决违反法定程序,足以影响案件公正裁决的。

三十八、人民法院审理劳动争议案件时,当事人未提出诉讼时效抗辩,人民法院不应对诉讼时效问题进行释明及主动适用诉讼时效的规定进行裁判。

三十九、2008年5月1日后受理的劳动争议案件适用《劳动争议调解仲裁法》,但对于2008年5月1日前发生的劳动争议案件,有关仲裁时效和起诉权的规定仍适用《劳动法》。

四十、劳动者就终局裁决向基层人民法院起诉,而用人单位依据《劳动争议调解仲裁法》第四十九条的规定向中级人民法院申请撤销仲裁裁决的,中级人民法院对用人单位撤销仲裁裁决的申请应不予受理。已受理的,应裁定驳回申请。但基层人民法院审理案件时,对用人单位的抗辩应一并处理。

劳动者起诉后撤诉或因超过起诉期间被驳回起诉的,用人单位自收到裁定书之日起三十日内可以向劳动争议仲裁委员会所在地的中级人民法院申请撤销仲裁裁决。

中级人民法院在受理用人单位撤销仲裁裁决的申请后,或基层人民法院在受理劳动者对于终局裁决不服的案件后,均应在开庭审理前审查是否同时存在不服终局裁决的起诉或申请撤销仲裁裁决的情形。

四十一、人民法院受理破产申请后,劳动者对管理人列出的工资、经济补偿、医疗费用等劳动债权清单提出异议,管理人不予更正,劳动者应向受理破产申请的人民法院起诉。受理破产申请的法院是中级法院的,中级法院可以指定基层人民法院审理上述案件。

四十二、劳动争议仲裁委员会依据《劳动争议调解仲裁法》第四十四条的规定将先予执行裁决移送被执行人住所地或财产地的基层人民法院执行时,应向人民法院提供以下材料:

(1)移送执行函(函中注明案件双方当事人的联系电话及住所);

(2)先予执行的裁决书;

(3)裁决书的送达证明。

四十三、对于劳动者申请强制执行的劳动争议案件,人民法院可以不受执行立案顺序的限制,优先予以执行。

四十四、劳动者申请人民法院强制执行的劳动争议案件,申请人无法提供被执行人的财产状况或线索的,由人民法院依职权对被执行人的财产状况进行调查取证。

四十五、企业持续、大量拖欠劳动者工资,但企业有可供执行的土地使用权、厂房、机器设备等实物资产的,人民法院在执行拍卖过程中可要求拍卖人垫付该企业所拖欠的劳动者的工资后,再从拍卖企业财产所得款项中抵扣垫付的数额。

四十六、人民法院对欠薪单位执行到的每笔款项,均应当自该款项进入执行款专户之日起三日内支付给被欠薪的劳动者。

四十七、对劳动者申请执行的劳动争议案件,人民法院应当严格适用广东省高级人民法院《关于对适用中止执行的若干问题的意见》,未经穷尽一切执行措施,不得裁定中止执行。

四十八、用人单位有能力履行已经发生法律效力的劳动争议案件仲裁裁决或民事判决而拒不履行的,人民法院可根据情节轻重对用人单位负责人予以罚款、拘留;情节严重的,依据《中华人民共和国刑法》第三百一十三条追究刑事责任。

四十九、派出到合资、参股单位工作的劳动者与原用人单位仍保持劳动关系,原用人单位与合资、参股单位对劳动者的工资、社会保险、福利等有明确约定，且劳动者没有提出异议的，按该约定处理；无约定或无明确约定的，劳动者的相关待遇可由原用人单位和合资、参股单位共同负担。

五十、假冒他人名义与用人单位订立劳动合同的，应按冒用人的真实身份确定主体。

五十一、企业集团将其员工派往下级法人单位或将员工在下级法人单位之间调动，按员工与所在单位签订的劳动合同来确认劳动关系；未签订劳动合同的，按工资关系确定劳动关系。

五十二、用人单位招用劳动者未订立书面劳动合同，但同时具备下列情形的，劳动关系成立：

(1)用人单位和劳动者符合法律、法规规定的主体资格；

(2)用人单位依法制定的各项劳动规章制度适用于劳动者，劳动者受用人单位的劳动管理，从事用人单位安排的有报酬的劳动；

(3)劳动者提供的劳动是用人单位业务的组成部分。

五十三、外国人、港澳台人员在中国内地就业应办理相应用工手续，其产生的用工关系应按劳动关系处理。未依法办理《外国人就业证》、《台港澳人员就业证》等用工手续的，应认定有关劳动合同为无效劳动合同，外国人、港澳台人员已经付出劳动的，由所在单位参照合同约定支付劳动报酬。

外国企业常驻代表机构、港澳台地区企业未通过涉外就业服务单位直接招用中国雇员的，应认定有关用工关系为雇佣关系。

五十四、已办理了就业证的外国人、我国台港澳人员离开就业证所登记的用人单位，入职新用人单位，若未变更就业证上的用人单位信息的，则外国人与新用人单位之间的劳动关系不成立。

五十五、劳务派遣关系中，用工单位违反法定义务，造成劳动者损害的，由用工单位承担赔偿责任，劳务派遣单位承担连带责任。

五十六、用人单位与其招用的已达到法定退休年龄的人员发生用工争议，应当按照劳务关系处理。

五十七、劳动者与不具备合法经营资格的用人单位因用工关系产生争议，应当将该单位或出资人列为当事人，按照《劳动合同法》第九十三条的规定支付相关费用，即劳动报酬、经济补偿、赔偿金和损害赔偿责任，但不包括未签订书面劳动合同的二倍工资差额。

五十八、个人承包、挂靠他人经营或借用他人营业执照经营的,承包人、挂靠人或借用人招用的劳动者请求确认其与具有用工主体资格的发包人、被挂靠人或被借用人存在劳动关系的,不予支持,但社会保险行政部门已认定工伤的除外。劳动者依据《广东省工资支付条例》第三十二条、第三十三条或《劳动合同法》第九十四条与《非法用工单位伤亡人员一次性赔偿办法》直接主张由发包人、被挂靠人或被借用人与承包人、挂靠人或借用人连带承担相应法律责任的,应予支持。

五十九、在非全日制用工形式下,劳动者可与不同的用人单位同时建立劳动关系。但后一劳动合同的订立不得影响先订立的劳动合同的履行。

六十、如劳动者与用人单位约定业务提成在货款收回后才支付的,该约定应认定为有效。员工请求业务提成,在约定条件成就后予以支持。

劳动者离职,业务提成支付周期在一个月内的,用人单位应立即支付;业务提成约定在货款收回后才支付的,则用人单位可在条件成就后支付。

六十一、用人单位依据《劳动法》第四十四条的规定应向劳动者支付加班工资的,劳动者的加班工资计算基数应为正常工作时间工资;用人单位与劳动者约定奖金、津贴、补贴等项目不属于正常工作时间工资的,从其约定。但约定的正常工作时间工资低于当地最低工资标准的除外。

双方在劳动合同中约定了计发加班工资基数标准或从工资表中可看出计发加班工资基数标准,而用人单位也确实按照该标准计发了劳动者加班工资,并据此制作工资表,该工资表亦经劳动者签名确认的,只要双方的约定不低于最低工资标准,即可认定双方已约定以该计发加班工资基数标准为加班工资的计算基数。用人单位根据此标准计发给劳动者的工资符合法律规定的加班工资计算标准的,应认定用人单位已足额支付了加班工资。

六十二、劳动者与用人单位在签订劳动合同时约定的工资中注明“已包含加班工资”或虽未书面约定实际支付的工资是否包含加班工资,但用人单位有证据证明已支付的工资包含了正常工作时间工资和加班工资的,劳动者的时薪为:时薪=约定工资÷(21.75天×8小时+约定包含在工资中的平时加班时间小时数×150%+约定包含在工资中的休息日加班时间小时数×200%+

约定包含在工资中的法定节假日加班时间小时数×300%）。

按上述方法计算出的劳动者的时薪低于当地最低工资标准的，该约定为无效；劳动者的工资应以最低工资标准为基本工资，超过法定工作时间为加班时间，加班工资以最低工资标准按法律规定标准计算。

六十三、双方约定实行计件工资制，但现有证据无法查明正常工作时间工作定额，根据劳动者的工资、工作时间和法定加班倍数折算出的时薪不低于最低工资标准的，可认定用人单位支付的工资中已包含了加班工资。

六十四、用人单位自用工之日起超过一个月不满一年未与劳动者签订书面劳动合同的，用人单位应自用工之日起满一个月的次日起支付二倍工资至双方签订书面劳动合同前一日时止。

劳动者拒绝与用人单位签订书面劳动合同，用人单位未按照《劳动合同法实施条例》第五条、第六条的规定书面通知劳动者终止劳动关系的，劳动者要求未签订书面劳动合同二倍工资的，应予支持。

劳动合同期满，劳动者继续在用人单位工作的，用人单位在劳动合同期满之日超过一个月不满一年未与劳动者签订劳动合同的，参照前两款的规定处理。

六十五、自用工之日起一个月内，或者劳动合同期满后劳动者仍在用人单位工作的一个月内，发生下列情形之一，导致用人单位未能与劳动者订立书面劳动合同的，该情形存续期间不计算在用人单位应当订立书面劳动合同的一个月期限内：

（1）不可抗力；

（2）劳动者丧失意思能力或被依法限制人身自由，客观上无法订立劳动合同；

（3）因确认劳动关系争议或解除劳动关系是否合法争议申请劳动仲裁或者诉讼尚未结案；

（4）因其他客观原因足以影响双方签订书面劳动合同的。

自前款规定的情形消除之日起，用人单位应当订立书面劳动合同的一个月期限继续计算。

六十六、用人单位未按照法定期限与劳动者签订书面劳动合同，即使后来双方签订了劳动合同,劳动者要求用人单位支付二倍工资至签订之日的,应予支持。但双方将劳动合同的签字日期倒签在法定期限之内或者双方约定的劳动合同期间包含了已经履行的事实劳动关系期间的,应视为双方自始签订了劳动合同,劳动者要求用人单位支付二倍工资的,不予支持。

六十七、用人单位拒绝与符合《劳动合同法》第十四条第二款规定的条件的劳动者签订无固定期限劳动合同,劳动者要求其支付二倍工资至补订无固定期限劳动合同前一日的,应予支持。

六十八、劳动合同期满,因劳动者具有《劳动合同法》第四十二条情形而导致双方劳动合同续延的,劳动者要求续延期间未签订书面劳动合同二倍工资,不予支持。

六十九、新公司筹备阶段聘用劳动者而未与劳动者签订书面劳动合同,劳动者要求新公司支付该期间二倍工资的,不予支持。

七十、《劳动合同法》第八十二条规定的二倍工资差额的计算基数应为包括加班工资在内的当月应得工资,但不包含支付周期超过一个月或未确定支付周期的劳动报酬。

七十一、用人单位实行包月工资制,但劳动者实际加班时间无法确定,如用人单位能证明包月工资中加班工资计算基数的,且该基数不低于最低工资标准的,以该基数作为未休年休假工资的计算基数。否则,以全部包月工资作为未休年休假工资的计算基数。

七十二、用人单位在《劳动合同法》实施前制定的规章制度,虽未经过《劳动合同法》第四条第二款规定的民主程序,但内容未违反法律、行政法规及政策规定,并已向劳动者公示或告知的,可以作为用人单位用工管理的依据。

《劳动合同法》实施后,用人单位制定、修改直接涉及劳动者切身利益的规章制度或重大事项时,未经过《劳动合同法》第四条第二款规定的民主程序的,原则上不能作为用人单位用工管理的依据。但规章制度或重大事项的内容未违反法律、行政法规及政策规定,不存在明显不合理的情形,并已向劳动者公示或告知的,劳动者没有异议的,可以作为用人单位用工管理的依据。

七十三、《劳动合同法》第四条第二款规定的"平等协商确定"主要是指程序上的要求,如果平等协商无法达成一致,最后决定权在用人单位。如该规章制度违反法律法规的规定，给劳动者造成损害的，劳动者可依据《劳动合同法》第八十条寻求救济。

七十四、劳动者提前三十日以书面形式通知用人单位，可以解除劳动合同，用人单位不得以特别约定排除或限制劳动者的解除权。但由于劳动者未提前三十日通知解除劳动合同而给用人单位造成损失的，劳动者应当承担赔偿责任。

七十五、用人单位违法解除或终止劳动合同，应依据《劳动合同法》第八十七条及《劳动合同法实施条例》第二十五条的规定支付赔偿金。但劳动者同时以用人单位未提前三十日通知解除劳动合同为由请求额外支付一个月工资的，不予支持。

七十六、用人单位在劳动合同期满前，通知劳动者不用上班，但正常发放劳动者工资至劳动合同期满，视为用人单位提前通知劳动者合同期满时终止双方劳动合同，应当允许。

七十七、在固定期限劳动合同履行过程中，符合签订无固定期限劳动合同条件的劳动者要求在固定期限劳动合同期满后与用人单位续签无固定期限劳动合同的，应在固定期限劳动合同期满终止前提出。

七十八、劳动者在仲裁期间要求用人单位支付经济补偿，在诉讼期间变更为要求继续履行劳动合同，或者在仲裁期间要求用人单位继续履行劳动合同，在诉讼期间变更为要求用人单位支付经济补偿的，不予准许。

七十九、在用工之日起一个月内，劳动者拒绝签订书面劳动合同，用人单位书面提出终止劳动关系的，用人单位无需支付经济补偿，但应当依法向劳动者支付其实际工作期间的劳动报酬。

在自用工之日起超过一个月不满一年期间，劳动者拒绝签订书面劳动合同，用人单位书面提出终止劳动关系的，用人单位除向劳动者支付劳动报酬外，还应支付终止劳动关系的经济补偿。

自用工之日起满一年后，用人单位未与劳动者订立书面劳动合同的，视为自用工之日起满一年的当日已经与劳动者订立了无固定期限劳动合同，用人单位应当立即与劳动者补订书面劳动合同。

劳动合同期满后，劳动者继续在用人单位工作的，参照上述规定处理。

八十、用人单位在深圳市行政区域内搬迁,劳动者要求用人单位支付经济补偿的,不予支持。

用人单位由深圳市行政区域内向深圳市行政区域外搬迁,劳动者要求支付经济补偿的,应予支持。

八十一、劳动者依《劳动合同法》第三十八条、最高人民法院《关于审理劳动争议案件适用法律若干问题的解释》第十五条规定提出解除劳动合同的,用人单位应当支付劳动者经济补偿。但劳动者同时要求依据《违反和解除劳动合同的经济补偿办法》第十条规定支付50%额外经济补偿金的,不予支持。

劳动者以用人单位存在《劳动合同法》第三十八条第一款情形为由提出解除劳动合同的,应当在解除劳动合同时明确告知用人单位解除事由。劳动者在解除劳动合同时未明确告知用人单位解除事由,后又主张系被迫解除劳动合同,要求经济补偿的,不予支持。但劳动者有证据证明其解除劳动合同确实是因用人单位存在《劳动合同法》第三十八条第一款情形的除外。

八十二、劳动者以用人单位在《劳动合同法》实施前未及时足额支付劳动报酬为由,请求解除劳动合同并要求用人单位支付经济补偿的,除符合最高人民法院《关于审理劳动争议案件适用法律若干问题的解释》第十五条规定的情形外,不予支持。

《劳动合同法》实施后,劳动者以用人单位未及时足额支付劳动报酬为由,请求解除劳动合同并要求用人单位支付经济补偿的,应予支持。

劳动者于2008年1月1日前入职,其以用人单位未足额支付加班工资为由提出被迫解除劳动合同的,经济补偿的计算年限从2008年1月1日起算,但劳动者有证据证明用人单位存在拒不支付加班工资情形的除外。

八十三、最高人民法院《关于审理劳动争议案件适用法律若干问题的解释》第十五条第一款第(四)项所称的“拒不支付”是指劳动者向用人单位提出支付加班工资的请求,而用人单位明确拒绝;或者用人单位明确表示拒绝支付加班工资的。

八十四、对于用人单位有延期发放工资的情况,但在劳动者离职前已经发放,劳动者再以用人单位拖欠工资为由提出辞职,并要求用人单位支付拖欠工资25%经济补偿金及解除劳动合同经济补偿的,不予支持。

八十五、用人单位在劳动合同期限内通过“末位淘汰”或者“竞争上岗”等形式单方解除与劳动者的劳动合同的，属违法解除行为。

八十六、用人单位变更名称、法定代表人、主要负责人或者投资人，不影响劳动合同的履行，劳动者的工作年限应连续计算。劳动者因上述事由要求解除劳动合同并要求用人单位（投资人）支付经济补偿的，不予支持。

八十七、劳动者达到法定退休年龄，劳动合同终止，劳动者要求用人单位支付经济补偿的，不予支持。

八十八、用人单位解除劳动合同未提前三十日以书面形式通知劳动者，劳动者以此为由主张构成违法解除劳动合同的，不予支持。

用人单位裁员未履行《劳动合同法》第四十一条规定的法定程序，劳动者以此为由主张构成违法解除劳动合同的，应予支持。

八十九、劳动者严重违反劳动纪律，用人单位可以依据《劳动法》第二十五条的规定解除劳动合同。

九十、原“三来一补”企业在转型时已经向劳动者支付了解除劳动合同经济补偿，劳动者转入转型后的企业法人工作，该企业法人因故解除或终止双方的劳动合同，但该解除或终止行为被认定违法，该企业法人支付赔偿金时不再计算劳动者在原“三来一补”企业的工作年限。

九十一、“三来一补”企业转型登记为企业法人后，劳动合同由承继权利义务的新企业法人继续履行。劳动者以此为由要求支付经济补偿的，不予支持。

九十二、劳动者以用人单位未依法支付未签订书面劳动合同二倍工资、年休假工资和高温津贴为由提出被迫解除劳动合同并要求经济补偿的，不予支持。

九十三、对于用人单位与劳动者之间在劳动合同中约定，每一劳动合同履行期满由用人单位发放“解约补偿金”，或用人单位在劳动合同期满终止发放补偿金，后双方依然延续劳动关系的，在用人单位应当支付劳动者经济补偿时，应以其连续工作年限计发，但已领取的上述款项应予以扣除。

九十四、用人单位未依法为劳动者缴纳社会保险费的，劳动者应当依法要求用人单位缴纳，用人单位在劳动者要求之日起一个月内未按规定缴纳的，劳动者有权提出解除劳动合同，用人单位应支付经济补偿，但经济补偿的支付年限应从2008年1月1日起计算。

九十五、用人单位违法解除或终止劳动合同,劳动者不要求继续履行劳动合同或劳动合同已经不能继续履行的,用人单位应按《劳动合同法》的规定向劳动者支付赔偿金,但无需另外支付经济补偿。赔偿金的计算年限自用工之日起连续计算。

九十六、用人单位解除劳动合同决定被裁决撤销或判决无效,双方继续履行劳动合同的,用人单位应当按照劳动者被违法解除劳动合同前十二个月的平均正常工作时间工资向劳动者支付被违法解除劳动合同期间的工资。

九十七、在计算经济补偿或赔偿金时,劳动者解除劳动合同前十二个月平均工资,除包括正常工作时间的工资外,还包括劳动者的加班工资。劳动者已领取的年终奖或年终双薪,计入工资基数时应按每年十二个月平均分摊。

用人单位因未在用工之日起一个月内签订劳动合同而按月向劳动者支付的二倍工资,其中加付的一倍工资不纳入经济补偿或赔偿金的计算基数。

九十八、劳动者与用人单位在订立或履行劳动合同过程中,事先就解除劳动合同约定由用人单位支付的高于法定标准的经济补偿或违约金的,该约定有效。

当事人主张双方约定的经济补偿或违约金标准过高,要求调整的,人民法院可依法予以调整。

九十九、劳动者在履行劳动合同过程中造成用人单位损失,用人单位在解除劳动合同时要求劳动者一次性赔偿的,应予支持,但赔偿数额由人民法院根据劳动者的过错程度、造成损失的大小等具体情况酌情进行确定。

一百、用人单位实行每周工作六天,每周工作时间不超过40小时的,应予准许。该工作制度属于标准工时制。

一百〇一、用人单位违法解除与"三期"内女职工的劳动合同,女职工要求继续履行劳动合同的,应撤销用人单位解除劳动合同的决定,双方继续履行劳动合同;造成该女职工工资收入损失的,用人单位还应支付违法解除劳动合同期间的工资。在案件处理过程中劳动合同期限届满的,应在撤销用人单位解除劳动合同决定的同时,认定双方劳动合同终止,判令用人单位支付女职工工资和福利待遇至劳动合同终止之日以及终止劳动合同的经济补偿。

女职工未要求继续履行劳动合同或劳动合同已经不能继续履行的，应认定双方劳动合同解除，并依据《劳动合同法》第四十八条和第八十七条的规定，由用人单位支付违法解除劳动合同赔偿金。

一百〇二、女职工在“三期”内依据《劳动合同法》第三十八条或最高人民法院《关于审理劳动争议案件适用法律若干问题的规定》第十五条的规定，提出被迫解除劳动合同，除要求经济补偿外，还要求用人单位支付工资及福利待遇至“三期”期满的，对劳动合同解除后的工资和福利待遇，不予支持。

一百〇三、未参加生育保险的女职工产假期间的生育津贴，应由用人单位按该女职工产假前12个月包括加班工资在内的平均工资计发。

一百〇四、用人单位违法收取劳动者定金、保证金、抵押金等，劳动者除要求退回定金、保证金、抵押金外，还要求用人单位按人民银行同期贷款利率支付占用定金、保证金或抵押金期间利息的，应予支持。

用人单位在2008年1月1日之前就已违法收取劳动者定金、保证金、抵押金等财物，劳动者要求支付相应利息的，利息应从2008年1月1日开始起计。

一百〇五、用人单位恶意规避《劳动合同法》第十四条的下列行为，应认定为无效行为，劳动者的工作年限和订立固定期限劳动合同的次数应连续计算：

(1)为使劳动者“工龄归零”，迫使劳动者辞职后重新与其签订劳动合同的；

(2)通过设立关联企业，在与劳动者签订合同时交替变换用人单位名称的；

(3)通过非法劳务派遣的；

(4)其他明显违反诚信和公平原则的规避行为。

《劳动合同法》实施前，用人单位已按国家和省有关主辅分离辅业改制、劣势企业关闭退出和富余人员安置等规定，办理了劳动合同手续并依法支付了经济补偿的，工作年限不连续计算。

一百〇六、用人单位与劳动者约定竞业限制的，应当在竞业限制期限内依法给予劳动者经济补偿。用人单位未按约定支付经济补偿的，劳动者自用人单位违反约定之日起三十日内可要求用人单位一次性支付尚未支付的经济补偿,并继续履行竞业限制协议;劳动者未在三十日内要求一次性支付的,可通知用人单位解除竞业限制协议或支付已履行竞业限制义务期间的经济补偿。

劳动者在职期间违反竞业限制义务,用人单位依据双方约定要求劳动者支付违约金的,应予支持。

当事人主张双方约定的违约金过高请求调整的,人民法院可依法予以调整。

一百〇七、《深圳经济特区企业技术秘密保护条例》及《深圳经济特区和谐劳动关系条例》关于竞业限制的有关规定与最高人民法院《关于审理劳动争议案件适用法律若干问题的解释(三)》相应规定不一致的,优先适用深圳经济特区条例的相关规定。

一百〇八、双方约定劳动者在职期间的工资中包含竞业限制经济补偿的,该约定无效。用人单位在劳动者离职后的竞业限制期内仍负有支付竞业限制经济补偿的义务。

一百〇九、《企业职工带薪年休假实施办法》第三条所规定的"连续工作满12个月以上",既包括劳动者在本单位连续工作满12个月以上的情形,也包括劳动者在不同用人单位连续工作满12个月以上的情形;但劳动者在进入新用人单位时存在工作间断的除外。

按照上款规定,劳动者连续工作满12个月后,其当年度的年休假天数应按照连续工作满12个月后的剩余日历天数折算确定。

一百一十、劳动合同、集体合同或规章制度约定了超过法定天数的年休假天数,并对超过法定年休假天数的未休年休假约定了是否予以补偿或具体的补偿标准的,该约定有效。劳动合同、集体合同或规章制度对超过法定年休假天数的未休年休假未约定补偿,或约定了补偿但未明确具体补偿标准的,劳动者要求按照法定标准支付超过法定年休假天数的未休年休假工资的,应予支持。

一百一十一、未休年休假工资的申请劳动仲裁时效期间应从第三个年度的1月1日当天开始计算。但双方劳动合同解除或终止的,应从劳动合同解除或终止之日起计算。

一百一十二、劳动者依据《深圳经济特区和谐劳动关系促进条例》第五十八条请求律师费的，应当以劳动者实际支出的律师费金额为基数，按照劳动者请求的胜诉比例计算，但以人民币5000元为限。

一百一十三、高温津贴的申请劳动仲裁时效期间应从发放当月工资之日起按月计算。

如按照规定需按天数折算高温津贴的，每人每天6.9元。

一百一十四、本指引与法律、法规或司法解释不一致的，以法律、法规或司法解释为准。

一百一十五、本指引由本院审判委员会负责解释。

一百一十六、本指引自印发之日起施行。施行后尚未审结的案件适用本指引。本院之前的相关会议纪要、综述、指导意见不再适用。

一百一十七、本指引施行后与新出台的法律、法规或司法解释有冲突的，由相关业务部门提出修改意见报本院审判委员会进行修订。

八、《关于〈审理劳动争议案件的裁判指引〉的说明》(深圳市中级人民法院 2015)

2009 年我院《关于审理劳动争议案件若干问题的指导意见(试行)》施行后,《劳动合同法》、《工伤保险条例》、《女职工劳动保护特别规定》等法律法规进行了修改,《社会保险法》、最高人民法院《关于审理劳动争议案件适用法律若干问题的解释(三)》、最高人民法院《关于审理劳动争议案件适用法律若干问题的解释(四)》等法律法规和司法解释先后出台,广东省高级人民法院和广东省劳动人事争议仲裁委员会也于 2012 年印发了相关座谈会纪要。我院原指导意见确定的一些法律适用意见与上述法律法规规定和上级法院的意见存在冲突。同时,近年来,劳动争议案件中新问题、新情况层出不穷,亟需予以规范。为此,根据劳动法律法规、司法解释和上级法院相关意见的新规定,结合我市劳动争议审判实际,对我院 2009 年《关于审理劳动争议案件若干问题的指导意见(试行)》进行了汇总修订,制定本裁判指引。

本裁判指引第一条至第十二条为案件受理问题;第十三条至第二十一条为主体问题;第二十二条至第二十七条为举证责任问题;第二十八条至第三十七条为裁审衔接问题;第三十八条至第四十一条为其他程序性问题;第四十二条至第四十八条为执行与财产保全问题;第四十九条至第五十九条为劳动关系认定问题;第六十条至第七十一条为劳动报酬、二倍工资及福利待遇支付问题;第七十二条至第九十九条为劳动关系解除和终止问题;第一百条至第一百一十四条为其他实体问题。现就本裁判指引中新增加的规定和制定过程中存在较大争议的问题说明如下:

1. 第三条是关于独生子女费等争议的处理程序问题。

计划生育独生子女补贴是国家基于计划生育基本国策而采取鼓励性措施,用人单位不履行相关义务,劳动者应向计划生育主管部门请求解决。独生子女保健费和奖励金不属于劳动报酬,由此产生的争议不属于劳动争议。

2. 第十二条是对关于代扣代缴税款争议的处理程序问题。

用人单位与劳动者就代扣代缴个人所得税产生的争议是否属于劳动争议取决于用人单位是否已将代扣的税款缴纳给税务机关。若用人单位已经将代扣的税款交给了税务机关,而劳动者对用人单位代扣代缴的税款金额有异议,可向税务机关提出,不属于劳动争议。但若用人单位仅是从劳动者工资中扣除了税款但并没有交付给税务机关,则双方对扣除款项发生的争议,系对用人单位扣减劳动者工资是否符合法律规定的产生的争议,则应属于劳动争议。

3. 第二十一条是关于涉及承包、挂靠、借用营业执照案件当事人的主体确定问题。

在涉及承包、挂靠以及营业执照借用关系的案件中,发包单位、被挂靠单位、营业执照出借单位与个体承包人、挂靠人、借用人之间是否存在真实的承包、挂靠或营业执照借用关系、劳动者是否系个体承包人、挂靠人或借用人所雇佣以及劳动者具体的劳动报酬标准、入职时间、工作时间等情况,均与个体承包人、挂靠人和借用人存在利害关系,也只有将个体承包人、挂靠人、借用人追加为当事人参加诉讼,才能将上述情况调查清楚。且广东省高级人民法院和广东省劳动人事争议仲裁委员会 2008 年指导意见第五条、广东省高级人民法院和广东省劳动人事争议仲裁委员会 2012 年座谈会纪要第 13 条、最高人民法院《关于审理劳动争议案件适用法律的若干问题的解释》第十二条和《劳动合同法》第九十四条等条文对上述情况下当事人主体的确定问题均有相关规定,即在承包经营期间发生劳动争议的,应当将承包人和发包人均作为当事人。因此,在劳动者仅以发包单位、被挂靠单位或营业执照出借单位为当事人,但有初步证据证明存在承包、挂靠或营业执照借用关系的,人民法院应当将个体承包人、挂靠人或借用人追加为当事人,以便查清案件事实。

4. 第二十五条第(5)项是关于货款收回的举证责任分配问题。

在本次裁判指引修订过程中,有意见提出在实践中,劳动者难以完成对货款收回的事实进行举证的义务,让劳动者由此承担不利后果对劳动者不公平。但由于"未收回货款"属于否定性事实,而对于否定性事实,当事人无需承担举证责任。同时,在现实中要求用人单位对货款未收回这一事实的进行举证也存在同样的困难和障碍。而依据举证责任分配的基本原则,主张条件成就的一方应当对条件成就承担举证责任。在法律法规或司法解释没用对相关问题明确规定举证责任倒置的情况下,仍应当按照举证责任分配的一般原则来确定举证责任的承担主体。因此,在用人单位与劳动者约定在货款收回后支付业务提成的情况下,劳动者主张支付业务提成的条件(即货款收回)已成就,就应当对条件成就的事实承担举证责任。故本裁判指引对于该事项的举证责任仍决定维持原规定的意见,由劳动者对货款收回承担举证责任。

5.第二十五条第(6)项是关于加班工资的举证责任分配问题。

本项第一款根据最高人民法院《关于审理劳动争议案件适用法律若干问题的解释(三)》第九条对加班事实举证责任分配进行了修改。

本项第二款,原指导意见的表述在适用过程中容易引发误解。部分人员误认为,无论工资支付凭证和考勤记录是否经过了劳动者签名,只要上述两份证据相互之间能够吻合,就可作为认定案件事实的依据。但实际上,如果工资支付凭证和考勤记录均没有经过劳动者签名,即使相互之间能够对应,也无法证明用人单位工资支付凭证或考勤记录是真实的。因此,本裁判指引修改了原规定的文字表述,明确在用人单位考勤记录无劳动者签名确认的情况下,只有经过劳动者确认的工资支付凭证等证据相佐证时,才可作为认定劳动者工作时间的证据。也就是说,用人单位提供的工资支付凭证和考勤记录这两份证据材料中,必须有一份证据是经过劳动者确认的,且两者内容相互印证,才能够作为认定案件事实的依据。

6.第三十三条是关于当事人之间不存在劳动关系时的处理问题。

劳动争议案件是劳动者与用人单位之间的纠纷,劳动争议案件的双方当事人之间应当具有劳动关系。《民事诉讼法》第一百一十九条规定的起诉条件之一,原告是与本案有直接利害关系的公民、法人或其他组织。在劳动争议案件中就表现为原告必须是与劳动争议所涉及的劳动权利义务有直接利害关系的劳动者或用人单位。如果双方当事人之间不存在劳动关系,就不符合劳动争议的主体条件。此时,应适用最高法院《关于审理劳动争议案件适用法律若干问题的解释》第四条的规定,驳回当事人的起诉。如果双方当事人之间存在除劳动关系之外的其他法律关系,且双方争议属于法院管辖范围的,人民法院在驳回当事人起诉的同时,应当引导当事人另行诉讼。例如,用人单位与其招用的已达到退休年龄的人员之间不存在劳动关系,而是存在劳务关系。如果已达到退休能力的人员依据劳动法律法规提出有关加班工资、经济补偿、年休假工资等劳动法上的权利要求的,此时因双方之间不存在劳动关系,在劳动争议案件中应驳回起诉。但同时,人民法院应引导当事人依据劳务关系另行诉讼。

对于双方当事人之间存在劳动关系,但双方争议的事项并非基于劳动关系所产生,此时,则应适用最高法院《关于审理劳动争议案件适用法律若干问题的解释》第二条的规定进行处理。例如劳动者因个人生活原因向用人单位借款,后双方仅仅就借款问题产生争议,劳动仲裁机构以该争议事项不属于劳动争议为由作出不予受理决定后,当事人起诉至法院。此时,由于双方之间存在劳动关系,但争议的事项不属于劳动争议范围,而属于平等主体之间的纠纷。依据最高法院《关于审理劳动争议案件适用法律若干问题的解释》第二条的规定,人民法院不能简单地驳回当事人的起诉,而应当依法受理,作为普通民事案件进行审理。

7. 第四十一条是关于破产案件中劳动纠纷的处理程序问题。

依照《民事诉讼法》第三十八条第一款的规定,经广东省高级人民法院批准,对于由中院受理的破产案件中,劳动者与管理人之间就劳动债权清单产生的争议可指定基层法院审理。

8. 第五十一条是关于企业集团内部劳动关系的认定问题。

在司法实践中,我们会遇到一些企业集团利用企业集团各法人主体之间的关联关系,交叉混同用工或交替变换用人单位,劳动合同签订主体、支付工资主体及社会保险缴纳主体均不相同,劳动者也无法辨别其实际的用人单位。在此情况下,本院制定了本条规定,确定首先以劳动合同签订主体作为认定劳动关系的依据;在没有签订劳动合同时,再依工资关系确定劳动关系主体。但一些不属于企业集团情形,且根据具体用工管理情况可以明确认定劳动关系主体的情况的,则不适用本条规定,应当依据主要劳动权利义务履行情况来认定劳动关系。

9. 第五十四条是关于外国人、港澳台人员就业的问题。

我国对外国人、港澳台人员在我国境内就业实行就业许可制度。《外国人在中国就业管理规定》第十六条第二款规定“就业证只在发证机关规定的区域内有效”,《台湾、香港、澳门居民在内地就业管理规定》第十四条也规定,用人单位变更的,应重新申请办理就业证。因此,外国人、我国台港澳人员变更用人单位,而未变更就业证上相关信息或重新申请就业证的,原就业证失效。此时,该外国人、我国台港澳人员与新用人单位之间的劳动关系不再是我国劳动法意义上的劳动关系,而应当参照本裁判指引第五十三条第一款对于未办理就业证的外国人、港澳台人员与其提供劳动的所在单位之间的法律关系的处理原则进行认定。

10. 第五十五条是关于劳务派遣关系中连带责任的问题。

修改前的《劳动合同法》第九十二条规定“劳务派遣单位违法本法规定,给被派遣劳动者造成损害的,劳务派遣单位与用工单位承担连带赔偿责任”。同时,《劳动合同法实施条例》第三十五条规定“用工单位违法劳动合同法和本条例有关劳务派遣规定,给被派遣劳动者造成损害的,劳务派遣单位和用工单位承担连带责任”。因此,综合上述两个条款,在《劳动合同法》修改前,劳务派遣单位与用工单位是相互承担连带责任的。任何一方存在违反劳动法行为的,另一方均需承担连带责任,即双连带原则。

2013 年 7 月 1 日实施的修改后的《劳动合同法》第九十二条仅规定“用工单位给被派遣劳动者造成损害的,劳务派遣单位与用工单位承担连带责任”。依据该条规定,仅是劳务派遣单位对用工单位的违法行为承担连带责任,而对于劳务派遣单位的违法行为,用工单位不再承担连带责任,即单连带原则。由于《劳动合同法》并没有明确表述此项修改内容,必须通过对比修改前后《劳动合同法》相关条文才可得出上述结论。因而,本裁判指引规定此条加以明确,起到提醒注意的作用。

11. 第五十八条是关于在个人承包、挂靠他人经营或借用他人营业执照经营的情况下,劳动关系的认定问题。

在现实生活中,存在很多不具备用工主体资格的自然人承包、挂靠具备用工主体资格单位或借用具备用工主体资格单位的营业执照进行生产经营的情况。因个体承包人、挂靠人或借用人所招用的劳动者与发包单位、被挂靠单位或营业执照出借单位之间是否存在劳动关系而引发的纠纷较多，主要涉及未签订劳动合同二倍工资、年休假工资、解除劳动关系法律责任等问题，司法实务中争议也比较激烈。在本次裁判指引讨论过程中对这个问题的处理原则也出现了两种不同的意见：一种意见认为，只要存在客观真实的承包、挂靠或借用营业执照关系，无论承包人、挂靠人或借用人所招用的劳动者对上述情况是否明知或应知，劳动者要求确认其与发包单位、被挂靠单位和营业执照出借用单位之间存在劳动关系的，均不予支持。另一种意见则认为，应当以承包人、挂靠人、借用人所招用的劳动者是否知道或应当知道存在承包、挂靠或营业执照借用关系为前提；如果劳动者知道或应当知道存在上述法律关系，则对其要求确认与发包单位、被挂靠单位和营业执照出借用单位存在劳动关系的请求不予支持；但如果劳动者对这种承包、挂靠或营业执照借用关系不知情也不可能知情的，则对其要求确认与发包单位、挂靠单位或营业执照借用单位存在劳动关系的请求，就应当予以支持。经我院审委会多次讨论，最终意见认为，当事人之间是否存在劳动关系，应当以客观事实为标准进行判断和认定，不应根据劳动者的主观认识有所区别，且在实践中查清劳动者的主观认识存在较大困难。因此，本裁判指引决定采用第一种意见，即只要查明确实存在客观真实的承包、挂靠或营业执照借用关系，无论承包人、挂靠人或借用人所招用的劳动者对此是否知道或应当知道，该劳动者要求确认其与发包单位、被挂靠单位和营业执照出借用单位之间存在劳动关系的，均不予支持。

同时，要注意本条与本裁判指引第二十一条之间的衔接问题。本裁判指引第二十一条是关于在处理涉及承包、挂靠或营业执照借用关系的案件中，当事人主体的确定问题，即需将承包人、挂靠人或借用人追加作为当事人，以便查清案情。

另外，还要注意本条但书部分的适用条件。根据最高法院《关于审理工伤保险行政案件若干问题的规定》第三条第（四）项和第（五）项的规定，发包单位、被挂靠单位对承包人、挂靠人所招用的劳动者发生的工伤应承担工伤保险责任。但发包单位、被挂靠单位承担工伤保险责任仅仅是基于相关法律的规定，并不意味着其与劳动者之间就存在劳动关系。也就是说，工伤保险责任与劳动关系并不是一一对应的，不能仅因发包单位、被挂靠单位承担了工伤责任就以此认定发包单位、被挂靠单位对承包人、挂靠人所招用的劳动者之间存在劳动关系。因此，在适用本条“但社会保险行政部门已认定工伤的除外”的内容时，应当注意区分社会保险行政部门认定工伤是基于劳动关系而认定工伤还是依据上述最高法院司法解释及相关法律的规定而确定发包单位、被挂靠单位承担工伤保险责任。如果是前者，则可以适用本条但书部分的规定，据此认定双方之间存在劳动关系；但如果是后者，则单凭工伤认定不能作为认定发包单位、被挂靠单位对承包人、挂靠人所招用的劳动者之间存在劳动关系的唯一证据，而应当根据用工的真实情况对双方之间是否存在劳动关系进行分析判断。

12. 第六十四条是关于劳动者拒绝签订书面劳动合同的处理问题。

根据《劳动合同法实施条例》第五条和第六条的规定，在用人单位有证据证明是劳动者拒绝签订书面劳动合同的情况下，用人单位应当在一定期限内书面通知劳动者终止劳动关系。如果用人单位未在法定期限内依法书面通知劳动者终止劳动关系，而是继续用工，应视为用人单位放弃了终止劳动关系的权利。此时，劳动者要求未签订书面劳动合同二倍工资的，应予支持。广东省高级法院和广东省劳动人事争议仲裁委员会 2012 年座谈会纪要第 14 条也是持该观点。

13. 第六十五条是关于特殊情况下签订书面劳动合同的问题。

在法定的一个月劳动合同签订期内，往往因为各种客观原因，例如劳动者发生工伤或患病，导致用人单位既无法与劳动者订立书面劳动合同，又无法终止双方劳动关系。在此情况下若仍要求用人单位支付未签订书面劳动合同的二倍工资，有失公平。故本条规定因特殊情况导致用人单位无法在一个月内与劳动者签订书面劳动合同的，应将特殊情形存续的期限从一个月的劳动合同签订期中扣除。

在适用本条规定时必须注意三点：第一，本条所列举的导致双方无法签订书面劳动合同的客观情况必须发生在法定的一个月劳动合同签订期内。如果超过一个月才发生上述客观情况，则不能免除用人单位支付未签订书面劳动合同二倍工资的责任。第二,除了本条所明确列举的三种情形外,其他客观原因必须足以导致用人单位无法在法定期限内与劳动者签订书面劳动合同,应当根据具体的案件情况进行谨慎的适用。第三,上述客观情况消除后,用人单位应当签订书面劳动合同的一个月法定期限是继续计算,而不是重新计算。

14. 第六十六条是关于补订劳动合同和倒签劳动合同后是否需要支付未签订书面劳动合同二倍工资的问题。

《劳动合同法》第八十二条规定,用人单位未依法与劳动者订立书面劳动合同的,应当支付二倍工资。同时根据《劳动合同法实施条例》第六条、第七条的规定,用人单位支付二倍工资后仍有补订劳动合同的义务。由此,用人单位补订劳动合同后,仍然不能免除支付二倍工资的义务。所以即使双方后来补订了劳动合同,仍不能免除用人单位支付二倍工资的义务。但是如果劳动者愿意将劳动合同的期间溯及于之前的事实劳动关系期间,应视为其放弃了二倍工资的请求。

15. 第六十八条是关于法定续延期内用人单位是否要与劳动者签订书面劳动合同的问题。

依据《劳动合同法》第四十五条的规定,在法定续延的情况下,原劳动合同并未终止,双方履行的仍然是原劳动合同。因此,用人单位在续延期间无需重新与劳动者签订新的劳动合同,也无需因未签订新的书面劳动合同而支付二倍工资。

16. 第七十一条是关于包月工资制度下未休年休假工资计算基数的问题。

依据《企业职工带薪年休假实施办法》第十一条的规定,未休年休假工资的计算基数不包括加班工资。而包月制工资中已包含了劳动者的加班工资,在劳动者实际加班时间无法确定的情况下,无法推算出包月工资中所包含的正常工作时间工资和加班工资各是多少,也就无法确定未休年休假工资的计算基数。但如果用人单位有证据证明双方对包月工资中加班工资的计算基数有约定,或从相关证据可以看出包月工资中加班工资的计算基数,则可以该基数来计算未休年休假工资。否则应以全部的包月工资作为未休年休假工资的计算基数。

17. 第七十七条是关于劳动者提出签订无固定期限劳动合同的时限问题。

《劳动合同法》第十四条规定，对于符合签订无固定期限劳动合同条件的劳动者要签订无固定期限劳动合同，必须是劳动者提出或同意续订劳动合同。在用人单位没有提出续订劳动合同的情况下，符合条件的劳动者要求签订无固定期限劳动合同必须要向用人单位提出。如果劳动者没有在双方正在履行的固定期限劳动合同期满前向用人单位提出签订无固定期限劳动合同的请求，在该固定期限劳动合同期满时，双方劳动合同就依法终止了。而劳动关系终止后，劳动者就再无理由和基础要求与用人单位签订无固定期限劳动合同。因此，符合签订无固定期限劳动合同的劳动者要签订无固定期限劳动合同，必须在前一份固定期限劳动合同到期终止前提出，否则就应视为其放弃了签订无固定期限劳动合同的权利。

18. 第七十九条是关于劳动者拒绝签订书面劳动合同时，是否需要支付未签订书面劳动合同二倍工资的问题。

根据《劳动合同法实施条例》第五条和第六条的规定，在用工之日起未满一年的时间内，劳动者拒绝签订书面劳动合同的，用人单位应当及时书面通知终止劳动关系。用人单位在用工之日起一个月内就书面通知终止劳动关系的，用人单位无需支付经济补偿，只需按劳动者实际工作时间支付劳动报酬。用人单位在用工之日起超过一个月不满一年期间书面通知终止劳动关系的，用人单位除需向劳动者支付劳动报酬外，还需支付终止劳动关系的经济补偿。

19. 第八十条是关于用人单位搬迁时经济补偿的支付问题。

我院2009年《关于审理劳动争议案件若干问题的指导意见》实施后，该指导意见中第85条关于以用人单位是否在深圳行政区域内进行搬迁对劳动者请求经济补偿问题进行分别处理的原则引发了一些不同的意见。在这次裁判指引制定过程中，我们也对该条规定再次进行了认真的讨论，最终认为：第一，用人单位搬迁是否足以迫使劳动者提出解除劳动合同或足以导致劳动合同无法履行，对于每一个劳动者来说，个案的情况是不同的。如果根据个案情况进行酌情处理，可能造成裁判标准的不统一，容易出现“同案不同判”的现象。所以，对这一问题的裁判标准进行统一规定是十分必要的。但从搬迁的路程远近、上班所需时间长短的角度难以作出合理的划定，故以是否在同一行政区域内为标准进行区分是比较妥当且便于执行的方法。第二，一般而言，劳动者的居住地并不集中，也不一定都居住在用人单位附近，用人单位的搬迁虽然可能给部分劳动者造成一定的不便，但在同一行政区域内，工资水平、社会保障等劳动条件没有变化，不会对劳动者的合法权益造成过多的不利影响。对我市而言，我市最低工资标准、社会保障程度总体上通常高于周边城市，若用人单位从我市搬迁至周边其他城市，虽然可能搬迁路程相对较近，但对于劳动者的劳动基准保护力度可能有所降低，因此，不考虑劳动基准保护力度，而仅以路程远近作为确定标准统一划分，反而更不利于劳动者合法权益的保障。第三，用人单位根据其经营状况进行搬迁是其经营自主权的体现，而现实中，用人单位因办公地点租赁等原因搬迁也是十分常见的情况。如果只要用人单位搬迁，不论远近，劳动者就可要求用人单位支付经济补偿，会对社会及劳资双方产生不利的影响，也容易引发用人单位在搬迁前以各种借口解除与劳动者的关系，从而避免支付经济补偿，反而更不利于劳动者这一群体整体利益的保护。因此，我们认为在目前法律法规及现实状况均没有发生明显变化的情况下，不宜对原指导意见作出根本性的修改。如法律法规出现新的规定或实际情况发生重大变化，我们将再适时地研究调整相关条款内容。

20. 第八十一条第二款是关于劳动者主张被迫辞职时解除劳动合同是否需事先告知用人单位的问题。

我们在司法实践中，经常会遇到劳动者离职时未明确提出是基于用人单位存在《劳动合同法》第三十八条第一款情形而提出被迫解除劳动合同，但在离职后又申请劳动仲裁或以其他方式主张是被迫解除劳动合同，要求用人单位支付经济补偿，主要包括三种情形：一是劳动者辞职时是以其他理由（如待遇低、压力大、家中有事、身体不适等）提出辞职，辞职后又主张是因用人单位存在《劳动合同法》第三十八条第一款情形而被迫解除劳动合同；二是劳动者辞职时并没有明确其辞职理由，辞职后又主张是因用人单位存在《劳动合同法》第三十八条第一款情形而被迫解除劳动合同；三是劳动者不告而别，没有向用人单位提出辞职，更未明确其离职的具有原因，离职后又主张是因用人单位存在《劳动合同法》第三十八条第一款情形而被迫解除劳动合同。

对于这三种情形下，劳动者主张被迫解除劳动合同是否成立的问题。本裁判指引讨论过程中认为，《劳动合同法》第三十八条第二款的规定，在用人单位存在强迫劳动者劳动或危及劳动者人身安全的情况下，劳动者可以立即解除劳动合同，无需事先告知用人单位。从该款内容反推，用人单位存在《劳动合同法》第三十八条第一款情形时，劳动者可以解除劳动合同，但需要事先告知用人单位。同时，《劳动合同法》第三十七条规定，劳动者辞职无需特定的理由。因此，如果劳动者主张是基于《劳动合同法》第三十八条第一款情形而被迫解除劳动合同，就应当在离职时明确其离职理由，否则，就无法界定劳动者离职时的真实原因，容易引发诚信危机。而且，在实际操作中，劳动者可以通过邮寄辞职信等方式向用人单位提出被迫解除劳动合同，在获得证据方面并不存在障碍或困难。因此，本裁判指引要求，劳动者以用人单位存在《劳动合同法》第三十八条第一款情形为由提出被迫解除劳动合同的，应当在离职时就通知用人单位，并明确其解除劳动合同的具体事由。如果劳动者在离职时没有通知用人单位，或者没有明确其是基于《劳动合同法》第三十八条第一款情形提出解除劳动合同，之后再通过申请劳动仲裁或其他方式主张是被迫解除，一般不予支持。

但基于实践中，可能存在劳动者在离职时因用人单位或客观原因无法明确主张其离职的具体原因，如果劳动者之后能提供充分有效的证据证明，其当时离职原因确实是因为存在《劳动合同法》第三十八条第一款情形的，可以作为例外予以支持，故以但书的方式加以规定，但在适用时必须严格把握，不能仅以用人单位存在《劳动合同法》第三十八条第一款情形或劳动者离职后在信访、劳动仲裁阶段主张被迫解除的事实，就认为劳动者是被迫解除劳动合同，还应要求劳动者对其离职时真实的辞职事由提供其他证据予以印证。

21. 第八十二条是关于劳动者以用人单位未足额支付劳动报酬为由提出被迫解除劳动关系时经济补偿的计算年限问题。

根据《劳动合同法》第九十七条的规定，对于劳动合同法实施前用人单位是否应当向劳动者支付经济补偿，应当按照当时有关规定执行。而在《劳动合同法》实施前，最高人民法院《关于审理劳动争议案件适用法律若干问题的解释》第十五条规定用人单位必须“拒不支付劳动者延长工作时间工作报酬”，劳动者才可以提出解除劳动合同，并要求用人单位支付经济补偿。因此，在 2008

年 1 月 1 日之前，劳动者只有证明用人单位存在“拒不支付加班工资”的情形，其才符合被迫解除劳动合同的条件。若劳动者无法举证证明用人单位有“拒不支付加班工资”的行为，则用人单位仅存在未及时足额支付加班工资，该情形只符合《劳动合同法》第三十八条规定的被迫解除劳动合同条件，而不符合最高人民法院《关于审理劳动争议案件适用法律若干问题的解释》第十五条规定的条件。此时，劳动者被迫解除劳动合同经济补偿的支付年限只能从 2008 年 1 月 1 日开始起算。

22. 第八十九条是关于用人单位能否以劳动者违反劳动纪律为由解除劳动合同的问题。

虽然《劳动合同法》第三十九条未将《劳动法》第二十五条规定的“违反劳动纪律”作为解除劳动合同的条件之一。但对于一些被普遍认可的劳动纪律，应为劳动者所知晓和遵守。这些劳动纪律即便未在用人单位的规章制度中规定，也构成劳动者的一项专门的劳动纪律。同时，由于《劳动法》并没有被废止，仍然具有法律效力。因此，劳动者严重违反劳动纪律的，用人单位有权依据《劳动法》的有关规定解除劳动关系。

23. 第九十条是关于“三来一补”企业已支付经济补偿时工作年限是否扣除的问题。

原“三来一补”企业在转型时已向劳动者支付了解除或终止劳动合同经济补偿的，说明劳动者与原“三来一补”企业之间的劳动关系已经解除或终止。劳动者转入转型后的企业法人工作，其与转型后的企业法人重新建立劳动关系，转型后的企业法人之后再出现需要支付解除劳动合同经济补偿或赔偿金的，其经济补偿或赔偿金的计算年限应当从劳动者进入转型后的企业法人时开始计算，而非从劳动者进入原“三来一补”企业时开始计算。即此种情况下，经济补偿或赔偿金是“扣年限”而非“扣金额”。但对于原“三来一补”企业在转型时未向劳动者支付解除或终止劳动合同经济补偿的，其与原“三来一补”企业之间的劳动关系并未解除或终止。由于在进行“三来一补”企业转型升级时，均要求转型后的企业法人承诺连续计算劳动者在原“三来一补”企业中的工作年限，因此，在原“三来一补”企业在转型时未支付解除或终止劳动合同经济补偿的，劳动者的工作年限应当连续计算。转型后的企业法人再出现需要支付解除劳动合同经济补偿或赔偿金情形的,其经济补偿或赔偿金的计算年限应当从劳动者进入原“三来一补”企业时开始计算。

24. 第九十一条是关于劳动者以“三来一补”企业转型升级为由要求经济补偿是否应予支持的问题。

依据广东省人力资源和社会保障厅关于《做好企业转型升级过程中劳资纠纷预防处理工作的意见》(粤人社规〔2013〕3号)确定的原则制定,主要理由是将“三来一补”企业转型视为属于《劳动合同法》第三十三条和第三十四条所规定的“企业变更名称、法定代表人、主要负责人或投资人以及企业发生合并或分立”的情形。在上述情形下,原劳动合同继续履行,劳动者以此为由要求解除劳动合同的经济补偿,不应支持。

25. 第九十四条是关于劳动者以用人单位未依法缴纳社会保险为由提出解除劳动合同的问题。

对于用人单位未依法缴纳社会保险,劳动者是否可以提出被迫解除劳动合同,广东省高级人民法院和广东省劳动人事争议仲裁委员会2008年《关于适用〈劳动争议调解仲裁法〉、〈劳动合同法〉若干问题的指导意见》第二十四条与《深圳经济特区和谐劳动关系促进条例》第十五条第二款的规定存在不一致之处。我院在2009年制定《关于审理劳动争议案件若干问题的指导意见(试行)》时就已明确应当优先适用《深圳经济特区和谐劳动关系促进条例》第十五条第二款的规定。

本条所称的“用人单位未依法为劳动者缴纳社会保险费”既包括用人单位根本没有按法定险种为劳动者建立社会保险关系,也包括用人单位没有按法定标准或法定期限为劳动者缴纳社会保险费。同时,本条所称的“用人单位在劳动者要求之日起一个月内未按规定缴纳”,既包括用人单位在一个月内未依法为劳动者缴纳之后的社会保险费,也包括用人单位在一个月内未依法为劳动者补缴法律法规或政策允许补缴范围内的社会保险费。

26. 第九十六条是关于劳动者被违法解除劳动合同期间工资如何计算的问题。

实践中对于违法解除劳动关系期间工资的支付标准不统一,存在多种处理方式,故对该问题应予明确。依照《广东省工资支付条例》第二十九条的规定,对于违法解除劳动合同期间的工资,应当以劳动者被违法解除劳动关系前十二个月的平均正常工作时间工资作为支付标准。

27. 第九十八条是关于用人单位与劳动者在订立或履行劳动合同过程中就劳动关系解除补偿达成的约定是否有效的问题。

该条主要是针对现实中存在的入职时约定解除补偿的问题。我院 2009 年《关于审理劳动争议案件若干问题的指导意见》第 88 条出台后引发了较大争议。本次裁判指引制定过程中,对该条规定进行了重新讨论。最终意见认为,由于相关法律法规对于经济补偿支付标准的规定并非效力性的强制规定,没有法律法规规定双方约定的经济补偿支付标准高于法定标准的无效,该约定也未侵犯社会公共利益。且在劳动关系项下,劳动者利用优势地位欺诈、胁迫用人单位签订相关条款或条款内容对用人单位显失公平的情形可能性不大,故在一般情况下,对双方达成的有关高于法定标准的经济补偿标准的约定应认定有效。但如果用人单位主张双方约定的经济补偿或违约金标准过高,人民法院可以综合案件情况依法对双方约定的标准进行调整。

同时,必须注意与最高人民法院《关于审理劳动争议案件适用法律若干问题的解释(三)》第十条相区别。本裁判指引的规定主要适用于双方在劳动关系建立时事先就达成的协议;而最高人民法院《关于审理劳动争议案件适用法律若干问题的解释(三)》第十条则是针对双方在纠纷发生后就纠纷解决问题达成的协议。两者的适用情形不同,注意适用时的区别。

28. 第一百零三条是关于女职工产假期间工资是否包括加班工资的问题。

虽然《女职工劳动保护特别规定》第八条对于用人单位未为其参加生育保险的女职工产假期间的生育津贴,没有明确是否包含加班工资,但该条文中关于由社会保险部门支付的生育津贴是以女职工所在单位上年度职工月平均工资为标准,而按照通常理解,女职工所在单位上年度职工月平均工资应当是包含加班工资在内的。为保证产假期间女职工的合法权益不因用人单位未为其参保而受到不利影响,且防止发生用人单位不为女职工缴纳生育保险反而因此获利的情况,本裁判指引参照《女职工劳动保护特别规定》第八条对于社会保险部门支付生育津贴的标准,规定由用人单位支付的生育津贴也应当包含加班工资在内。

29. 第一百零四条是关于用人单位违法收取劳动者押金是否应支付利息问题。

原劳动部《关于贯彻执行〈中华人民共和国劳动法〉若干问题的意见》第24条对于用人单位违法收取劳动者定金、保证金或抵押金的,仅规定由有关部门责令退还,但未规定可赔偿劳动者损失。只有《劳动合同法》才明确规定用人单位违法收取财物的,给劳动者造成损失的,应承担赔偿责任。故本裁判指引增加了一款明确利息的起算时间。

对于是否允许双方当事人就用人单位违法收取的定金、保证金或抵押金约定利息标准的问题,我们认为,用人单位与劳动者就收取定金、保证金或抵押金的约定本身就已违反了法律的强制性规定,双方关于违法收取的定金、保证金或抵押金约定的利息标准的约定也同样不符合法律规定。人民银行同期贷款利率应当认为是用人单位违法收取定金、保证金或抵押金而给劳动者造成的损失。因此,双方约定的利息标准低于本条规定的人民银行同期贷款利率的,该约定无效,用人单位仍应按本条规定的标准支付利息。否则,容易引发用人单位利用强势地位违法约定收取定金、保证金或抵押金并约定较低的利息,从而侵害劳动者的合法权益。

同时,现实中还应注意区分是否属于劳动关系项下收取押金的情形,如出租车司机交纳的“安全保证金”有观点认为系基于承包关系而交纳的押金,并非基于双方劳动关系而交纳的押金,不应适用劳动法律规范。

30. 第一百零六条是关于竞业限制的问题。

依据《深圳经济特区和谐劳动关系促进条例》第二十条第二款的规定,劳动者未在一个月内要求一次性支付的,仅是丧失了要求一次性支付的权利,其仍然可以选择解除竞业限制协议或是履行竞业限制协议并要求用人单位按月支付经济补偿。

另外,《劳动合同法》对于劳动者在在职期间违反竞业限制义务是否可以约定违约金没有明确规定。我们认为,劳动者在在职期间遵守竞业限制义务是劳动合同附随的忠实义务,《劳动合同法》第二十三条并未禁止双方约定在职期间的竞业限制义务及相应的违约金。且按照举轻以明重的原则,离职后违反竞业限制义务都需支付违约金,在职期间违反该义务情节更恶劣,更应当支付违约金。

31. 第一百零七条是关于司法解释(四)与特区条例的适用问题。

最高人民法院《关于审理劳动争议案件适用法律若干问题的解释(四)》和《深圳经济特区企业技术秘密保护条例》、《深圳经济特区和谐劳动关系促进条例》在对竞业限制经济补偿最低标准、劳动者解除竞业限制协议条件等方面规定不一致。如在经济补偿标准方面,最高人民法院《关于审理劳动争议案件适用法律若干问题的解释(四)》第六条第二款规定为劳动者劳动合同解除或终止前十二个月平均工资的30%,如该标准低于最低工资标准的,按最低工资标准。而《深圳经济特区企业技术秘密保护条例》第二十四条则规定,竞业限制补偿费不得少于该员工离开企业前最后十二个月平均工资的二分之一,约定补偿费少于上述标准或没有约定补偿费的,按上述标准计算。在劳动者解除竞业限制协议条件方面,最高人民法院《关于审理劳动争议案件适用法律若干问题的解释(四)》第八条规定,因用人单位原因导致三个月未支付经济补偿的,劳动者可请求解除竞业限制协议。但《深圳经济特区和谐劳动关系促进条例》第二十条则规定,用人单位未依法支付经济补偿的,劳动者可在用人单位违反约定之日起三十日内要求用人单位一次性支付经济补偿;劳动者未在三十日内要求一次性支付的,可以通知用人单位解除竞业限制协议。

针对特区条例与最高人民法院《关于审理劳动争议案件适用法律若干问题的解释(四)》对于部分事项规定的不一致问题,我们认为,根据《立法法》第八十一条第二款的规定,经济特区根据授权可对法律、行政法规、地方性法规作变通规定。既然特区条例可以对法律等做出变通规定,那么对于司法解释也应当可以做出变通规定。而特区条例对劳动者保护力度更大。省高院2002年劳动争议指导意见第三十二条也规定了"有利于劳动者"的法律适用原则。在两者相冲突时,应当优先适用特区条例。因此,本裁判指引规定在特区条例与最高人民法院《关于审理劳动争议案件适用法律若干问题的解释(四)》就相同事项存在不同规定时,优先适用特区条例的规定。

32. 第一百零八条是关于竞业限制补偿金是否可包含在工资中的问题。

《劳动合同法》第二十三条第二款规定,用人单位支付竞业限制经济补偿应当在竞业限制期内按月支付,以避免用人单位利用其优势地位将本属于工资的部分款项约定为竞业限制经济补偿，侵害劳动者合法权益，故双方约定工资中包括竞业限制经济补偿的，约定无效。最高人民法院民一庭负责人在就最高人民法院《关于审理劳动争议案件适用法律若干问题的解释（四）》答记者问时表明最高法院对该问题也持此种观点。

33. 第一百零九条是关于《企业职工带薪年休假实施办法》中“连续工作满12 个月以上”如何计算的问题。

该条第一款是依据人力资源与社会保障部办公厅于 2009 年 4 月 15 日做出的《关于企业职工带薪年休假实施办法有关问题的复函》所规定的。但在适用的同时需强调“连续工作”必须是无缝对接，即劳动者在进入新单位时工作日不能间断，否则不适用该款规定。

34. 第一百一十条是用人单位超出法定天数的年休假补偿问题。

部分用人单位在与劳动者的劳动合同中，或在集体合同、单位规章制度中给予劳动者年休假天数多于法定的年休假天数，多出部分视为用人单位给予劳动者的福利假期。因该福利假期是用人单位在法定基准之外给予劳动者的福利，属于用人单位的自主决定范围。因此，只要劳动合同、集体合同或规章制度中有明确约定，即使约定劳动者未休该福利假期不给予补偿或者补偿标准低于法定未休年休假工资标准的，也应认定该约定有效。但若劳动合同、集体合同或规章制度未加以明确约定，则应视为用人单位放弃其自主决定的权利，劳动者要求按照法定标准支付未休福利假期工资的，应予支持。

35. 第一百一十一条是关于未休年休假工资的申请仲裁时效期间的起算问题。

依据《企业职工带薪年休假实施办法》第九条的规定，年休假可以跨一个年度享受，故至第二年的 12 月 31 日用人单位既未安排年休假，又未支付年休假工资的，劳动者就应当知道其权利受到侵害，故关于未休年休假工资的申请仲裁时效期间应从第三个年度的 1 月 1 日开始计算。但双方劳动关系解除或终止的，根据《劳动争议调解仲裁法》第二十七条的规定，未休年休假工资申请仲裁时效期间则应从劳动关系解除或终止之日起算。

36. 我院原规范性文件的效力问题

本裁判指引是对本院以往相关会议纪要、综述、指导意见的汇总修订，以往相关会议纪要、综述、指导意见中的内容未在本裁判指引中有所规定的,原内容及条款不再适用。

37. 其他条款

本说明中没有涉及条款是与以往做法相同或相关法律法规、司法解释、上级法院意见已有明确规定的内容。这些条款在执行过程中并无较大的反对意见,亦无理解上的分歧,故不再予以重复说明。

九、《天津法院劳动争议案件审理指南》(2018)

一、劳动争议案件的受理范围

1.【法院应依法受理的劳动争议案件的范围】人民法院应当按照法律、行政法规、司法解释的规定受理劳动争议案件,依法维护劳动者、用人单位等各方主体的合法权益。

2.【政府部门主导改制过程中发生的纠纷】因企业自主改制引发的争议,人民法院应予受理。对于政府部门主导的企业改制引发职工下岗、内退、买断工龄或者整体拖欠工资等争议,以及“三类企业”在退出市场过程中引发的工资福利、社会保险、工伤赔偿等争议,应告知当事人向政府有关部门申请解决。

3.【因工伤、工龄、特岗的认定及退休手续发生的纠纷】工伤、工龄、特岗的认定和办理退休手续等属于劳动行政部门的主管范围,劳动者与用人单位发生以上争议的,应当告知当事人向劳动行政部门申请解决。

4.【社保机构主管的社保纠纷】劳动者与用人单位就以下事项发生争议的,应当告知劳动者向社会保险机构或者相关行政部门申请解决:

(1)用人单位未为劳动者建立社会保险关系,但根据政策规定可以补办,劳动者要求用人单位补办的;

(2)劳动者请求用人单位增加社会保险险种、补足缴费墓数、变更参保地的;

(3)劳动者与用人单位因养老保险缴费年限发生争议的。

5.【住房公积金纠纷】劳动者与用人单位因住房公积金发生的争议,属于住房公积金行政管理部门的管理职责范围,应当告知当事人向住房公积金行政管理部门申请解决。

二、劳动关系的确认

6.【认定劳动关系的基本要素】确定当事人之间是否成立劳动关系，可以综合考虑下列因素：

（1）用人单位与劳动者订立劳动合同；

（2）劳动者实际接受用人单位的管理、指挥与监督；

（3）用人单位向劳动者支付工资性劳动报酬；

（4）劳动者被纳入用人单位的组织体系中从事劳动，而不是从事独立的业务或者经营活动；

（5）劳动者无权将工作分包给他人完成；

（6）生产资料一般由用人单位提供；

（7）劳动者提供的劳务是继续性的而不是一次性的；

（8）用人单位为劳动者缴纳社会保险费。

7.【劳动行政部门认定工伤过程中认定劳动关系的处理】劳动行政部门在认定工伤程序中对于双方当事人是否具有劳动关系已进行确认，当事人不服提起民事诉讼的，应当向当事人释明可以就工伤认定争议提起行政诉讼。当事人坚持提起民事诉讼的，应当裁定驳回起诉。双方当事人发生的其他劳动争议涉及劳动关系认定的，应当确认劳动行政部门在工伤认定程序中作出的劳动关系认定结论，但该结论已经法定程序撤销的除外。

劳动行政部门在工伤认定程序中无法确认双方当事人是否具有劳动关系而告知当事人可以向劳动人事争议仲裁机构申请仲裁，当事人对仲裁结果不服提起民事诉讼的，应当受理，并结合本指南第五条的规定对双方当事人是否具有劳动关系作出认定。

8.【雇用在校学生的关系认定】在校学生为完成学习任务到用人单位提供劳动的，双方不构成劳动关系或者劳务关系；在校学生为勤工俭学到用人单位提供劳动的，双方构成劳务关系。

9.【建筑施工、矿山企业的主体责任】建筑施工、矿山企业等将工程或者经营权发包给不具备用工主体资格的组织或者自然人，该组织或者自然人招用的劳动者主张确认与上述发包人有劳动关系的，不予支持，没有用工主体资格的组织或者自然人违法招用的劳动者因工负伤或者死亡的，由上述违法发包的建筑施工、矿山企业等与实际招用该劳动者的组织或者自然人按照《工伤保险条例》规定的工伤保险待遇承担连带赔偿责任。

10.【雇用退休人员的关系认定】已经享受基本养老保险待遇或者退休金的人员与用人单位之间形成实际用工关系的，按劳务关系处理。

因用人单位原因致使已经达到法定退休年龄的劳动者尚未享受基本养老保险待遇或者尚未领取退休金，劳动者与原用人单位之间形成实际用工关系的，按照劳动关系处理。

11.【设立中的用人单位聘用人员的关系认定】设立中的用人单位不具备用人主体资格，其与劳动者不构成劳动关系，可以认定双方构成劳务关系。用人单位依法设立后，劳动关系的存续期间自颁发营业执照之日起计算。

劳动者在用人单位筹备期间的工作时间不计入本单位工作年限，但双方另有约定的除外，且该约定仅对劳动合同双方具有约束力。

三、劳动合同的订立

12.【未签书面合同的二倍工资】用人单位自实际用工之日起超过一个月不满一年，因用人单位原因未签订书面劳动合同的，应当按照《中华人民共和国劳动合同法》第八十二条的规定向劳动者每月支付二倍工资，最长不超过十一个月。

13.【视为订立无固定期限劳动合同的二倍工资】用人单位自用工之日起满一年因己方原因未与劳动者订立书面劳动合同的，视为用人单位与劳动者已经订立无固定期限劳动合同，劳动者请求用人单位支付未订立书面劳动合同二倍工资的，不予支持。

14.【合同到期未续订但继续工作的二倍工资】劳动合同期满未续签书面劳动合同，劳动者继续在原用人单位工作，原用人单位未表示异议，劳动者主张用人单位支付未与其签订书面劳动合同二倍工资的，应予支持。二倍工资的支付期限为劳动合同期满一个月的次日至双方补签书面劳动合同的前一日，但最长不超过十一个月。

本条及第12条规定的二倍工资的性质不属于劳动报酬，应当将其作为一个整体按照《中华人民共和国劳动争议调解仲裁法》第二十七条第一款的规定计算仲裁时效。

15.【用人单位违法不订立无固定期限劳动合同的二倍工资】劳动者要求订立无固定期限劳动合同，用人单位违反《中华人民共和国劳动合同法》第十四条的规定不与劳动者订立无固定期限劳动合同，用人单位自应当订立无固定期限劳动合同之日起至补签无固定期限劳动合同的前一日，向劳动者每月支付二倍工资。

本条规定的二倍工资性质不属于劳动报酬，应当按照《中华人民共和国劳动争议调解仲裁法》第二十七条第一款的规定按月计算仲裁时效。

16.【连续订立二次以上固定期限劳动合同的劳动者要求订立无固定期限劳动合同的处理】劳动者与用人单位连续订立二次以上固定期限劳动合同，且劳动者没有《中华人民共和国劳动合同法》第三十九条和第四十条第一项、第二项规定的情形，劳动者提出或者同意续订劳动合同，除劳动者提出订立固定期限劳动合同外，用人单位拒绝与劳动者订立无固定期限劳动合同的，不予支持。

17.【特殊情况下劳动者要求订立无固定期限劳动合同的处理】根据《中华人民共和国劳动合同法》第四十二条、第四十五条的规定，劳动合同期满，有下列情形劳动合同应当延续至相应情形消失时终止而使劳动者连续工作满十年的，除劳动者提出订立固定期限劳动合同外，用人单位拒绝与劳动者订立无固定期限劳动合同的，不予支持。

(1)从事接触职业病危害作业的劳动者未进行离岗前职业健康检查，或者疑似职业病病人在诊断或者医学观察期间的；

(2)患病或者非因工负伤，在规定的医疗期内的；

(3)女职工在孕期、产期、哺乳期的。

18.【书面劳动合同的认定】虽然未订立名称为劳动合同的文本，但订立的其他书面文件已经包含了劳动合同期限、工作内容和工作地点、工作时间和休息休假、劳动报酬、社会保险等内容，明确了双方的主要劳动权利义务，具备劳动合同本质特征的，应当认定双方已经订立了书面劳动合同。

四、劳动合同的变更

19.【用人单位单方调整工作岗位的合法性审查】用人单位对劳动者的工作岗位进行调整,应当同时具备以下条件:

(1)符合劳动合同的约定或者用人单位规章制度的规定;

(2)符合用人单位生产经营的客观需要;

(3)调整后的工作岗位的劳动待遇水平与原岗位基本相当,但根据《中华人民共和国劳动合同法》第四十条第一项、第二项,因劳动者患病或者非因公负伤,在规定的医疗期满后不能从事原工作而被调整岗位,或者因劳动者不能胜任工作而调整岗位的除外;

(4)调整工作岗位不具有歧视性、侮辱性;

(5)不违反法律法规的规定。

用人单位因生产经营状况发生较大变化,经济效益出现下滑等客观情况,对内部经营进行调整,属于用人单位经营自主权的范畴,由此导致劳动者岗位变化、待遇水平降低,劳动者主张用人单位违法调整工作岗位、降低待遇水平的,不予支持。

用人单位主张调整劳动者工作岗位合法,应承担举证证明责任。

20.【用人单位调整工作地点】用人单位有权根据经营需要调整劳动者的工作地点,但有以下情形之一的,劳动者主张用人单位未经协商一致单方调整工作地点违法的,应予支持:

(1)工作地点的调整具有歧视性、侮辱性;

(2)明显增加劳动者工作成本,但用人单位提供了相应补偿或者替代条件可以基本弥补劳动者增加的工作成本的除外;

(3)即使用人单位提供了相应补偿或者替代条件,但劳动者订立劳动合同的目的仍然落空的;

(4)违反劳动合同对工作地点约定的。

劳动者对用人单位调整工作地点存在上述情形承担举证证明责任。

五、劳动合同的解除和终止

21.【用人单位合法解除劳动合同的审查要件】认定用人单位合法解除劳动合同，应当审查以下要件：

(1)用人单位与劳动者协商一致解除劳动合同，且不存在欺诈、胁迫或者重大误解的情形；

(2)用人单位向劳动者作出解除劳动合同的意思表示，该意思表示具体明确且已经到达劳动者，用人单位对其解除劳动合同的具体原因承担举证证明责任；

(3)用人单位解除劳动合同符合劳动合同的约定或者规章制度的规定，且该约定或者规定不违反法律规定的；

(4)用人单位解除劳动合同符合《中华人民共和国劳动合同法》第三十九条、第四十条、第四十一条的规定；

(5)已经建立工会的用人单位根据《中华人民共和国劳动合同法》第三十九条、第四十条的规定解除劳动合同，事先已经通知工会；或者虽未通知工会，但是在起诉前已经补正有关程序。

未建立工会的用人单位根据《中华人民共和国劳动合同法》第三十九条、第四十条规定解除劳动合同，劳动者以用人单位未通知所在地工会或者行业工会为由主张违法解除劳动合同的，不予支持。

22.【用人单位解除劳动合同的通知形式】用人单位单方解除劳动合同的，可以采取口头形式或者书面形式通知。采取口头形式的，用人单位应当承担举证证明责任；采取书面形式的，应当将解除劳动合同通知当面送达劳动者或者送达至劳动者预留的有效通讯地址。用人单位未完成上述送达手续直接采用登报公告等形式通知，劳动者主张不发生解除劳动关系效力的，应予支持。

23.【规章制度的制定程序】对于《中华人民共和国劳动合同法》第四条第二款规定的规章制度，用人单位制定时经过以下程序之一的，可以认定为已经经过民主议定程序：

(1)经过职工代表大会或者全体职工讨论协商；

(2)与用人单位工会平等协商;

(3)与用人单位职工代表平等协商。

24.【试用期不符合录用条件】用人单位以劳动者在试用期内被证明不符合录用条件为由解除劳动合同,并同时符合以下条件的,应予支持:

(1)用工之前已经向劳动者告知录用条件;

(2)录用条件应当符合劳动合同目的,与工作岗位、工作能力相联系,不存在设定明显不能完成的、超过一般劳动者平均水平的条件,不存在歧视性条件,不违反法律法规的规定;

(3)劳动者被证明不符合录用条件,且用人单位在试用期满之前明确通知劳动者解除劳动合同。

25.【《劳动合同法》第三十八条的适用:明示被迫辞职的理由方可获得经济补偿金】用人单位存在《中华人民共和国劳动合同法》第三十八条第一款规定的情形,劳动者以此为由主动解除劳动合同并主张经济补偿金的,应予支持,但劳动者并未以此为理由提出解除劳动合同的除外。

26.【《劳动合同法》第三十八条的适用:未及时足额支付劳动报酬而被迫辞职】用人单位因故意或者重大过失导致未及时足额支付劳动报酬的,劳动者以此为由主张解除劳动合同并要求用人单位支付经济补偿金的,应予支持。

存在以下情形之一,劳动者根据《中华人民共和国劳动合同法》第三十八条第一款第二项的规定主张解除劳动合同的经济补偿金的,不予支持:

(1)用人单位因自然灾害、经营困难,停产歇业等原因而无法及时足额支付劳动报酬并经所在单位工会同意,用人单位未建立工会的,已经用人单位职工代表同意;

(2)劳资双方对计算劳动报酬的基数、方法等因客观原因理解不一致而最终导致未足额支付劳动报酬的;

(3)劳动者主张的未足额支付劳动报酬的差额系未签订书面劳动合同二倍工资、未休年假工资的;

(4)其他非因用人单位故意或者重大过失导致的未及时足额支付劳动报酬的。

27.【《劳动合同法》第38条的适用:未依法缴纳社保费而被迫辞职】劳动

者以用人单位未建立社会保险关系、无正当理由停缴社会保险费，或者社会保险费缴费基数不符合法律规定为由解除劳动合同，并请求用人单位支付经济补偿金，用人单位对此有过错的，属于《中华人民共和国劳动合同法》第三十八条第一款第三项规定的情形，应予支持。

劳动者主张社会保险费缴费计算不符合法律规定，应当提供社会保险征缴部门或者劳动监察部门出具的限期补缴通知书或者限期整改指令书等证据予以证明。劳动者未举证证明的，对其主张不予支持；劳动者已举证证明且用人单位未在限期内改正的，应当支持劳动者的主张。

上述两款规定的情形中，推定用人单位有过错，但用人单位举证证明无过错的除外。

28.【用人单位违法解除劳动合同的赔偿金与继续履行竞合问题的处理】用人单位违法解除劳动合同，劳动者要求继续履行合同并主张用人单位支付赔偿金及因违法解除劳动合同而导致的工资损失的，应当区分以下情况分别处理：

(1)劳动合同具备继续履行条件的，应当判决双方继续履行劳动合同，同时还应当判决用人单位向劳动者支付自违法解除劳动合同之日起至判决生效之日止的工资损失；

(2)劳动合同不能继续履行的，应当根据《中华人民共和国劳动合同法》第八十七条的规定判决用人单位向劳动者支付赔偿金，但不宜再判决用人单位支付自违法解除劳动合同之日起至劳动合同到期终止之日止(即劳动合同剩余期限)的工资损失；

(3)劳动合同虽然具备继续履行条件，但已在劳动仲裁或者法院审理期间届满的，不应当再判决继续履行劳动合同，而应当判决用人单位向劳动者支付自违法解除劳动合同之日起至劳动合同届满之日止的工资损失。同时，还应当判令用人单位向劳动者支付合同到期终止的经济补偿金，不宜再判决用人单位向劳动者支付赔偿金。

本条规定的工资损失，是指用人单位违法解除劳动合同之日前劳动者十二个月的月平均应得工资，劳动者在该用人单位工作不满十二个月的，按照实际工作月数计算月平均工资。该工资数额高于本市公布的上年度职工月平均工资三倍的，应当按照职工月平均工资三倍的数额确定。上述工资数额无法查明的，以劳动者所在行业平均工资为准。

29.【终止劳动合同的通知问题】劳动合同到期终止，劳动者以用人单位未履行通知义务为由主张违法终止合同的，不予支持。

用人单位根据《最高人民法院关于审理劳动争议案件适用法律若干问题的解释》第十六条第一款的规定终止劳动关系的，应当通知劳动者。未通知的，不发生终止劳动关系的法律后果。通知的形式及效力比照本指南第22条的规定处理。

30.【《最高人民法院关于审理劳动争议案件适用法律若干问题的解释（四）》第五条规定的新用人单位的理解】最高人民法院《关于审理劳动争议案件适用法律若干问题的解释（四）》第五条所规定的"新用人单位"宜理解为相对概念，劳动者可以选择向任一原用人单位主张权利，被选择的用人单位相对于之前的用人单位而言即为"新用人单位"。

31.【违法解除劳动合同的赔偿金】用人单位违法解除劳动合同、劳动者请求用人单位支付赔偿金的，赔偿金计算年限应当区分《中华人民共和国劳动合同法》实施前后而分别计算。《中华人民共和国劳动合同法》实施前，是否支持劳动者提出的赔偿金的诉讼请求，应当按照当时的法律法规执行；《中华人民共和国劳动合同法》实施后，赔偿金计算年限自用工之日起计算，最早自2008年1月1日起算。

六、工资福利

32.【加班事实的举证证明责任】劳动者有证据证明用人单位实行考勤制度，其主张考勤记录、工资台账由用人单位保存的，用人单位应当提交至少两年的考勤记录及工资台账，不能提交的应当承担不利后果。劳动者主张的两年以上的加班事实，应当提供证据予以证明。两年的起算时间为劳动者提起劳动争议仲裁之日。

劳动者主张用人单位提交的考勤记录不真实，但无法提供证据予以证实的，不予支持。

33.【加班费基数】用人单位与劳动者约定了加班费计算基数，且不低于最低工资标准的，从其约定。用人单位与劳动者未约定加班费计算基数的，应根据集体劳动合同确定。没有集体劳动合同的，应按照劳动者应得工资确定。劳动者应得工资难以确定的，以劳动者主张权利或者劳动关系解除、终止前十二个月的平均工资(含奖金)作为计算加班费的基数。

月平均工资指劳动者在法定工作时间内提供正常劳动后应得的月工资收入。双方对月平均工资有约定且不低于最低工资标准的，从其约定；没有约定或者约定不明的，按照《中华人民共和国劳动合同法》第十八条的规定确定月平均工资；按照《中华人民共和国劳动合同法》第十八条的规定仍然不能确定月平均工资的，应当按照劳动者应得的月收入扣除法定福利待遇、用人单位可自行决定给付的福利待遇以及非工资性补贴(如冬季取暖补贴、集中供热补贴、防暑降温费、上下班交通补贴、洗理卫生费福利、托儿补助费、计划生育补贴等)确定，低于最低工资标准的以最低工资标准计算。

34.【约定工资中包括加班费】用人单位与劳动者约定了正常工作时间工资标准，且约定应发工资中包含加班费的，从其约定。但核算后的加班费基数标准不符合本指南第三十三条规定，劳动者要求用人单位补齐的，应予支持。

用人单位与劳动者约定了正常工作时间工资标准，但未约定应发工资中是否包含加班费的，如用人单位有证据证明应发工资中已经包含正常工作时间工资和加班费的，可以认定用人单位已经支付的工资中包含加班费。但核算后的加班费基数标准不符合本指南第三十三条规定，劳动者要求用人单位补齐的，应予支持。

用人单位与劳动者未约定正常工作时间工资标准，亦未约定应发工资中是否包含加班费的，如用人单位有证据证明应发工资中已经包含正常工作时间工资和加班费的，可以认定用人单位已经支付的工资中包含加班费，但核算后的加班费基数标准不得低于最低工资标准。

本条规定的正常工作时间工资低于最低工资标准的，应当按照最低工资标准计算。

35.【加班和值班】用人单位因安全、消防、节假日值守等需要，安排劳动者从事与本职工作无直接关系的值班任务，劳动者要求用人单位支付加班费的，不予支持，但劳动者可以要求用人单位依照劳动合同、规章制度、集体合同的规定给予相应待遇。

36.【工资结算协议】用人单位与劳动者就劳动报酬的计算、支付达成结算协议的,应认定有效,但有证据证明签订协议时存在欺诈、胁迫、重大误解、显失公平或者乘人之危等违背当事人真实意思表示的情形除外。

按照前款规定的结算协议并结合用人单位已经发放的劳动报酬数额,劳动者应得工资经核算低于最低工资标准的,用人单位应当补齐应得工资与最低工资标准之间的差额。

37.【年终奖发放】用人单位以规章制度、通知、会议纪要等规定有权利领取年终奖的劳动者范围为年终奖实际发放之日仍然在职的劳动者为由,拒绝向考核年度内已经离职的劳动者发放年终奖的,如该年终奖属于劳动报酬性质,劳动者请求给付年终奖的,应予支持。劳动者在年终奖对应的考核年度工作不满一年的,用人单位应当按照劳动者实际工作时间占全年工作时间的比例确定发放年终奖的比例。

七、工伤保险问题

38.【工伤赔偿协议的效力】劳动者发生工伤,用人单位与劳动者达成赔偿协议后,劳动者又提起仲裁和诉讼,要求用人单位按照工伤保险待遇赔付的,对该协议应当区分以下情况处理:

(1)如果该赔偿协议是在劳动者已被依法认定为工伤且已完成劳动能力鉴定的前提下签订,不存在《中华人民共和国民法总则》第一百四十八条至第一百五十一条规定的情形的,应认定有效;

(2)如果该赔偿协议是在劳动者未经劳动行政部门依法认定为工伤且未完成劳动能力鉴定的情形下签订,劳动者实际所获补偿明显低于法定工伤保险待遇标准,劳动者主张该赔偿协议违反其真实意思表示,请求依法予以撤销,或者主张用人单位补足双方协议低于工伤保险待遇的差额部分的,应予支持。

劳动者主张上述赔偿协议违反其真实意思表示应予撤销的,应当根据《中华人民共和国民法总则》第六章第三节的相关规定进行审查和处理。

39.【工伤赔偿与民事赔偿是否兼得的问题】被侵权人有权获得工伤保险

待遇或者其他社会保险待遇的,侵权人的侵权责任不因受害人获得社会保险而减轻或者免除。根据《中华人民共和国社会保险法》第三十条和第四十二条的规定,被侵权人有权请求工伤保险基金或者其他社会保险支付工伤保险待遇或者其他保险待遇。

用人单位未依法缴纳工伤保险费,劳动者因第三人侵权造成人身损害并构成工伤,侵权人已经赔偿的,劳动者有权请求用人单位支付除医疗费之外的工伤保险待遇。用人单位先行支付工伤保险待遇的,可以就医疗费用在第三人应承担的赔偿责任范围内向其追偿。

40.【双方均未在法定期限内申报工伤的处理】用人单位与劳动者均未在《工伤保险条例》第十七条规定的时限内申报工伤,劳动行政部门也不再受理双方提出的工伤申请,劳动者主张用人单位支付工伤保险待遇的,不予支持,但应当释明劳动者可以按照《中华人民共和国侵权责任法》另行提起人身损害赔偿的诉讼请求。

八、劳动人事争议仲裁与诉讼的衔接问题

41.【裁审衔接】劳动者向劳动人事争议仲裁机构申请劳动人事争议仲裁,仲裁机构按照撤诉处理的,劳动者向人民法院起诉,人民法院不予受理。已经受理的,应当裁定驳回起诉,劳动者再次申请劳动人事争议仲裁,仲裁机构作出不予受理通知后,劳动者向人民法院起诉的,人民法院应当受理。

42.【终局裁决与非终局裁决救济途径的衔接】劳动人事争议仲裁机构裁决案件时,因裁决内容同时涉及终局裁决和非终局裁决而分别制作裁决书的,当事人依法分别向中级人民法院申请撤销仲裁裁决和向基层人民法院起诉的,如非终局裁决是终局裁决前提的,中级人民法院应当中止审查,待当事人非终局裁决的案件作出生效裁判后再恢复审查。

十、《天津市贯彻落实〈劳动合同法〉若干问题实施细则》(2018)

第一条 为贯彻落实《劳动合同法》《劳动合同法实施条例》,保护劳动者和用人单位的合法权益,根据有关法律法规,结合我市实际,制定本实施细则。

第二条 本市行政区域内的用人单位与劳动者建立劳动关系,订立、履行、变更、解除或终止劳动合同,适用本实施细则。

国家机关、事业单位、社会团体和与其建立劳动关系的劳动者,订立、履行、变更、解除或终止劳动合同,依照本实施细则执行。

第三条 用人单位与劳动者自用工之日起建立劳动关系,建立劳动关系应当订立书面劳动合同,并依法缴纳社会保险。

前款所称用工之日,是指劳动者开始接受用人单位管理,从事用人单位安排的工作的日期。用人单位安排劳动者参加上岗前培训,劳动关系自劳动者参加培训之日起建立。

第四条 用人单位自用工之日起,超过一个月未与劳动者订立书面劳动合同,应当按照《劳动合同法实施条例》第六条、第七条规定向劳动者每月支付二倍工资,不足一个月的部分按日折算。二倍工资基数应按照劳动者正常工作时间应得工资计算,但不包括以下两项:

(一)支付周期超过一个月的劳动报酬,如季度奖、半年奖、年终奖、年底双薪以及按照季度、半年、年结算的业务提成等;

(二)未确定支付周期的劳动报酬,如一次性奖金、特殊情况下支付的津贴、补贴等。

第五条 劳动合同期满,除劳动者有《劳动合同法》第四十二条规定劳动合同自动续延情形外，用人单位继续与劳动者保持劳动关系的，应当在一个月内与劳动者续订书面劳动合同。

用人单位依照前款规定，维持或者提高劳动合同约定条件书面通知劳动者续订劳动合同，劳动者不与用人单位续订的，用人单位在劳动合同期满后一个月内书面通知劳动者终止劳动关系，无需向劳动者支付经济补偿。

用人单位超过一个月未与劳动者续订书面劳动合同，应当按照《劳动合同法实施条例》第六条、第七条规定向劳动者每月支付二倍工资，并与劳动者补订书面劳动合同；劳动者不与用人单位订立书面劳动合同的，用人单位应当书面通知劳动者终止劳动关系，并依照《劳动合同法》第四十七条的规定支付经济补偿。

第六条 用人单位应当与劳动者在劳动合同中对劳动报酬、加班加点工资计算基数进行明确约定。

第七条 劳动合同对劳动报酬及加班工资计算基数约定不明确，引发争议的，用人单位与劳动者可以重新协商；协商不成的，适用集体合同规定；没有集体合同或者集体合同未规定劳动报酬的，实行同工同酬；没有集体合同或者集体合同未规定加班加点工资计算基数，以应得工资扣除加班加点工资后的数额作为加班加点工资计算基数。

第八条 经批准实行特殊工时工作制的用人单位，应向劳动者告知其岗位实行的工时制度，并在劳动合同中明确约定。

用人单位与实行综合计算工时工作制的职工在劳动合同中还应明确加班加点工资的结算周期；未明确的，用人单位应当按综合计算周期结算加班加点工资。

第九条 用人单位在劳动合同或者保密协议中与劳动者约定竞业限制条款的，在约定违约金和经济补偿时应遵循公平、公正、适量、对等的原则。用人单位向劳动者支付竞业限制经济补偿的，应当在劳动合同解除或者终止后支付。

第十条 用人单位与劳动者约定可根据生产经营情况单方调整劳动者工作岗位的，用人单位对劳动者工作岗位进行调整时，应同时符合以下条件：

（一）用人单位生产经营的客观需要；

（二）调整后工作岗位的劳动待遇水平与原岗位基本相当，但依据《劳动合同法》第四十条第一项、第二项有关规定调整岗位的除外；

（三）调整工作岗位不具有歧视性、侮辱性；

（四）不违反法律法规的规定。

用人单位与劳动者签订的劳动合同未约定调整工作岗位有关内容，用人单位规章制度也未做相关规定的，除依据《劳动合同法》第四十条第一项、第二项有关规定调整工作岗位情形外，用人单位与劳动者协商一致，可以调整工作岗位。

第十一条　劳动合同经用人单位与劳动者协商一致并在劳动合同文本上签字或者盖章生效，双方签字或盖章日期不一致的，以最后一方的签字或盖章日期，为劳动合同的生效时间。一方未署明签字日期的，以另一方签字日期为劳动合同生效时间。劳动合同期满之日的24时为劳动合同终止时间。

第十二条　劳动者有《劳动合同法》第三十九条第二项、第三项、第四项、第五项、第六项情形之一，用人单位与劳动者解除劳动合同的，应自知道或应当知道劳动者存在上述情形之日起六个月内做出解除劳动合同的决定。

第十三条　劳动者在试用期间内被证明不符合录用条件的，用人单位应当在试用期内做出解除劳动合同的决定。劳动者在试用期内患病或者非因工负伤的，经劳动关系双方协商一致，试用期可以中止。

第十四条　用人单位与劳动者签订的固定期限劳动合同期满，因未能维持或提高劳动合同约定条件，致使劳动者不与用人单位续订劳动合同的，用人单位应依法向劳动者支付经济补偿。

用人单位变更劳动合同约定条件，难以确定是提高或降低，劳动者不与用人单位续签劳动合同终止劳动关系的，视为用人单位未能维持或提高劳动合同的约定条件。

本条所称劳动合同约定条件是指，用人单位与劳动者在续订劳动合同时正在履行的标准和条件。

第十五条　用人单位应当按照法律规定为劳动者缴纳社会保险费，因用人单位原因导致未缴纳或未足额缴纳社会保险费的，劳动者可以依据《劳动合同法》第三十八条规定解除劳动合同，并要求用人单位支付经济补偿。

用人单位与劳动者约定不缴纳或少缴纳社会保险费的，双方约定无效，应视为因用人单位原因导致未缴纳或未足额缴纳社会保险费。

第十六条 劳动者提前三十日书面通知用人单位解除劳动合同，在解除前劳动合同应当继续履行。劳动者未依法与用人单位解除劳动合同，给用人单位造成损失的，应当承担赔偿责任。

第十七条 用人单位应当依法建立和完善劳动规章制度，对严重违反规章制度的情形应加以明确，未明确具体规定的，用人单位不得依据《劳动合同法》第三十九条第（二）项规定与劳动者解除劳动合同。

第十八条 本实施细则自2018年8月1日起施行，2023年7月31日废止。原天津市劳动局下发的《关于印发〈天津市实行劳动合同制度若干问题的规定〉的通知》（津劳局〔1997〕421号）、原天津市劳动和社会保障局下发的《关于印发〈天津市实行劳动合同制度若干问题的补充规定〉的通知》（津劳局〔1998〕439号）同时废止。

十一、《厦门市中级人民法院　厦门市劳动人事争议仲裁委员会关于审理劳动争议案件若干疑难问题的解答》(2017)

为统一劳动争议案件的裁审标准,根据《中华人民共和国劳动法》《中华人民共和国劳动合同法》《中华人民共和国劳动合同法实施条例》等法律法规和最高人民法院司法解释的相关规定,结合我市法院和仲裁机构的裁判经验,对审理中的一些疑难问题作出解答,供办案时参考。

1. 用人单位制定的规章制度未经民主程序如何认定其效力?

《劳动合同法》第四条第二款规定,用人单位制定、修改或决定直接涉及劳动者切身利益的规章制度或者重大事项时,应当经职工代表大会或者全体职工讨论,提出方案和意见,与工会或者职工代表平等协商确定。因此,劳动者提出用人单位规章制度未经民主程序而用人单位无法证明的,该规章制度对劳动者不具有约束力。

2. 不具备用工主体资格的组织或者自然人招用的人员因工伤亡的应当如何处理?

具备用工主体资格的承包单位违反法律、法规规定,将承包业务转包、分包给不具备用工主体资格的组织或者自然人,该不具备用工主体资格的组织或者自然人招用的人员因工伤亡,社会保险行政部门已认定该人员工伤的,按工伤保险规定处理。受害人直接向人民法院提起诉讼的,应当明确是依据人身损害赔偿规定起诉还是以工伤起诉。以工伤起诉的,人民法院应当告知其先行申请劳动仲裁。受害人依据人身损害赔偿规定起诉的,适用民法总则、侵权责任法和最高人民法院人身损害有关司法解释等规定，按普通民事诉讼程序处理。

不具备用工主体资格的组织或者自然人所招用的人员仅以转包、分包事实为由请求确认与具备用工主体资格的承包单位存在劳动关系的，不予支持。

3. 挂靠车辆所有人聘用的司机因工伤亡如何处理？

个人购买的车辆挂靠其他单位且以挂靠单位的名义对外经营的，车辆所有人聘用的司机因工伤亡，请求被挂靠单位、车辆所有人按照工伤的有关规定赔偿的，参照本解答关于不具备用工主体资格的组织或者自然人招用的人员因工伤亡的规定处理。

但挂靠车辆所有人聘用的司机仅以挂靠事实为由主张与挂靠单位之间构成事实劳动关系的，不予支持。

4. 不具备用工主体资格的组织或者自然人招用的人员要求具备用工主体资格的承包单位支付工资的应当如何处理？

具备用工主体资格的承包单位违反法律、法规规定，将承包业务转包、分包给不具备用工主体资格的组织或者自然人，该不具备用工主体资格的组织或者自然人所招用的人员以其与承包单位存在劳动关系为由请求承包单位支付工资的，不予支持。该人员不服仲裁裁决向人民法院起诉，变更以劳务关系为由要求承包单位承担支付工资连带责任的，人民法院应当追加不具备用工主体资格的组织或者自然人为共同被告。如果其请求符合《建设领域农民工工资支付管理暂行办法》等相关规定的，可以予以支持。该人员坚持主张劳动关系的，判决驳回其诉讼请求。

5. 达到法定退休年龄的人员因工伤亡应如何处理？

达到法定退休年龄的人员受聘到用工单位工作期间，因工作原因受到事故伤害或患职业病，经劳动行政部门认定为工伤的，可按照《工伤保险条例》处理；未被认定为工伤的，应告知其按照人身损害赔偿相关规定进行处理，如其坚持主张工伤保险待遇的，判决驳回其诉讼请求。

6. 未休年休假加班费仲裁时效从何时起算？

未休年休假期间工作报酬为工资的300%，因年休假为带薪休假，故其中100%为正常工资，200%为加班报酬。200%的加班报酬申请仲裁的时效期间为一年,不适用特殊仲裁时效规定,从当事人知道或者应当知道其权利被侵害之日起计算。

用人单位已与劳动者协商安排休假时间但劳动者未实际休假应当支付加班报酬的,被侵害之日指应休未休之日的工资应当支付之日。用人单位未为劳动者安排休假时间的,被侵害之日指当年12月工资应发放之日。

7. 未签订书面劳动合同的二倍工资差额的仲裁时效应如何认定?

《劳动合同法》第八十二条所称的“二倍工资”中加付的一倍工资并不属于劳动报酬,劳动者申请仲裁的时效为一年。用人单位自用工之日起超过一个月未与劳动者订立书面劳动合同,劳动者要求用人单位支付加付的一倍工资的,按日分别计算仲裁时效。

8. 如果确系不可归责于用人单位的原因导致未签订书面劳动合同,劳动者能否要求用人单位支付二倍工资?

签订书面劳动合同系用人单位的法定义务,但确系不可归责于用人单位的原因导致未签订书面劳动合同,劳动者因此主张二倍工资的,可不予支持。下列情形一般可认定为“不可归责于用人单位的原因”:用人单位有充分证据证明劳动者利用主管人事等职权故意不签订劳动合同的;工伤职工在停工留薪期内的,女职工在产假期内或哺乳假内的,职工患病或非因工负伤在病假期内的,因其他客观原因导致用人单位无法及时与劳动者签订劳动合同的。

用人单位人事管理部门负责人或主管人员依据《劳动合同法》第八十二条规定向用人单位主张未签劳动合同二倍工资,如用人单位能够证明订立劳动合同属于该人事管理部门负责人或主管人员工作职责的,不予支持。人事管理部门负责人或主管人员有证据证明向用人单位提出签订劳动合同,而用人单位予以拒绝的除外。

9. 劳动者过错造成用人单位损失应如何赔偿?

劳动者在劳动关系存续期间履行职务因重大过失造成用人单位直接经济损失,用人单位依据劳动合同的约定或者规章制度要求劳动者赔偿的,可以支持。人民法院和劳动争议仲裁机构应当对劳动合同的约定或者规章制度进行合法性、合理性审查。劳动者应承担赔偿数额根据劳动者的过错程度等具体情况酌情确定,且不得把属于用人单位应承担的经营风险扩大由劳动者承担。

10. 保安、门卫、仓库保管员等特殊岗位劳动者主张加班工资的,加班事实应如何把握?

用人单位对保安、传达室门卫、仓库保管员等岗位向劳动行政部门申请办理过不定时工作制的审批手续,一般不支持劳动者除法定节假日之外的加班工资。

未办理特殊工时制审批手续或超出审批时间的,应当依法支持加班工资。但因其岗位工作性质具有特殊性,加班事实应综合考虑。如确因工作所需和单位要求,不能睡眠休息的,应认定为工作时间;如工作场所中同时提供了住宿或休息设施的,应合理扣除可以睡眠休息的时间,即劳动者正常上班以外的时间不应计算为工作时间,对超出标准工作时间上班的,用人单位应支付加班工资。裁判实践中,可以综合考虑以下因素:用人单位是否在工作场所内为劳动者配备必要的休息设施;用人单位的工作制度或规章制度中对劳动者具体工作内容、工作强度的要求(以判断劳动者按照该制度工作是否将导致事实上无法休息);用人单位安排值班的人数,即考虑同一时段劳动者是否有轮换休息的可能性。

11. 实行计件工资制的加班工资如何认定?

用人单位实行计件工资制,劳动者主张加班工资的,认定加班事实应主要审查计件工资劳动定额是否合理。劳动合同对计件工资劳动定额有约定的按照约定的定额审查,无约定的按行业规定审查。对劳动定额明显不合理或无行业规定的,可以按标准工时折算计算加班工资。

12. 用人单位有逾期发放工资的情况,但在劳动者提出解除劳动关系前已经发放,劳动者根据《劳动合同法》第三十八条和第四十六条规定,以用人单位未及时足额支付劳动报酬为由提出解除劳动合同,并要求用人单位支付解除劳动合同的经济补偿金,是否支持?

用人单位未及时足额发放工资,但在劳动者提出解除劳动关系前已经足额发放的,劳动者以用人单位未及时足额支付工资为由提出解除劳动合同,并要求用人单位支付解除劳动合同的经济补偿金,不予支持。

13. 人民法院审理劳动争议诉讼案件时发现仲裁裁决遗漏部分请求事项,应如何处理?

人民法院审理劳动争议诉讼案件时,发现仲裁裁决遗漏部分仲裁请求事项,不应要求申请人重新申请仲裁,可以直接按照民事诉讼法及相关司法解释的规定进行处理。

14. 当事人否认在仲裁程序中认可的事实,人民法院如何处理?

在诉讼程序中,除经对方当事人同意,或者有充分证据证明与事实不符的,当事人否认在仲裁程序中所认可事实的,人民法院不予支持。

15. 我市法院和仲裁机构以前的规定与本意见不一致的,应如何处理?

自本解答下发之日起,我市法院和仲裁机构以前的规定与本意见不一致的,以本意见为准。

图书在版编目(CIP)数据

劳动用工法律实务问题评述 / 彭小坤著. -- 北京 : 法律出版社, 2019
ISBN 978-7-5197-3336-0

Ⅰ. ①劳… Ⅱ. ①彭… Ⅲ. ①劳动法-研究-中国 Ⅳ. ①D922.504

中国版本图书馆 CIP 数据核字(2019)第 059175 号

劳动用工法律实务问题评述
LAODONG YONGGONG FALÜ SHIWU WENTI PINGSHU

彭小坤 著

策划编辑 王 扬
责任编辑 解 锟
装帧设计 李 瞻

出版 法律出版社
总发行 中国法律图书有限公司
经销 新华书店
印刷 三河市龙大印装有限公司
责任校对 马 丽
责任印制 张建伟

编辑统筹 独立项目策划部
开本 710 毫米×1000 毫米 1/16
印张 22
字数 260 千
版本 2019 年 5 月第 1 版
印次 2019 年 5 月第 1 次印刷

法律出版社/北京市丰台区莲花池西里 7 号(100073)
网址/www.lawpress.com.cn
投稿邮箱/info@lawpress.com.cn
举报维权邮箱/jbwq@lawpress.com.cn
销售热线/010-83938336
咨询电话/010-63939796

中国法律图书有限公司/北京市丰台区莲花池西里 7 号(100073)
全国各地中法图分、子公司销售电话:
统一销售客服/400-660-6393
第一法律书店/010-83938334/8335　西安分公司/029-85330678　重庆分公司/023-67453036
上海分公司/021-62071639/1636　深圳分公司/0755-83072995

书号:ISBN 978-7-5197-3336-0　**定价**:79.00 元
(如有缺页或倒装,中国法律图书有限公司负责退换)